哲學研究叢書・學術思想叢刊

觀瀾索源

先秦兩漢思想史新探

張偉保、趙善軒、溫如嘉　主編

目次

序

　　司馬遷於《史記・儒林列傳》說：「夫齊魯之閒於文學，自古以來，其天性也。」《史記・貨殖列傳》又說：「而鄒、魯濱洙、泗，猶有周公遺風，俗好儒，備於禮，故其民齪齪[1]。」齊國是太公望之封地，是封建制度的擁護者，其又近周公旦的封地魯國，故史書多以齊魯並稱，齊魯是周文化的守護者與承傳者，其先早更制訂周禮，故此地之士人，有不少舉起復興周文化旗號，捍衛周室，而戰國時，經齊魯為中心，經弟子相傳，推向全國。又，戰國至西漢之時，由於齊地經濟發展，漸成為儒家學術中心。司馬遷一針見血點出了現實，他說：「夫使孔子名布揚於天下者，子貢先後之也。此所謂得埶而益彰者乎？」若沒有子貢門人，將孔學推而廣之，儒學未必有如此巨大的影響力。齊國在戰國至漢初成為了儒學重鎮，實與當地經濟水平發達有莫大的關係。門子弟中，秦國的比例遠不如他國。《史記・商君列傳》載商君之言：「始秦戎翟之教，父子無別，同室而居。今我更制其教，而為其男女之別，大築冀闕，營如魯衛矣。子觀我治秦也，孰與五羖大夫賢？」春秋時期的秦國，本受周文化影響甚少。秦國由穆公起，兼併西戎諸部，成了多元文化國家，周文化於當地更是日趨薄弱。何炳棣指出「終春秋之世，秦與中原諸邦仍處於半隔離的狀態。」另一方面，處於南方的楚國與秦類同，也是遠離中原文化。楚

1　小心謹慎地行事。

國國土雖大，人口亦多，但在孔門弟子中的比例卻少。以新近出土的竹帛文獻為例，秦的《雲夢睡虎地秦簡》、楚的《荊門郭店楚簡》，充分表現兩國在思想文化上的大不同。

先秦兩漢儒家思想的發展，經歷一個高低起伏的歷史，值得重新注視。加上近年利用出土文獻的大量發現和整理，重寫先秦兩漢思想史的呼聲高唱入雲。本書各篇文章多能利用最新出土文獻，並浸潤於傳世文獻中，以求對此段思想大潮加以析述。

本書共收錄十九篇，主題圍繞先秦兩漢思想，其中大部分曾在學術期刊發表，經作者修訂後收於此。文稿共有七位作者：魯士春、楊永漢（香港樹仁大學中文系）、趙善軒（深圳大學饒宗頤文化研究院）、劉志輝（香港浸會大學歷史系）及鄭潤培、張偉保、溫如嘉（澳門大學教育學院）。此外，本書部分稿件曾獲澳門大學研究服務及知識轉移辦公室（RSKTO）提供資助（MYRG2014-00059-FED：〈戰國及秦法家教材研究〉及MYRG2017-00078-FED：通往獨尊儒術之路），謹表熱烈謝忱！再者，本書能與廣大讀者見面，皆因獲得萬卷樓的鼎力支持，吾等不勝感激。

張偉保

二〇一八年八月一日

先秦兩漢的歷史趨勢

張偉保

　　上古時代的中國歷史，約可分為傳說時期和信史時期。據司馬光《稽古錄》，上古有太昊伏羲氏、炎帝神農氏、黃帝有熊氏、少昊金天氏、顓頊高陽氏、帝嚳帝辛氏、帝堯陶唐氏、帝舜有虞氏和夏后氏禹的夏朝為主，屬傳說時期。後者則由商朝開始，因甲骨文的發現，商朝的歷史文化有了可靠的文字證據，屬於信史時期。自商代到今天，大約已有三千六百多年之歷史。然而，傳說時期的歷史雖缺乏文字證據，但從考古的發掘所得，中國約在七千年前已經進入新石器時代，產生了較先進的農耕文化。到了五千年前，開始懂得製造和使用青銅器具。如結合傳說和考古兩方面的材料來推算，可以確定在五千年前，中國已進入文明時代，有著較高的文化水平。當時的社會，應為「小國寡民」的酋邦時代。到了黃帝、堯、舜時期，由於政治制度逐漸演進，終於出現了「天下共主」，大概是部落聯盟的共主制度。隨著生產技術的進一步提高，當夏禹因平治洪水而確立其部落的崇高地位後，政權終於由禹的兒子啟所繼承，並從此確立了父死子繼的「家天下」新政治秩序。

　　由夏朝開始的夏、商、周三代，合共經歷約二千年的歷史。其政治結構可以說是一脈相承。三代的統治者分別為姒姓、子姓和姬姓，其王族直接統治的範圍稱為王畿，其餘的土地則分封給貴族和功臣。他們或稱為侯、甸、男、衛，或稱為公、侯、伯、子、男，都是一些分封的小國。屬於這個政治系統的便是諸夏，即是華夏文化集團，不

屬於這個系統的，便屬於蠻、夷、戎、狄。北京師範大學李山教授曾引《左傳・閔西元年》說：

> 「戎狄豺狼，不可厭也。諸夏親暱，不可棄也。」……意思是夷狄和我們文化不同，在當時就是所謂的異族，是豺狼。他們的願望不能夠滿足……「諸夏親暱」，就是在黃河中下游兩岸、華北平原以及江漢一帶，西周分封了很多國家，有同姓、有異姓，但是，這些國家在一起生活，大家有著共同的文化，共同的信仰，共同的語言，共同的價值觀、生活觀，甚至情感都是一樣的，這就是一家人，這就是「親暱」，不可拋棄他們。[1]

　　三代的政權基礎一直在黃河流域，因此當時這個地區的文化較為先進。而華夏小國的分佈也相當廣泛，可能已到達黃河上游和四川，並伸展到長江以南的廣闊地區了。同時，也有不少的文獻和考古的證據顯示，已有一些小國輾轉從東北和南洋地區到來中原朝貢。因此，無論是「殷革夏命」或「武王伐紂」，都是政權的轉移。但是，自從西周滅亡、平王東遷之後，春秋時代隨即開始，以秦、晉、齊、楚為首的大國，都不斷兼併實力較弱的小國。史書上不斷出現弒君亡國的事情。以秦、楚兩個諸侯國為例，著名的秦穆公曾經「併國二十，遂霸西戎」（李斯〈諫逐客書〉），而楚國亦有「漢陽諸姬，楚實盡之」（《左傳・僖公二十八年》）的真實記錄。這些都是說明強國在拓展領土時必然會大量兼併小國的政治現實。其中，齊桓公、晉文公以中原大國的地位提出「尊王」、「攘夷」的口號，新的霸主開始在國際間出

1　李山：《李山講春秋五霸》（南昌市：江西人民出版社，2011年10月），頁38。

現，最後為吳王夫差和越王勾踐的爭霸。首先是吳國的全面勝利，而最後卻以勾踐復國滅吳告終。

自三家分晉、田氏篡齊之後，周天子的政治地位更急劇下滑，國土日蹙，最後連一些二、三等小國也及不上。同時，列國爭雄的形勢卻日益白熱化，終於到了「橫成則秦帝，從成則楚王」的嚴峻境地。其中，由於晉國一分為三，終於無法阻擋秦國的東侵。然而，秦國的優勢也不是短時期便能建立的。首先，魏文侯（西元前 445-396 年在位）重用了李悝和吳起，改革政軍制度，魏國後國力大增，不但西抗強秦，並且在戰爭中屢獲大勝，闢地何止千里，成為戰國第一個崛起的國家。其後吳起受到政敵的攻擊，遂投奔楚國。不久，吳起因獲得楚悼王（西元前 401-381 年在位）的信任而成為楚國的最高級官員——令尹，遂積極協助楚國實行中央集權的變法，強力推行法制，改良風俗、精簡官員、削減貴族特權等新措施。吳起的變法雖然大大強化了楚國的實力，但亦導致楚國貴族的怨恨，終於在楚悼王逝世後發生的一場兵變中被射殺，結束了其傳奇的一生。

現存《吳子兵法》僅有六篇，包括〈圖國〉、〈料敵〉、〈治兵〉、〈論將〉、〈應變〉、〈勵士〉等。細閱這些篇章，必然讓讀者感受到吳起結合政治與軍事、反對窮兵黷武的高明見解。《史記‧孫子吳起列傳》記載吳起為將的情況說：「起之為將，與士卒最下者同衣食。臥不設席，行不騎乘，親裹贏糧，與士卒分勞苦。」這種將領，當然獲得士卒的拚死擁戴。《史記‧孫子吳起列傳》又說：

> 與武侯浮西河而下，中流，顧而謂吳起曰：「美哉乎！山河之固，此魏國之寶也！」起對曰：「在德不在險。昔三苗氏左洞庭，右彭蠡，德義不修，禹滅之；夏桀之居，左河濟，右泰華，伊闕在其南，羊腸在其北，修政不仁，湯放之；殷紂之

國，左龍門，右太行，常山在其北，大河經其南，修政不德，
武王殺之。由此觀之，在德不在險。若君不修德，舟中之人盡
為敵國也。」武侯曰：「善。」

　　吳起隨曾申學習《左氏春秋》，而曾申的父親是曾參。由於吳起
過度熱衷於建立功勳，故其私德曾受到很嚴厲的批評。只是他在與魏
武侯（西元前 395-370 年在位）討論軍政的時候，仍然能謹守「在德
不在險」的儒家精神，與後來商鞅、韓非的觀點仍有很大的差異。
　　商鞅是另一個提出變法的思想家，他是衛國的貴族，學問也很淵
博。由於得不到衛君的重用，他便前往秦國，通過寵臣景監的安排，
與急於變法的秦孝公（西元前 362-338 年在位）會面。他先以帝王之
術游說孝公，了解其勇於求變、急功近利的心態後，終於以嚴刑峻
法、刻薄寡恩的法家思想來說服秦孝公。跟吳起相似，商鞅變法也是
以中央集權為重心。為了將反對變法的意見壓下去，孝公舉行了一次
大辯論，最後由商鞅將甘龍、杜摯等大臣的反對意見逐一擊破，使孝
公能順利推行變法。商鞅變法的重點是實行耕戰、獎勵軍功、打擊商
人、管制戶口、改革法律，強調令出必行，務必使全國力量集中在君
主手中。由於變法雷屬風行，很快便提高了秦國的整體實力，為未來
軍事統一奠定堅實的基礎。用現代的說法，商鞅把秦國打造成一個戰
爭機器。雖然商鞅在孝公逝世後被新君秦惠文王捕殺，但他所制訂的
政策繼續成為秦國的基本國策。
　　戰國時期的齊國和楚國也屬於強大的國家，特別在齊威王（約於
西元前 356-320 年在位）時代，在鄒忌、田忌、孫臏等賢臣武將的輔
助下，曾一度稱霸中原。而楚威王（西元前 339-329 年在位）也曾
「興兵而伐之，大敗越，殺王無疆，盡取故吳地。」（《史記·越王勾
踐世家》）將楚國的版圖擴展到東方。其後，楚懷王（西元前 328-299

年在位）曾北敗魏國，東滅越，拓境江東。懷王在屈原擔任左徒時，曾委派他制訂新憲令，積極推行中央集權式的法制改革。當時，楚國已是雄據整個長江中下游的超級大國，也是秦、齊兩國以外，最為強大的國家。可是，由於懷王的貪婪個性，又欠缺知人之明，終於讓楚國極盛而頓衰，大片國土淪喪，自己被誆騙而終於客死於秦，為天下人所訕笑。

總括而言，戰國中期出現了一批優異的人才，他們的主張雖各有不同，但都能振弊起衰，加強了中央政府的權力，對相對腐敗的貴族政治造成了衝擊。誠如司馬遷綜論當時形勢說：

> 當是之時，秦用商君，富國彊兵；楚、魏用吳起，戰勝弱敵；齊威王、宣王用孫子（孫臏）、田忌之徒，而諸侯東面朝齊。天下方務於合從連衡，以攻伐為賢，而孟軻乃述唐、虞、三代之德，是以所如者不合。退而與萬章之徒序《詩》《書》，述仲尼之意，作《孟子》七篇。（《史記‧孟子荀卿列傳》）

到了戰國後期，比鄰強秦的趙國也曾經出現了一位雄才大略的君主，成功推行軍事改革——胡服騎射。他便是趙武靈王（西元前 325 年繼位，前 299 年 5 月退位，而自號「主父」）。改革後，趙武靈王不但成功抵禦秦、魏的威脅，並屢次將林胡、中山擊敗，國力大振。退位後，主父更身穿胡服，帶領軍隊「北略胡地，而欲從雲中、九原直南襲秦……詐自為使者入秦……欲自略地形，因觀秦王之為人也。」（《史記‧趙世家》）秦人知悉後大為驚恐。之後，他又把中山國滅了，國力繼續增強。然而，由於在處理王位繼承上的優柔寡斷，終於因公子章（曾被趙武靈王立為太子，後因寵幸吳娃，改立其子而被廢）作亂，最後被李兌困於沙丘宮中餓死。趙國的內訌也導致國力的

急降。到了趙孝成王（西元前 265-245 年在位）時，爆發了「長平之戰」，趙國大敗。

其後，秦國政局也有進一步發展。關鍵人物是著名的范雎。他為秦國確立了「遠交近攻」政策，終於使秦國逐步削弱六國的力量，以便能在最後階段集中兵力，逐一擊破這些國家，以統一中國。范雎是魏國人。他在西元前二七〇年入秦游說昭襄王（西元前 306-251 年在位）。范雎認為秦國雖然在軍事實力上遠遠超越其他國家，但在多年的征戰中，因為內政外交都出了問題，故此效果不彰。他認為「太后、穰侯等專恣於外，重於王。且越韓、魏而伐齊，非計，不若遠交而近攻」，深得秦王信任。數年後，范雎愈來愈受秦王親近，便指出太后、穰侯主政是對秦王的最大威脅，因為「自古及今，失其國者，皆君務逸游，委政於臣。所委者御下蔽上，以成其私，而君不悟，所以亡也。」秦王遂「廢太后，逐穰侯、華陽君、涇陽君於關外，以范雎為相，封為應侯。」[2]在范雎的協助下，秦國開始了歷時五十年的統一戰爭，終於在西元前二二一年統一了天下。

漢初曾出現不少分析秦朝速亡的言論。其中最具代表性的應是陸賈和賈誼。劉邦出身草野，以泗水亭長一躍而成為天子，陸賈卻常常在他面前稱引《詩》、《書》，終於換來劉邦的責備，認為自己是依靠武力奪取天下，不需要靠《詩》、《書》這些不切實用的東西。陸賈便耐心地解說：「居馬上得之，寧可以馬上治之乎？且湯武逆取而以順守之，文武並用，長久之術也。昔者吳王夫差、智伯極武而亡；秦任刑法不變，卒滅趙氏。鄉（嚮）使秦已併天下，行仁義，法先聖，陛下安得而有之？」（《史記·酈生陸賈列傳》）希望劉邦不要重蹈秦朝速亡的覆轍。劉邦雖然有點不高興，但仍認為陸賈的說法很有見地，

2　司馬光：《稽古錄》（北京市：北京師範大學出版社，1988年），頁59。

便請他寫下「秦所以失天下，吾所以得之者何，及古成敗之國事」，並特別要求要說得簡單明白一點。從此陸賈每過一段時間便獻上一篇有關言論並加以講解，劉邦往往極力加以讚許。這些言論便是現在流傳的陸賈《新語》，共有十二篇。

賈誼是漢初最重要的思想家、文學家。他的《過秦論》專門討論秦的過失。他首先列舉不少例子，指出強大的秦國經過了幾代君主的努力，終於能夠「以六合為家，崤函為宮」，統一了天下。但是，好景不常，在秦始皇逝世僅僅一年，大秦帝國便土崩瓦解，「一夫作難而七廟隳，身死人手，為天下笑，者何？」賈誼認為是由於秦朝「仁義不施」，也不明白「攻守之勢異也。」賈誼這段說話不但司馬遷引用過（《史記‧屈原賈生列傳》），司馬光同樣也引用過[3]。由此可見，這個恰好與法家「嚴刑峻法、刻薄寡恩」的相反觀點，正是任何一個負責任的統治者都需要深思熟慮的問題。

漢朝建立不久，便出現一個動搖國本的難題，將國家推向動盪的邊緣。這就是呂后稱制、諸呂當權的問題。漢王劉邦在滅掉項羽後稱帝，過了八年便撒手塵寰，留下仁弱的惠帝。由於劉邦晚年寵愛戚姬和其年幼的兒子趙王如意，大大觸動了呂后的神經。因此，惠帝即位不久，呂后便毒殺了趙王，又虐殺戚姬，令惠帝大受刺激，從此便「稱病，不聽政」，由呂后掌握施政大權。呂后隨即開始培植呂氏的子姪，最後把呂產、呂祿等封王，並分掌京城和王宮的警衛工作，以確保呂氏政權力的順利延續。這個時候，劉氏政權會否變為呂氏皇朝？誰也沒法預料。最後安定漢朝政權的，便是丞相陳平和太尉周勃。事緣有一次陳平在自己的府第中深思這個問題，陸賈走近身旁，卻沒有被察覺。陸賈便說：「何念之深也？」陳平說：先生「揣我何

3　司馬光：《稽古錄》，頁64。

念？」陸賈說：「足下位為上相，食三萬戶侯，可謂極富貴無欲矣。
然有憂念，不過患諸呂、少主耳。」陳平回答說：「是的。該如何應
付？」陸賈於是指出：「天下安，注意相；天下危，注意將。將相和
調，則士務附；士務附，天下雖有變，即權不分。為社稷計，在兩君
掌握耳。臣常欲謂太尉絳侯（周勃），絳侯與我戲，易（輕視）吾
言。君何不交驩（歡）太尉，深相結。」陸賈於是「為陳平畫呂氏數
事。陳平用其計，乃以五百金為絳侯壽，厚具樂飲；太尉亦報如之。
此兩人深相結。」通過兩人的合作，終於剷除了諸呂、安定劉氏，一
場嚴重政治危機才得以解除。

其後，文帝、景帝父子相繼，政治上繼續採取「無為而治」的國
策，對培養國本，有很大的幫助。可是，因為漢初採用郡國制，即將
全國分為兩套統治架構，一方面是靠近長安的區域採用郡縣制，由中
央政府直接管轄；另一方是沿海和中南部地區採用封國制，由諸侯世
襲政權。在文帝時，已經出現「諸侯驕恣」的情況，引起賈誼的關
注。他向文帝提議要對諸侯稍加裁抑，以免尾大不掉。文帝沒有答
應。到了景帝二年，問題日益嚴重。御史大夫晁錯「患諸侯強大，請
以其過削其支郡。」由是「諸侯怨怒」。明年，吳楚七國起兵，天下
震動。景帝殺了晁錯，七國還是不肯罷兵。最後，由周亞夫（周勃之
子）帶兵迅速削平叛軍，漢室才再次安定下來。

景帝逝世，太子劉徹在十六歲嗣位，開始了長達五十四年統治，
諡號為武帝（西元前 141-87 年在位）。他屬於雄才大略的君主，在中
國歷史上極為著名。為了徹底打破匈奴對漢朝的長期威脅，他曾用了
三十多年的時間討伐匈奴，雖然取得了很大的成效，但也讓整個國家
經濟幾乎陷入破產的地步。同時，為了孤立匈奴，他兩次派遣張騫出
使大月氏和烏孫，終於讓漢朝與西域建立了緊密的政治、文化與經濟
關係，史稱「張騫鑿空」。此外，他在位前期已十分重視儒學，並根

據公羊學大儒董仲舒的建議，確定了「罷黜百家，獨尊儒術」的重大政策，對中國文化的發展產生極為深遠的影響。整體而言，武帝窮兵黷武、好大喜功，崇信方士、重用酷吏，被大臣汲黯譏諷他「內多慾而外施仁義」。他晚年更因迷信多疑，導致佞臣江充、宦官蘇文誣告衛太子以巫蠱厭勝之術，引致太子私自發兵殺掉江充。其後，武帝誤信太子叛變的消息，派遣丞相劉屈氂負責鎮壓，太子兵敗後自盡。武帝了解真相後追悔不已，乃修建思子宮，為歸來望思之臺。《通鑑》載征和四年（西元前 89 年）三月，武帝自責說：「朕即位以來，所為狂悖，使天下愁苦，不可追悔。自今事有傷害百姓，靡費天下者，悉罷之。」（《資治通鑑》卷 22）而桑弘羊建議在輪臺戍兵以備匈奴，被武帝駁回，並下詔稱「當今務在禁苛暴，止擅賦（停止非正常的賦稅），力本農，修馬復（復，音覆，修馬復者，因養馬而除免徭賦也），令以補缺，毋乏武備而已。」（《史記・孝武本紀》），史稱「輪臺之詔」。四月，「以田千秋為丞相，封富民侯，以明休息；又以趙過為搜粟都尉，過教民以代田……民皆便之。」（《資治通鑑》卷 22）

昭帝嗣位，由霍光輔政，採用輕徭薄賦政策，與民休息，史稱「付託得人」。其後，宣帝勵精圖治，儒法兼用，嚴選官吏，做到循名責實，信賞必罰。他曾說：「庶民所以安田里，而無歎息愁恨之心者，政平訟理也，與我共此者，其惟良二千石乎！」（《漢書》卷 59）其時，由於漢朝官員的錯誤行徑，引致西羌叛變。宣帝在反覆籌劃後，起用老將趙充國應付。由於趙充國熟悉邊務，在詳細考慮作戰規劃和軍糧籌措後，以兵精、糧足、緩和民族關係等方向入手，終於取得迅速的成功。這個個案，也成為清末左宗棠收復新疆的重要參考。

西漢末年，政治日趨衰敗。元帝委政宦官弘恭、石顯，優柔寡斷。成帝沈湎酒色，寵溺趙飛燕姊妹，又專任元舅王鳳及其子弟。外家擅權，終於導致王莽以外戚而移漢祚的結局。王莽即位後，改國號

「新」，實行托古改制，名天下田為王田，不得買賣，禁五銖錢，改用金、銀、龜、貝、錢、布等貨幣，設五均六筦。制度紛更，朝令夕改，導致農、商失業。王莽又妄啟邊釁，做成吏士罷弊，加上旱災和蝗蟲等天災接連發生，終致盜賊橫行，民變四起，王莽政權隨即傾覆。

光武中興，在於人心思漢。即位後，以柔術治天下，一切以「安靜」為主。王夫之《讀通鑑論》曾指出光武帝能夠制勝而平定天下，大概因為他能「以靜制動，以道制權，以謀制力，以緩制猝，以寬制猛」，故能「返本自治……行法以俟命」。[4]他又嘉獎儒學、崇尚氣節，以挽救西漢末年以來偽薄、詐慝之風。因此，「四方學士，莫不抱負墳策，雲會京師，范升、陳元、鄭興、杜林、衛宏、劉昆、桓榮之徒，繼踵而至。」（《後漢書》卷 48）由於君主提倡氣節，加上東漢時期選拔官員以「孝子、廉吏」為標準，故士人多注重名節。他們無論在朝或在野，大都能敢言直諫，議論朝政，形成清議的風氣。

東漢中期以來，由於不斷有年幼的皇帝在位，造成宦官干政的局面。及至東漢晚年，宦官更盤踞內廷。他們用人唯私，子弟親黨布散州郡，導致地方吏治日益腐敗。民生困頓，權貴橫行，終於引致民變四起，其中勢力最強是張角的「黃巾軍」。張角打著「蒼天已死，黃天當立，歲在甲子，天下大吉」的口號，廣泛地吸收信眾。到了中平元年（西元 184 年）二月，張角被追隨者唐周所告發。張角見事機洩露，乃命令所屬三十六方，一時俱起。張角自稱「天公將軍」，弟弟張寶稱「地公將軍」、張梁稱「人公將軍」。黃巾軍到處攻打郡縣，焚燒官府。旬月之間，全國響應，京師洛陽震動。漢靈帝隨即與群臣商議應對之策。北地太守皇甫嵩奏請解除黨禁。帝問計於中常侍呂強，終於決定下詔大赦黨人。當時黃巾軍主力活動於冀州、南陽、穎川等

---

4 王夫之：《讀通鑑論》（長沙市：岳麓書社，1988年），卷六，頁223。

地區。漢廷命北中郎將盧植率軍攻打冀州地區張角所部黃巾軍，左中郎將皇甫嵩、右中郎將朱俊、騎都尉曹操率兵攻打潁川黃巾軍。雖然皇甫嵩、盧植等均多番取勝，但黃巾軍人數眾多，分佈極廣，也不可能快速撲滅。加上靈帝誤信宦官左豐，把連破張角、將之圍困於廣宗（在河北）的盧植徵還京師治罪，改命中郎將董卓進攻廣宗，讓董卓有機會擁兵自重，靜待時機。

　　中平六年（西元 189 年），外戚何進欲誅除宦官，但為何太后所阻撓，便聽從袁紹的建議，請董卓領兵入宮。由於事機不密，為宦官知悉，結果他們先把何進殺掉。董卓遂佔領洛陽，並引兵進宮大誅宦官，最後廢掉少帝，立劉協繼位，是為漢獻帝。董卓不久就殺害了少帝及何太后，又自立為相，專斷朝政。一位學者曾經指出，自從董卓控制朝政後，各地的州牧、太守、刺史等紛紛起兵，藉口以討伐董卓為名，其實是為了建立割據政權。至此，漢末混戰隨即展開，而東漢政權實際上已經滅亡了。[5]

5　韓復智等：《秦漢史》（臺北市：里仁書局，2007年1月），頁132-133。

禮的起源

魯士春

　　《荀子》一書，對禮作了深入的論述，廣泛地涉及禮的起源問題。《禮記》為戰國至秦漢間記禮和論禮的集大成著作，對於古禮的起源更是重視。由此可見，探究禮的起源這一問題，早在戰國時代已經開始了。

　　事實上，禮的起源，可說是多元化的。只執著某一個觀點來討論，似乎都是不夠完滿的。參考古籍中的記載，結合學者的意見（參看附表一），我們大致可從理論、儀節及歷史時期三個範疇來論述禮的起源。

一　理論方面

　　從理論方面來說，禮的產生是為著調協、節制人類對情慾的要求。這一說法，早在戰國及秦漢之間的典籍中已有論著，而且也深受後世學者贊同。

　　《荀子・禮論》篇，一開始便說：「禮起於何也？曰：人生而有欲。欲而不得，則不能無求。求而無度量分界。爭則亂，亂則窮。先王惡其亂也，故制禮義以分之，以養人之欲、給人之求；使欲必不窮乎物，物必不屈於欲，兩者相持而長。是禮之所起也。」

　　杜國庠認為《荀子》這段禮的起源論，是不符合初民社會的情形。他認為「求而無度量分界，則不能不爭。爭則亂。」這種觀念，

是在階級分裂以後的社會情形的反映，是荀子所處的時代的社會狀況[1]。但假如我們仔細一想，其實《荀子‧禮論》所言，當中也有一定程度上的道理。正如《禮記‧禮運》篇中云：

> 何謂人情？喜、怒、哀、懼、愛、惡、欲，七者，弗學而能。……講信修睦，尚辭讓，去爭奪，舍禮何以治人？飲食男女，人之大欲存焉。死亡貧苦，人之大惡存焉。故欲惡者，心之大端也。人藏其心，不可測度也，美惡皆在其心不見其色也，欲一以窮之，舍禮何以哉？

所謂「飲食男女，人之大欲存焉。」這些需求、慾望，難道在原始社會時期的人類，可以沒有嗎？陳戍國也指出：「據學者研究，原始人已有道德觀念。」[2]

程頤說：「禮之本，為移民之情，聖人因而導之耳。」[3]鄭樵更據程頤所說：「禮之本，出於民之情」，進而發揮說：「禮本於人情，情生而禮隨之。古者民淳事簡，禮制雖未有，然斯民不能無室家之情，則冠昏之禮已萌乎其中；不能無交際之情，則鄉射之禮已萌乎其中；不能無追慕之情，則喪祭之禮已萌乎其中。自是以還，日趨於文。燔黍捭豚，足以盡相愛之禮矣；必以為未足，積而至於籩豆鼎俎。徐行後長，足以盡相敬之禮矣；必以為未足，積而至於賓至百拜。其文非不盛也，然即其真情而觀之，則籩豆鼎俎未必如燔黍捭豚相愛之厚

1　見杜國庠：《杜國庠文集》中《略論禮樂起源及中國禮學的發展》（北京市：北京人民出版社，1962年7月），頁273。

2　見陳戍國：《先秦禮制研究》第一章第二節〈禮的起源〉（長沙市：湖南教育出版社發行，1991年12月），頁13。

3　見程頤：《性理會通》。

也。賓主百拜未必如徐行後長相親之密也。大抵禮有本有文，情者其本也。」⁴

上述所引，都是說明禮本於人情。雖然如此，但慾望總不能無休止的追求，必須要有所節制，才能使人類生活得安定和平。所以《禮記・坊記》云：

> 禮者，因人之情而為之節文，以為民坊者也。

就是說禮的作用在於節制人的情慾，規範人的行為，使人不致有錯失。〈喪服四制〉又云：「凡禮之大體，體天地，法四時，則陰陽，順人情，故謂之禮。」指出禮的原理，不單是本著自然，取於季節，仿於陰陽變化，更是順應人類的感情。茲以喪禮和祭禮為例以茲證明。《禮記・問喪》：「成壙而歸，不敢入處室，居於倚廬，哀親之在外也；寢苦枕塊，哀親之在土也。故哭泣無時，服勤三年，思慕之心，孝子之志也，人情之實也。」〈三年問〉又云：「三年之喪，二十五月而畢；哀痛未盡，思慕未忘，然而服以是斷之者，豈不送死者有已，復生有節哉？」《禮記・祭統》：「夫祭者，非物自外至者也，自中出生於心也。」可見，禮雖源於人的情慾，但在實際表現的形式當中，又受到禮制本身的規範，不能隨便逾越，而且只有這樣才合乎道理。正如《管子・心術》上所載：「故禮者，謂有理也。理也者，明分以喻義。故禮出乎義，義出乎理，理因於宜者也。」所以儘管喪禮中，子女因父的逝世而感到痛心疾首，但所服的斬衰之喪，也止於二十五月而畢，就是證明禮的制作，既是因人的情慾而生，但同時亦能節制人情，使它不致氾濫，破壞社會的秩序。

4　見鄭樵：《禮往奧旨・禮以情為本》。

　　禮的產生,誠如《荀子‧禮論》所言是源於對人類情慾的節制,這是不容置疑的,但禮的制作又如何呢?朱熹曾說:「《儀禮》不是古人預作一書如此。初間只是以義起,漸漸相襲,行起好,只管巧,至於情文極細密極周致處,聖人見此意思好,故錄成書。」[5]

　　朱熹所說的:「聖人見此意思好,故錄成書。」意思和《荀子》所說的大致相同,都是認為:禮,是由先王、聖人所創制。但事實上,禮的制作,並不如《荀子》和朱熹所言,一定全由先王、聖人所創作,而是在很大程度上,基於人類在生活中,漸漸累積了經驗,而約定俗成的!朱熹說:「初間只是以義起,漸漸相襲。」不已經是隱約透露了,「禮」的前身是風俗習慣嗎?[6]《管子》中,更直截了當的說明:「法出於禮,禮出於俗。」[7]楊寬先生在《古史新探》[8]中也說:「我國古代的『禮』起源於氏族制末期的習慣。在氏族制時期,人們有一套傳統的習慣,作為全體成員在生產、生活中自覺遵守的規範。等到貴族階級和國家產生,貴族就利用其中某些習慣,作為全體成員在生產、生活中自覺遵守的規範。等到貴族階級和國家產生,貴族就利用其中某些習慣,加以改變和發展,逐漸形成各種「禮」。《說文‧人部》:「俗,習也。」本此說法,楊先生所說的傳統習慣,我們也不妨稱之為「風俗」。

　　「禮」與「俗」,彼此之間的關係至為緊密,而且往往連稱。我們可以說「禮」起源於「俗」,但「俗」又並不完全等於「禮」。《周禮‧天官冢宰第一‧大宰》中云:「以八則治都鄙,……六曰禮俗,

---

5　見朱熹《朱子語類》卷85,收錄在江永《禮書綱目》。

6　李雲光老師在《禮的反思》五〈禮的起源和演變〉,頁13,亦主張禮的前身是風俗。

7　見《管子‧樞言》篇。

8　見楊寬:《古史新探》〈鄉飲酒禮與饗禮新探(四)‧由「鄉飲酒禮」和「饗禮」推論「禮」的起源和「禮」這個名稱的來歷〉(北京市:中華書局,1965年10月),頁306。

以馭其民。」鄭《注》：「禮俗，婚姻紀舊所行也。」《周禮・地官司徒・土均》云：「掌平土地之政，以均地守……與其施捨。禮俗喪紀祭祀，皆以地媺惡為輕重之法而行之。」鄭《注》云：「禮俗，邦國都鄙，民之所行先王舊禮也。『君子行禮，不求變俗。』隨其土地厚薄為之制豐省之節耳。」從上述兩則《周禮》的引文來看，鄭玄似乎尚未把「禮」和「俗」區分。再看《周禮・地官司徒・大司徒》：「施十有二教……六曰以俗教安，則民不愉。」鄭《注》：「俗謂土地所生習也。」賈《疏》：「俗謂人之生處，習學不同，若變其舊俗，則民不安而為苟且；若依其舊俗化之，則民安其業，不為苟且。」這裏，《注》和《疏》都解釋了「俗」的形成，是繫於人民生活的土地的情況而定，但對「禮」和「俗」兩者的關係，則仍沒有說明。至於《禮記》方面，其中闡述「俗」字的有關文句，為數不少，如《曲禮》上：「入國而問俗。」孔《疏》云：「俗謂常所行也。入主人之城內，亦先問風俗，常行也。」《禮記・王制》：「凡居民材，必因天地寒煖燥濕、廣谷大川異制，民生其間者異俗。」孔《疏》云：「俗謂民之風俗。」《禮記・樂記》：「樂也者，聖人之所樂也，而可以善民心。其感人深，其移風易俗易，故先王著其教焉。」孔《疏》云：「風謂水土之風氣，謂舒疾剛柔。俗謂君上之情慾，謂好惡取捨。」孔《疏》對於俗字的意思有很周到的解說。但無論是《周禮》中的鄭注、賈疏，或《禮記》的孔《疏》，對「禮」與俗之間的關係，始終都沒有說明。這方面，孫詒讓則作出了相當清晰的界定：「今案：禮、俗當分為二事。禮謂吉凶之大禮，即〈大司徒〉十二教『陽禮教讓』、『陰禮教親』之等使也。俗謂土地所習，與禮不同而不必變革者，即十二教之『以俗教安』，彼注云：『謂土地所生習』是也，〈土均〉、〈小行人〉「禮俗」義並同。鄭、賈合為一，失之。」[9]孫詒讓扼

9　見孫詒讓《周禮正義》卷2。

要的區分了「禮」與「俗」，顯然是較鄭《注》、賈《疏》、及孔《疏》為清楚明白。但尋根究柢，「禮」與「俗」之間的分別，又並不是如孫氏所言的那麼直接簡單。「禮」是原始社會末期，父系氏族社會的產物（這一說法詳見下文），而「俗」字則應該是與人類社會同時形成的！

　　許嘉璐對「俗」的作用及產生，有著明確的觀點：「原始社會的俗，其實也就是共同生活的人群用以維護集體、協調制的人際關係的規矩，是經過許多世代形成的一種約定，這些約定都是當時物質的（氣象、地理、災變、生產和生活方式等）條件所決定的必然結果。」[10]這些「俗」要是引起統治階級的興趣，就可以被吸收，進而提升為制度，成為禮的一部分。朱熹所說的「聖人見此意思好，故錄成書。」大概就是指這種情況了！所以指禮源於俗，實在是探本逐源的說法。楊寬先生在《古史新探》一書中，對古禮的根源有很詳盡深入的考究，茲扼要介紹其中的一些內容，以證明禮源於俗一說的可靠性：

　　（一）籍禮：《儀禮》中並無記載，而《禮記・月令》及《國語・周語》上都有談及。秦惠田《五禮通攷》吉禮卷一百二十四至一百二十五，有「親耕享先農」之禮，楊寬指出「籍典」是由原始公社制末期的「耕田儀式」轉變而來的。[11]

　　（二）冠禮：《儀禮》中有「士冠禮」，《大載禮記》有「公冠禮」。楊寬認為「冠禮」是由氏族制時期的「成丁禮」變化而來，「成丁禮」也叫「入社式」，是氏族公社中男女青年進入成年階段必經的儀式。[12]

10 見許嘉璐主編：《中國古代禮俗辭典》〈禮、俗與語言〉（代序）（北京市：中國友誼出版公司，1991年6月），頁1-5。

11 見楊寬：《古史新探・籍禮新探》，頁218-233。

12 見楊寬：《古史新探・冠禮新探》，頁234-255。

（三）大蒐禮：《周禮‧夏官‧大司馬》記有「大蒐禮」，當中分有兩部分即：教練和檢閱之禮，以及借用田獵演習之禮，兩者都按四季而再細分。教練和檢閱之禮分有：「振旅」、「茇舍」、「治兵」及「大閱」；用於田獵演習之禮則分為：「蒐田」、「苗田」、「獮田」及「狩田」。「大蒐禮」具有建置和變更軍制、選定和任命將帥、制定和頒布法律、對違法者處刑、救濟貧窮和選拔人才，以及處理重大問題的作用。它是由軍事民主制時期的武裝「人民大會」演變而來的。[13]

（四）鄉飲酒禮：《儀禮》中有「鄉飲酒禮」，《禮記》中有「鄉飲酒義」，《周禮‧地官司徒‧黨正》有「飲酒於序」禮。鄉飲酒禮是周人在氏族社會末期的習慣，在這個禮中，除了充分表現了長老的享有威信和為人尊敬外，還具有元老會議的性質，在古代政權機構中作為維護貴族統治的一種手段。它是源於原始社會共同飲食的氏族聚落的會食形式。[14]

根據楊寬先生對古禮的根源的考證，可見，古籍中所記的禮制，都有它們原始的面貌，而這些禮制的根本，就是源自人類的生活習慣和風俗。綜合來說，「禮」是統治者規定人的言行準則，它包含了內容和形式，即：禮的精神和禮的儀節。「俗」則是人類對過去或現在的「禮」的實踐形式。而它們彼此是互相影響，而且順著不同時代的物質條件和精神條件，不斷的嚴謹變化。

二　儀節方面

各式各樣的禮並不是同時產生的，而且，任何一種禮也不是產生就完備的。但以最早有具體形式表現來看，我們可以說禮是源於宗教

---

13 見楊寬：《古史新探‧大蒐禮新探》，頁256-279。
14 見楊寬：《古史新探‧鄉飲酒禮與饗禮新探》，頁280-309。

祭祀。

　　《左傳》成公十三年記云：「國之大事，唯祀與戎」，意思是說國家最重大的事，只有祭祀和戰爭。所指的祭祀，實際就是《周禮・春官・大宗伯》一職所掌管的吉禮。陳戍國指出：「說吉禮（祭祀之禮）出於宗教，自然符合人類社會發展史前期的實際。」[15]他這種看法是正確的。

　　原始社會時期[16]，人類對自然現象和社會各種關係等問題，缺乏知識。於是認為，鬼神、祖先是唯一擁有至高無上的干預力量，因此，一切儀節都與祭祀鬼神、祖先有密切的聯繫。試看《左傳・昭公元年》一段記載：

> 山川之神，則水旱癘疫之災，於是乎禜之；日月星辰之神，則雪霜風雨之不時，於是乎禜之。

　　孔穎達《疏》云：「禜是祈禱之小祭耳，若大旱而雩，則遍祭天

---

15 見陳戍國：《先秦禮制研究》第一章第二節〈禮的起源〉，頁10。

16 依照《中國歷史大系表》（中華書局，香港分局出版〔1976年8月〕），對中國古代歷史，劃分為五個時期，即：

　（一）原始社會：從藍田猿人、北京猿人起，至夏朝建立止，即60萬年。

　（二）奴隸社會：從夏朝起，至春秋止，即西元前21世紀至西元前479年，約1600年。

　（三）封建社會：從戰國起，至清朝鴉片戰爭止，即西元前475年至西元1840年，共2314年。

　（四）半殖民地封建社會：從清朝鴉片戰爭起，至中華人民共和國誕生止，即西元1840年至西元1949年，共110年。

　（五）社會主義社會：從中華人民共和國誕生，即西元1949年開始。

　而楊寬：《古史新探・論西周時代的農業生產》，頁1，陳戍國：《先秦禮制研究》第一章第一節《禮的起源》，頁11，及陳連慶：《中國古代史研究・西周奴隸考》，頁29，都分別指出西周社會性質，迄今尚未有定論。而有關原始社會時期的劃分，可參看附表二、三。

地百神，不復別其日月與山川也。」《周禮‧地官司徒‧黨正》：「春秋祭禜亦如之。」鄭玄《注》云：「禜謂雩禜水旱之神，蓋亦為壇位，如祭社稷。」《周禮‧春官‧大祝》：「掌六祈以同鬼神示，四曰禜。」楊伯峻解釋「禜」字，說：「蓋即聚草木而束之，設為祭處，以祭品求鬼神，去禍祈福。」[17]依《左傳》所云，配合殷墟卜辭中記載了王室成員對先王先公的祭祀[18]，可見人類在原始社會末期，已懂得對鬼神、祖先的崇拜。他們祭祀的目的，除了表示崇敬鬼神、祖先之外，更希望藉此祈求神靈保佑，攘禍致福。

《荀子‧禮論》云：

> 禮有三本：天地者，生之本也；先祖者，類之本也；君師者，治之本也。無天、地，惡生？無先祖，惡出？無君師，惡治？三者偏亡，焉無安人。故禮，上事天，下事地，尊先祖，而隆君師，是禮之三本也。

《大戴禮記‧禮三本》有相近似的一段文字：

> 禮有三本：天地者，性之本也；先祖者，類之本也；君師者，治之本也。無天地，焉生？無先祖，焉出？無君師，焉治？三者偏亡，無安之人。故禮上事天，下事地，宗事先祖，而寵君師，是禮之三本也。

兩段文字，除了少部分用字有異之外，文意及句法，都極為相似，可能是《大戴禮記》從《荀子》抄錄出來的。但無論如何，兩段

---

17 見楊伯峻：《春秋左傳注》（修訂本）（北京市：中華書局，1990年5月），頁1219。
18 見錢杭：《周代宗法制度史研究‧緒論》（上海市：學林出版社，1991年8月），頁2。

文意，都指出禮的起源，是緣自人類對天、地，先祖以至君師的尊
崇。甚至認為假如對三者不崇敬，人類則沒有安寧可言。這種說法顯
然與宗教觀念有關。為了表示這種崇敬，人類採用的形式，就是祭
祀，如《禮記‧禮運》篇所言：「夫禮之初，始諸飲食，其燔黍捭
豚，汙尊而抔飲，蕢桴而土鼓，猶若可以致其敬於鬼神。」

　　人類按照自己生活的方式，用穀物、牲畜、水酒及鼓樂向鬼神表
達內心的敬愛。由於祭祀在原始社會已產生，而且對人類有著如此重
大的意義，所以《禮記‧祭統》云：「凡治人之道，莫急於禮。禮有
五經，莫重於祭。……祭者，所以追養繼孝也。……夫祭有十倫焉；
見事鬼神之道焉，見君臣之義焉，見父子之倫焉，見貴賤之等焉，見
親疏之殺焉，見爵賞之施焉，見夫婦之別焉，見政事之均焉，見長幼
之序焉，見上下之際焉。」郭沫若說：「大概禮之起源於祀神，故其
字後來從示，其後擴展而為對人，更後擴展而為吉、凶、賓、嘉的各
種儀制。」[19]杜國庠也指出：「因為有事必祭，祭必行禮，所以禮的範
圍，幾乎包括盡人生的一切活動。除了祀與戎外，如像《春秋》所
記，即位、出境、朝、聘、會、盟、田獵、城築、嫁娶，乃至出奔、
生卒等等事項，幾乎沒有和祭祀無關的。」[20]

　　綜合上述各家之說，可見禮從儀節上來看，是源自宗教、祭祀
的，而且各項儀制當中總少不了祭祀的形式。

---

19 原文見《十批判書‧孔墨的批判》，轉引自陰法魯、許樹安主編的《中國古代文化
　 史》（2）第十一章〈中國古代的禮儀制度〉（北京市：北京大學出版社，1991年5
　 月），頁1。
20 見杜國庠：《杜國庠文集》〈略論禮樂起源及中國力學的發展〉，頁274。

三　歷史時期方面

《禮記・禮器》篇云：「禮，時為大，順次之，體次之，宜次之，稱次之。堯授舜，舜授禹，湯放桀，武王伐紂，時也。」這裏所說的「時」，指的是時代，時代不同，禮的內容和形式也不同。

杜佑《通典・禮》一云：「伏羲以儷皮為禮，……可為嘉禮，神農播種，始諸飲食，致敬鬼神，褿為田祭，可為吉禮；黃帝與蚩尤戰於涿鹿，可為軍禮；九牧倡教，可為賓禮；《易》稱古者葬於中野，可為凶禮。……故自伏羲以來，五禮始彰，堯舜之時，五禮咸備。」三皇五帝的事蹟，我們既無充分可考的史科，因此，《通典・禮》一中，所述有關禮制的由來，我們只可傳疑。但從另一個角度來看，這些說法，正揭示出禮的起源時極為古遠的，禮制的演變經過了漫長而又曲折的歷程。[21]

《禮記・郊特牲》中說：「諸侯之有冠禮，夏之末造也。」〈禮器〉篇也載：「三代之禮，一也。民共由之。或素或青，夏造殷因。」《論語・為政》篇記孔子云：「殷因於夏禮，所損益可知也；周因於殷禮，所損益可知也。」《論語・八佾》篇中說：「夏禮，吾能言之，杞不足徵也；殷禮，吾能言也，宋不足徵也，文獻不足故也。足，則吾能徵之矣。」從上述各項引文的內容來看，禮的起源，最早可追溯到夏代，不過，由於年代久遠，即使在春秋時期，孔子尚且慨歎文獻之不是，對於自己所言有關夏、殷二代的禮，無法證實，那麼，更遑論比夏、商更古遠的時代了。

時至今日，由於考古學、甲骨文字學及社會學等學科的昌盛，對於認識夏、商時代的禮，無疑是起了極大的作用。配合各方面的資料

---

21 陳戍國：《先秦禮制研究》第二章〈先殷禮〉對夏禮、虞禮，以至有虞以前的禮，都有很詳細的論說，而結論是對夏以前的禮，保留傳信傳疑的態度。

來看，以歷史時期而論，禮的起源很早，大概在原始社會末期，等級制度下已產生。

原始社會的發展，當中經歷了原始人群、血緣公社、氏族公社中的母系氏族及父系氏族等幾個階段。[22]由母系氏族演變為後來的父系氏族，主要原因是農業、畜牧業和製陶業的發展。男女在社會生產中地位有了很大的變化；男子成為生產中的主要勞動力，而女子則集中擔當繁瑣的家務工作，她們的社會地位因而下降。這個時期，由於個體家庭開始獨立經營生產和生活，財產和私有的情形亦因此隨之而出現。

父系氏族社會的主要標誌，是按男系計算世系，這種現象反映在宗教方面，即對祖先的崇拜。上文我們嘗試從禮節來探求禮的起源，認為「禮」最早的具體形式是在祭祀中表現出來的。據考古學家的發現：在甘肅齊家文化遺址出土的石祖、青海樂都柳灣的男性裸體彩陶壺[23]，認為是崇拜男性祖先的象徵。[24]

至於這方面有文字可稽考的，就是商周的卜辭和金文。錢杭在《周代宗法制度之研究》中說：「從商周兩代的卜辭、金文中，我們可以發現，商代已存在著大量的父系宗族。根據《左傳》定公四年的記載，在殷末周初，所謂『東方古族』內部已經有宗法。再參照殷墟卜辭中王室成員對先公先王的『選祭』、『周祭』，尤其是以準確認準直系祖先為前提的『周祭』，完全有理由作出商代已有發展到一定程

---

22 見黃淑娉等著：《中國原始社會史話》（北京市：北京出版社，1982年8月），頁148。

23 甘肅齊家文化，以社會組織而言，已發展至父系氏族階段，相當於傳說中的堯、舜、禹的時代。

24 資料見於黃淑娉等著的：《中國原始社會史話》，頁120及宋兆麟等著的：《中國原始社會史》（北京市：文物出版社，1992年8月），頁487-490。

度的宗法的判斷。」[25]由此可見，商代已實行了宗法制度。而宗法倫理，事實上是中國等級制度中一直貫徹的原則。[26]

　　禮的基本概念是在區分尊卑、貴賤、親疏、大小、上下，一如儒家典籍中所載。《左傳》襄公三十一年：

　　　　君臣、上下、父子、兄弟、內外、大小皆有威儀也。

《荀子·禮論》：

　　　　禮者，以財物為用，以貴賤為文，以多少為異，以隆殺為要。

《禮記·王制》：

　　　　衣服有制，宮室有度，人徒有數，喪祭械用，皆有等宜。

《禮記·曲禮》上：

　　　　君臣上下、父子兄弟，非禮不定。

《禮記·哀公問》：

　　　　民之所由生，禮為大。非禮，無以節事天地之神也。非禮，無
　　　　以辨君臣、上下、長幼之位也。非禮，無以別男女、父子、兄

25 見錢杭：《周代宗法制度研究·諸論》（上海市：學林出版社，1991年8月），頁2。
26 見葛承雍：《中國古代等級社會·自序》（西安市：陝西人民出版社，1992年5月），
　　頁6。

弟之親，昏姻疏數之交也。

《禮記‧冠義》

君臣正，父子親，長幼和，而後禮義立。

根據儒家典籍對禮的精神的闡發，再配合學者對古史的考證，我
們可以推想，禮最遲在原始社會末期，父系氏族社會已產生了！[27]其
後發展至周代，社會上的等級制度，已十分嚴密，而禮制也更見繁
細。[28]

總括而言，禮起源於對人情欲的節制，是植根於人類的風俗習
慣。它最早有具體形式是表現在宗教祭祀，以歷史時期而論，最遲在
原始社會末期，父系氏族社會時已出現了。

---

27 李雲光老師在《禮的反思》三〈禮的起源與演變〉中亦有論及。
28 從《周禮》一書所列的官制來看，可見周代禮制的嚴密。

附表（一） 學者對「禮」的起源的看法

（1）杜國庠	人欲	祭祀					
（2）高明	人情						
（3）楊寬			習慣				
（4）李澤厚		祭祀					
（5）劉澤華			習俗				
（6）錢杭	人欲	宗教祭神		群體的約束	統治階級的利益		
（7）邱衍文	人性	祭祀					
（8）胡平生		宗教		人的活動			
（9）陳戌國	人欲人情	宗教	風俗		交換行為	以義而起	
（10）葛承雍		祭神		行為規範			
（11）楊向奎			風俗習慣		社會生產和交換行為		
（12）李雲光	人情	祭祀	風俗			父權制時	
（13）鄒昌林	人情						歷史

附註：

（1）見杜國庠：《杜國庠文集》中《略論禮樂起源及中國禮學的發展》（北京市：北京人民出版社，1962年7月），頁272-274。

（2）見高明：《禮學新探‧原禮》（香港：香港中文大學聯合書院中文系，1963年11月），頁4。

（3）見楊寬：《古史新探》〈鄉飲酒禮與饗禮新探（四）‧由「鄉飲酒禮」和「饗禮」推論「禮」的起源和「禮」這個名稱的來歷〉（北京市：中華書局，1965年10月），頁306。

（4）見李澤厚：《中國古代思想史論》中〈孔子再評〉（一）〈禮的特徵〉（北京市：北京人民出版社，1985年3月），頁8-10。

（5）見劉澤華：《中國傳統政治思想反思》中〈先秦禮論與君主專制主義〉（北京市：生活‧讀書‧新知三聯書店，1987年10月），頁78-85。

（6）見錢杭：〈什麼是禮？它是怎樣起源的？〉此文收在《中國文化史三百題》（上海市：上海古籍出版社，1989年11月），頁351-354。

（7）見邱衍文：《中國上古禮制考辨》第二章〈禮制探源‧禮的祖始〉（臺北市：文津出版社，1990年6月），頁35-38。

（8）見陰法魯、許樹安主編：《中國古代文化史》（二）第十一章〈中國古代的禮儀制度〉（北京市：北京大學出版社，1991年5月），頁1。

（9）見陳戍國：《先秦禮制研究》第一章第二節〈禮的起源〉（長沙市：湖南教育出版社，1991年12月），頁9-14。

（10）見葛承雍：《中國古代等級社會》〈諸論‧儒家思想與中國古代第級社會〉（三）〈禮制與等級觀念〉（西安市：陝西人民出版社，1992年5月），頁27-36。

（11）見楊向奎：《宗周社會與禮樂文明》下卷第一〈禮的起源〉（北京市：人民出版社，1992年5月），頁229-230。

（12）見李雲光：《禮的反思》（三）〈禮的起源與演變〉（高雄市：復文圖書出版社，1992年8月），頁11-19。

（13）見鄒昌林：《中國古禮研究》第二章〈禮記對古禮起源的探索〉（高雄市：文津出版社，1992年9月），頁58-68。

天命有德

——商遺民在周初的地位問題

張偉保

《史記・周本記》載：

> 武王即位，……二年，聞紂昏亂暴虐滋甚，殺王子比干，囚箕
> 子。太師疵、少師彊（強）抱其樂器而奔周。於是武王遍告諸
> 侯曰：殷有重罪，不可以不畢伐。……十二月戊午，師畢渡盟
> 津。……乃作〈太誓〉告于眾庶：今殷王紂，乃用其婦人之
> 言，自絕于天，毀壞其三正（鄭玄曰：天、地、人之正道），
> 離逖其王父母弟，乃斷棄其先祖之樂，乃為淫聲，用變亂正
> 聲，怡說婦人。故今予發（太子發），維恭行天罰，勉哉夫
> 子，不可再，不可三。[1]

到了商郊，武王向部發言，說明伐紂的原因。《尚書・牧誓》載：

> 王曰：古人有言曰：「牝雞無晨；牝雞之晨，惟家之索。」今
> 商王受惟婦言是用，昏棄厥肆祀弗答，昏棄厥遺王父母弟不迪
> （用）。乃惟四方之多罪逋逃，是崇是長，是信是使，是以為

---

[1] 瀧川資言：《史記會注考證》（臺北市：宏業出版社，1971年），卷4，頁69。

大夫卿士。俾暴虐于百姓，以奸宄于商邑。[2]

當各路諸侯陳師牧野後，紂亦發七十萬人距武王。紂兵雖眾，其部隊皆缺戰意，並紛紛倒戈。紂兵敗，隻身逃返鹿臺，「蒙衣其珠玉，自燔（焚）于火而死」。翌日，武王到了商王的社，進行其「革殷」的禮儀。在儀式進行時，尹佚筴祝曰：「殷之末孫季紂，殄廢先王明德，侮蔑神祇不祀，昏暴商邑百姓，其章顯聞于天皇上帝。」於是武王再次作揖叩首，表示「膺更大命，革殷，受天明命」才離開商紂的王宮。[3]為了安撫商人，也因為力量有限，武王隨即「封商紂子祿父武庚殷之餘民」，並使其弟「管叔鮮、蔡叔度相祿父治殷」。除此之外，為了爭取殷民族之擁戴，遂立即命令「召公釋箕子之囚，命畢公釋百姓（殷貴族）之囚，表商容之閭，命南宮括散鹿臺之財，發鉅橋之粟，以振貧弱萌隸」，又「命閎夭封比干之墓，命宗祝，享祠于軍，乃罷兵西歸」。[4]根據《逸周書・世俘》記載，是年四月武王回到宗周（鎬京），便「讓史佚向上帝獻辭。武王命人將紂之邪惡臣百人斷手斷足，又殺掉抓獲的軍中小吏及守鼎官，還殺了四十個小氏族首領及他們的守鼎官。」到了辛亥這天，武王獻上所獲殷之九鼎，手執玉圭，身被法服，敬告天神上蒼。武王隨即來到周廟，手持黃色大斧，把統治眾諸侯國之事敬告祖廟。武王向先輩神位歷數殷紂之罪。到了癸丑這天，武王獻上所俘殷之王士百人。甲寅那天，武王以牧野克商事告先王。樂師奏〈武〉樂。王入廟，樂師進〈萬〉舞曲，又獻

2　周秉鈞注譯：《尚書》（長沙市：岳麓書社，2001年7月），頁114。

3　瀧川資言：《史記會注考證》卷4，頁70-71。

4　瀧川資言：《史記會注考證》卷4，頁71。

《明明》之曲，演奏三節。[5]到了明年，武王「問箕子殷所以亡。箕子不忍言殷惡。以存亡國（之）宜（義）告」。其後，武王病，「周公乃祓齋，自為質，欲代武王（即《尚書・周書・金縢》篇事），武王有瘳，後而崩。太子誦代立，是為成王。」[6]

周部族由西方侯國，伐紂後成為天下共主。因殷人勢力並未完全瓦解，遂立武庚並以管叔、蔡叔相之。在局勢尚未穩定的周初，武王遽然逝也，對周部族的統治地位形成嚴峻的考驗。周公旦因成王年少，天下初定，遂依據武王遺志，攝行政當國。《尚書・周書・金縢》說：「武王既喪，管叔及其群弟乃流言于國，曰：「公將不利於孺子。」周公乃告二公（引者案：即太公望、召公奭）曰：「我之弗辟，我無以告我先王。」周公居東二年，則罪人斯得。」由於武王逝世所遺留下的問題，周公不避嫌疑地掌管周朝大政，引起了管叔等的流言，並且聯同武庚一起叛亂，嚴重動搖了周政權的統治地位。周公遂決定東征，並發表〈大誥〉以聲討有罪。〈大誥〉首先遍告與周朝有關的諸侯國和周朝的主要辦事官員，指出周朝現在面對的極大危機，不但內部有些叛亂分子蠢蠢欲動，就算是殷的小王武庚祿父也希望復辟他們已滅絕的王統。原文說：

> 王若曰：猷！大誥爾多邦，越爾御事。弗弔，天降割于我家，不少延。……
> 予惟小子，若涉淵水，予惟往求朕攸濟。……越茲蠢。殷小腆誕敢紀其敘。天降威，知我國有疵。民不康，曰：予復。反鄙我周邦。今蠢，今翼日，民獻。（此句李民等撰《尚書譯注》

5　以上譯文據張聞玉：《逸周書全譯》，〈世俘第三十七〉（貴陽市：貴州人民出版社，2000年7月），頁146-148。

6　瀧川資言：《史記會注考證》卷4，頁73。按：據引文，武王在克商後的第二年病逝。

解釋作:「此句中,蠢以蟲喻,翼以鳥喻,形容武庚蠢動(叛
亂)後,淮夷紛紛響應,參加叛亂的人很多。」頁 245)[7]

　　因應王室內部和諸侯、官員、近臣等因為局勢嚴峻,派軍隊東征
也將令孤苦無依的民眾受苦的疑慮,〈大誥〉反覆強調周朝受到上天
的眷顧,文王受命於天。到了今天,上帝又要援助我們,我們只要順
應占卜的旨意來行事,上天必然會幫助我們成就偉大的事業。打個比
喻說,假若父親(指文王)在造房子時已制定好了規劃、已經耕好了
田地,做兒子的卻連堆土打地基、搭柱裝椽和播種的事都不肯幹,那
豈不是放棄了前人的基業嗎?現在,我既然執掌大政,兄長武王死
了,就有群弟攻伐他的兒子,你們這些作為統治國家的官員,能不站
出來勸阻和救助他嗎?[8]最後,〈大誥〉說:

予永念曰:天惟喪殷。若穡夫,予曷敢不終朕畝?天亦惟休于
前寧人(即文王),予曷其極卜,敢弗于從,率(遵循)寧人
有指(旨)疆土?矧今卜並吉,肆朕誕(將)以爾東征。天命
不僭(差錯),卜陳惟若茲。[9]

成王即位後,管叔、蔡叔聯合武庚、奄人、徐人、淮夷發動叛亂,周
公堅決鞏固周朝政權,排除朝廷官員等的憂慮,奉成王命東征。至成
王三年,周公不但「伐誅武庚、管叔,放蔡叔,以微子開代殷後,國

7　以上參考李民、王健:《尚書譯注》(上海市:上海古籍出版社,2000年),〈大誥〉
　　第二至六段譯文,頁247-250。

8　李民、王健《尚書譯注》(上海市:上海古籍出版社,2000年),〈大誥〉第二至六
　　段譯文,頁247-250。

9　李民、王健《尚書譯注》(上海市:上海古籍出版社,2000年),〈大誥〉第二至六
　　段譯文,頁247-250。

於宋。頗收殷餘民，以封武王少弟封為衛康叔。」[10]據王國維《今本竹書紀年疏證》載周伐殷，「三年，王師滅殷，殺武庚祿父。遷殷民於衛，遂伐奄，滅蒲姑。四年……夏四月……王師伐淮夷，遂入奄。……五年……夏五月……遷殷民於雒邑，遂營成周。六年，大蒐于岐陽。七年，周公復政成王。」[11]周公攝政七年期間，完成了穩定及鞏固周政權，消除了武庚的叛亂，並把殷民安置於衛、雒邑和位於商邱的宋國，基本將殷民族的成員分散到不同地區，以消除殷政權復辟的可能性。

同時，為了加強對東方沿海地區的控制，周公亦在此段關鍵時刻討伐奄及淮夷，使周政權伸展至整個東方和淮流河域。為了把管轄範圍擴展至各方，周公在平定叛亂後，進行了一次更大規模的分封。《左傳‧僖公二十四年》春，記載富辰對周襄王的規諫：

> 臣聞之，大上以德撫民，其次親親，以相及也。昔周公弔二叔之不咸，故封建親戚以蕃屏周。管、蔡、郕、霍、魯、衛、毛、聃、郜、雍、曹、滕、畢、原、酆、郇，文之昭也。邢、晉、應、韓，武之穆也。凡、蔣、邢、茅、胙、祭，周公之胤也。[12]

《左傳‧僖公二十六年》春，齊師伐魯，魯僖公使展喜犒齊師。當齊侯（孝公）恃強壓迫魯使，並得意洋洋地問展喜：「魯人恐

---

10 《史記會注考證》卷4，〈周本紀〉，頁73。

11 載於方詩銘、王修齡：《古本竹書紀年輯證》（上海市：上海古籍出版社，1981年），頁238-239。

12 吳兆基編譯：《春秋左傳》僖公24年春（北京市：京華出版社，2001年），上冊，頁187。

乎？」展喜回答說：「小人恐矣，君子則否。」齊侯追問：「室如懸
磬，野無青草，何恃而不恐？」展喜回答說：

> 恃先王之命。昔周公、大公股肱周室，夾輔成王。成王勞之，
> 而賜之盟曰：「世世子孫，無相害也。」載在盟府，大師職
> （掌管）之。桓公是以糾合諸侯，而謀其不協，彌縫其厥而匡
> 救其災，昭舊職也。……[13]

展喜以桓公昔日之功德以退齊師，亦反映周初分封時維繫周朝政治框
架。無論是大量分封文王、武王、周公之胤嗣於全國各地（特別是中
國東部和淮河流域地區），以確保周族力量拓展至不同地區；或以盟
誓的方式以維護周室與侯國之間緊密的政治關係，對原先偏處西部的
姬周政權的擴張均屬不可或缺的措施。此外，周天子也利用宗法制度
的精神來鞏固其政權。據《大雅·生民之什·板》的作者回顧周政權
建立和依賴大宗、宗子屏藩王室的情形。詩的第七段云：[14]

> 价人維藩，（善人就是藩籬）
> 大師維垣，（大眾就是圍牆）
> 大邦維屏，（大邦諸侯就是屏障）
> 大宗維翰。（同姓子弟就是棟樑）
> 懷德維寧，（以德團結就是安寧）
> 宗子維城。（王的嫡子就是一座大城）

---

13 吳兆基編譯：《春秋左傳》僖公24年春（北京市：京華出版社，2001年），上冊，頁
198。

14 陳子展：《詩經直解》，頁964。

無俾城壞，（不要使得城也破壞）

無獨斯畏！（不要有孤立的可畏）

以周初分封伯禽於魯為例，目的就是為了作為周室的藩輔。《魯頌・閟官》在追述后稷、太王、文王、武王之功績後，講述了成王賜命的內容：

王曰叔父！建爾元子，俾侯于魯，大啟爾宇，為周室輔。乃命魯公，俾侯於東，錫之山川，土田附庸。[15]

又如齊國，周公曾派使召公奭親自冊命太公望說：

東至於海，西至於河，南至穆陵，北至無棣，五侯九伯，實得征之。齊由此得征，為大國，都營丘。[16]

憑藉以上各種安排，周部族在平定武庚的叛亂後獲得一段相對安穩的時代，亦即《史記・周本紀》所稱「成康之際，天下安寧，刑錯四十餘年不用。」[17]

　　綜合而言，西周政權之建立，是周族祖先自古公亶父以來不斷努力的結果。《魯頌・閟官》簡述了這個過程：

后稷之孫，實維大王，居岐之陽，實始翦商。

至于文武，纘大王之緒。致天之屆，于牧之野。

---

15 陳子展：《詩經直解》（臺北市：書林出版社，1992年8月），頁1170-1171。

16 瀧川資言：《史記會注考證》，頁551。

17 瀧川資言：《史記會注考證》，頁74。

無貳無慮！上帝臨汝，敦商之旅，克成厥功。[18]

周族在完成翦商大業後，不二年而武王崩，周公攝政，引發了管叔、蔡叔、武庚、淮夷等的大叛亂。經過周公東征平亂後，在廣泛分封周之宗室同姓、功臣與前代帝王之後（周初有二次大分封，其後陸續有不同的封國建立，今概括言之），又以宗法制維繫各諸侯國的相互關係，並曾對齊、魯等重要封國委以重任，使之屏藩王室和征伐叛國。到了成王，康王在位，政局漸趨穩定。《左傳·昭公二十六年》：「昔武王克殷，成王靖四方，康王息民，並建母弟以藩屏周」，正好說明這個歷史階段的發展特徵。

在對商末周初政局有較清晰的了解後，可以集中考察殷商遺民在周初的景況。[19]據前文引述，武王伐紂時曾在不同時段發表過一些重要言論，如〈太誓〉、〈牧誓〉和尹佚筴祝等內容，均分別強調紂王的重罪包括：

（1）用婦人之言，自絕於天；

（2）離逷其王父母弟；

（3）斷棄其先祖之樂，乃為淫聲，用變亂正聲，怡說婦人；（以上〈大誓〉）

（4）商王受惟婦言是用；

（5）昏棄厥肆祀弗答；

（6）昏棄厥遺王父母弟不迪；

（7）四方之多罪逋逃，是崇是長，……俾暴虐于百姓[20]。（以上〈牧誓〉）

---

18 陳子展：《詩經直解》，頁1069-1070。

19 按：這對確定《商頌》的時代十分重要。

20 按：即商代貴族。

（8）殄廢先王明德；

（9）侮蔑神祇不祀；

（10）昏暴商邑百姓。（以上尹佚筴祝）

在「國之大事，在祀與戎」的古代社會，商王紂不但不以商族的長久利益為計，並觸犯了以下多種「重罪」：偏聽婦人之言，斥逐王父母弟，暴虐於百姓，多用四方之多罪逋逃，更自絕於天，昏棄厥肆祀弗答，斷棄其先祖之樂等。這些罪名，頗能說明商紂在牧野之役中眾叛親離的因由。在以上各種攻擊中，可以肯定紂王「昏棄厥肆祀弗答」、「殄廢先王明德」、「侮蔑神祇不祀」和「斷棄其先祖之樂」的指責都反映了殷周之際對上帝、祖先、鬼神祭祀的非常重視。從周族的立場而言，商王的不當行為最後導致其「天命」之淪喪。我們從祖己說「紂不可諫矣」[21]、微子惶恐不已[22]，都足以說明商朝末年敗象已呈。紂的罪名，主要是其對先王之不敬，特別是在祭祀神祇和敬拜祖先兩方面。受到妲己的影響，紂王「斷棄先祖之樂」，「使師涓作新淫聲，北里之舞、靡靡之樂」。[23]《史記・宋微子世家》載：「紂既立，不明，淫亂於政。微子數諫，紂不聽。……微子度紂終不可諫，欲死之，及去。未能自決。乃問於太師少師。……太師若曰：王子，天篤下菑亡殷國……今誠得治國，國治身死不恨。為死終不得治，不如去。遂亡。」[24]微子啟是紂的庶兄，眼見紂之亂政，數諫不從，最後聽從太師的建議亡去。其後，「武王伐紂克殷，微子乃持其祭器，造

---

21 瀧川資言：《史記會注考證》卷3，頁61。

22 《尚書・微子之命》。

23 瀧川資言：《史記會注考證》卷3，頁60。「師涓」考證引梁玉繩說認為「師延」。

24 瀧川資言：《史記會注考證》卷38，頁608。

於軍門，肉袒面縛⋯⋯以告，於是武王乃釋微子，復其位如故。」[25]
微子降周，乃殷周之際的一樁重要事件。

上文言武王在殷社舉行「革殷」之禮，名義上取代殷商天子之
位，而微子降周，卻正式代表商的貴族承認周族政權之合法性；而微
子之獲釋與復位也代表殷商遺民在周初獲得繼續生存的基本權利。尤
其值得關注的是，微子「持其祭器」降周，反映古代民族對其先祖祭
祀的重視。鑑於周族力量的相對不足，武王把伐商的行動集中表現為
對紂的個人失德，對殷遺民（特別是商朝貴族）則多方面籠絡。除了
對殷民族的關懷如「釋百姓之囚」、「散鉅橋之粟」之外，為安撫殷民
族而決定「封紂子武庚祿父以續殷祀」。[26]《史記・衛康叔世家》載武
王已克殷紂，復以殷餘民封紂子武庚祿父，比諸侯，以奉其先祀勿
絕。他又命令其弟管叔、蔡叔傅相武庚祿父，以和其民。[27]

由此可見，周初分封武庚的決定，是讓殷人「奉其先祀勿絕」，
以此減輕殷遺民的敵對態度。這種安排反映周族在處理殷遺民時的基
本策略。這種政策是周族的根本方針，故雖在武庚叛亂、周公東征後
仍由周公旦繼續執行。雖然，在周族在平定叛亂並將軍事力量伸展至
「東國」後，為了防止殷人的反抗，將殷民族分散管治，其主要根據
地由周公奉成王命分封給武王少弟衛康叔。《史記・衛康叔世家》
載：「武王既崩，成王少，周公旦代成王治，當國。管叔、蔡叔疑周
公，乃與武庚祿父作亂，欲攻成周（洛陽）。周公旦以成王命興師伐
殷，殺武庚祿父、管叔，放蔡叔。以武庚殷餘民，封康叔為衛君，居
河、淇閒故商墟。」[28]

---

25 瀧川資言：《史記會注考證》卷38，頁610。

26 瀧川資言：《史記會注考證》卷38，頁610。

27 瀧川資言：《史記會注考證》卷37，頁600。按：武王原意是寓監督於傅佑。

28 瀧川資言：《史記會注考證》卷37，頁600。

　　原來由武庚「奉其先祀」，現因武庚被誅，周公繼續執行一貫對殷方針，命已降周的微子正式接替有關事宜。《史記‧宋微子世家》載：周公既承成王命，誅武庚、殺管叔、放蔡叔，乃命微子開（即微子啟）代殷後，奉其先祀，作〈微子之命〉以申之，國於宋。微子故能仁賢，乃代武庚。故殷之餘民，甚愛戴之。[29]

　　姬周政權經歷管、蔡、武庚大叛亂後，政治漸趨穩定，力量也伸展至東部地區。在殷遺民因力量分散，不再構成威脅西周政權的基礎上，以周公旦為首的統治階層多次對殷先王及其文化，加以讚美與稱頌，客觀上續漸解除雙方的敵對關係。我們仔細閱讀收錄在《尚書》的周初重要文獻，如〈康誥〉、〈酒誥〉、〈梓材〉、〈召誥〉、〈洛誥〉、〈多士〉、〈無逸〉等篇章，都屢次稱頌殷商多位聖君賢相。[30]康叔是文王的年幼兒子，周公東征後分封於衛，以管治殷朝原來王畿和眾多的殷遺民。在冊封康叔的誥命中，周公多次勸喻幼弟必須考求殷先王的治國法則。《尚書‧周書‧康誥》說：

> 王曰：嗚呼！封，汝念哉！今民將在祇遹（遵循）乃文考，紹（盡力）聞衣（殷）德言。往敷求于殷哲王用保乂（養）民，汝丕遠惟商耇成人（德高望重的長者）宅心知訓（安定民心的明智教訓）。……
> 王曰：封，……我時其惟（思念）殷先哲王德，用康乂民作求（法則）。……
> 王曰：嗚呼！封，敬哉！天作怨，勿用非謀非彝（不好的計謀，不良的法則）蔽時忱（蔽塞你的誠心）。丕則敏德，用康

---

29 瀧川資言：《史記會注考證》卷38，頁613。現存《微子之命》屬《偽古文尚書》，暫不採錄。
30 按：孟子也稱「聖賢之君六、七作。」（《孟子‧公孫丑》上）

（安）乃（殷民）心，顧（念）乃德（殷民的善德），遠乃獻
（徭役），裕乃以（用）。民（安）寧，不汝瑕殄（責備和被拋
棄）。……汝乃以殷民世享。[31]

周公旦再三叮嚀康叔要小心考求殷先哲王治民的方法，參考有德者的
教訓，努力照顧殷民，使自己與殷民能世世代代享有殷國。

《尚書‧周書‧酒誥》說：

王曰：封，我聞惟曰：「在昔殷先哲王迪畏（懼）天顯小民（天
命和百姓），經德（實行德）秉哲。自成湯咸至于帝乙，成王
（賢君）畏相（明相）惟御事，厥棐（輔臣）有恭（敬），不
敢自暇自逸，矧（何況）曰其敢崇飲（聚眾飲酒）？越在外
服，侯甸男衛邦伯；越在內服，百僚庶尹惟亞惟服，宗工越百
姓里居（指名級諸侯和官員），罔敢湎于酒。不惟不敢，亦不
暇，惟助成王德顯越（揚），尹人（官員）祗辟（重視法令）。[32]

〈酒誥〉多次強調殷先王德行崇高，人們盡心盡力成就王業、遵守法
令，不敢安逸，更不敢沉湎於酒，因此出現很多明君賢臣。此外，周
公也強調康叔要寬大處理殷民，即時其臣工「湎于酒」，也「勿庸殺
之，姑惟教之」。[33]然而，周公也強調這次「天降喪于殷，罔愛于殷，
惟逸。天非虐，惟（殷）民自速辜（罪罰）」。因此，周公雖認為不需
嚴懲湎于酒的殷遺民，但卻要告誡他們的賢臣要斷絕飲酒。[34]

---

31 周秉鈞注譯：《尚書‧康誥》，頁146-153。括號內文字參用周氏之注文和譯文。
32 周秉鈞注譯：《尚書‧酒誥》，頁155-157。括號內文字參用周氏之注文和譯文。
33 周秉鈞注譯：《尚書‧酒誥》，頁157。括號內文字參用周氏之注文和譯文。
34 周秉鈞注譯：《尚書‧酒誥》，頁157-158。

　　《尚書·梓材》是另一篇記錄周公告誡康叔治理殷民的誥命之辭，篇中強調周初治理殷遺民必須採取寬大政策，以緩和與穩定殷民的情緒。首先，誥命提醒康叔如要獲得殷「庶民暨厥臣達大家，以厥臣達王惟邦君」的合作與支持，必須順從殷朝原來的常典。對於殷民，不要暴虐他們，而是需要加以教導、加以寬容，甚至對於寡婦、孕婦，也要同樣地處理，不要有所偏差。[35]最後，周公強調施行德政的重要。他說：

> 皇天既付中國民越（與）厥疆土于先王（文王、武王），肆王（今王）惟德用，和懌先後（指導）迷民（不服從的殷民），用懌（完成）先王受命。已！若茲監（如此治理），惟曰欲（將）至于萬年，惟王子子孫孫永保民。[36]

《尚書·召誥》是記載周公攝政時營建雒邑，以便居中治理天下。在命令殷貴族率領部分遺民參與這項重大工程後，為使計畫順利進行，召公和周公請求成王慎重告誡殷商各級臣民。〈召誥〉說：

> 嗚呼！皇天上帝改厥元子，茲（終止）大國殷之命。惟（成）王受命（治理天下），……曷其（那可以）奈何弗敬（慎）？……茲（此）殷多先哲王在天，越厥後王後民，茲服厥命。……嗚呼！有王雖小，元子哉！……今休（善）：王先（重視）服殷御事（使用殷商治事官員），比介（使近親）于我有周御事，節性（雙方和睦的感情）惟日其邁（增長）。[37]

---

35 周秉鈞注譯：《尚書·梓材》，頁159-161。參用周秉鈞譯文。
36 周秉鈞注譯：《尚書·梓材》，頁161。
37 周秉鈞注譯：《尚書·召誥》，頁164；參用周氏譯文。

對於前朝的得失，周公非常重視其經驗。他說：

> 王敬作所（新邑），不可不敬德。
> 我不可不監于有夏，亦不可不監于有殷。……有殷受天命，惟
> 有歷年；……惟不敬厥德，乃早墜厥命。[38]

史官也同樣記錄了召公的說話：

> 予小臣敢以王之讎民（殷的臣民）百君子越友民，保受王威命
> 明德。王末（終）有成命，王亦顯。我非敢勤（慰勞），惟恭
> 奉幣，用供王能祈天永命。[39]

表明殷的貴族和臣民都樂意順從成王，成為周的臣民，也會安然接受
（成）王的威命和明德。據《尚書・召誥》所記，殷民在周公平定武
庚叛亂後採取較為寬大的民族政策，並多次強調天命變更乃紂王一人
倒行逆施的結果，一般殷民必須認清天命已改的「事實」。[40]此外，周
公安排成王在雒邑以殷禮接見諸侯，並隨即在新邑舉行祭祀，各項事
務也安排得有條不紊。[41]這種悉心安排，自然是出於安撫殷遺民的考
慮，並達致相當的效果。成王最終決定自己返回宗周（鎬京）而讓周
公留在雒邑繼續管治殷民。[42]
　　以上《尚書》各篇刻劃了周族統治階層對殷民族之統治策略，具

38　周秉鈞注譯：《尚書・召誥》，頁167。
39　周秉鈞注譯：《尚書・召誥》，頁168；「讎」本作「仇」，據曾運乾《尚書正讀》（中
　　華書局香港分局，1972），頁198改。
40　周秉鈞注譯：《尚書・召誥》，頁164。
41　周秉鈞注譯：《尚書・洛誥》，頁171-173。
42　周秉鈞注譯：《尚書・洛誥》，頁176。

體說明殷遺民在周初的實際際遇。周族自文王受命之後，針對紂王的殘暴統治，強調以德治國的宗旨。由於周族原來隸屬大邑商，在太王時代開始崛起於岐周。季歷繼位後曾往朝見殷王武乙，獲其賞賜玉器和馬匹。[43]其後，文丁「畋于河渭，暴雷震死。」文丁「四年，周公季歷伐余無之戎，克之，命為牧師。……十一年，周公季歷伐翳徒之戎，獲其三大夫，來獻。王殺季歷。」[44]文丁殺季歷的原因不太清楚，可能與武乙之死有關，也有可能是因為周族的日益強大引致文丁的猜疑。無論如何，自姬昌繼承統治地位後，周族的發展更為迅速，再度引致紂王的猜疑，並囚禁於羑里，達七年之久。[45]姬昌獲釋後，被紂「錫命西伯，得專征伐」。沈約注釋說「文王受命九年，大統未集，蓋得專征伐，受命自此年始。」[46]兩年後，「西伯自程遷于豐。」明年，「西伯使世子發營鎬」。五年後，「西伯昌薨」。據《史記・伯夷列傳》載，文王卒後第二年，「武王載木主，東伐紂」[47]。《史記・周本記》亦載武王師至孟津，以時機尚未成熟而退兵。再過了兩年，紂殺王子比干、囚箕子，迫使微子出奔，太師摯抱其圖法奔周。[48]武王遂在文王受命第十一年伐殷，「秋，周師次于鮮原。……冬十二

---

43 王國維：《今本竹書紀年疏證》卷上，收於方詩銘、王修齡：《古本竹書紀年輯證》（上海市：上海古籍出版社，1981年），頁229。

44 王國維：《今本竹書紀年疏證》卷上，收於方詩銘、王修齡：《古本竹書紀年輯證》（上海市：上海古籍出版社，1981年），頁229。

45 王國維：《今本竹書紀年疏證》卷上，收於方詩銘、王修齡：《古本竹書紀年輯證》（上海市：上海古籍出版社，1981年），頁231。

46 王國維：《今本竹書紀年疏證》卷上，收於方詩銘、王修齡：《古本竹書紀年輯證》（上海市：上海古籍出版社，1981年），頁231。

47 王國維：《今本竹書紀年疏證》卷上，收於方詩銘、王修齡：《古本竹書紀年輯證》（上海市：上海古籍出版社，1981年），頁232。

48 以上雜見《今本竹書紀年疏證》、《史記・周本記》、《呂氏春秋・先識篇》、《論語》等。

月，……庸、蜀、羌、髳、微、盧、彭、濮從周師伐殷。」據夏商周斷代工程的研究，是年為西元前一〇四七年。[49]次年（前 1046 年）二月甲子朝，武王會師牧野，殷伐兵敗自焚，結束了商朝約五百年的統治。明年（前 1045 年），武王因病逝世，王位由成王繼承。成王在西元前一〇四四年初即位，周公旦攝政，遂引致三監的叛變。經過三年東征（至前 1042 年），周公成功打敗了管叔、蔡叔、武庚、奄、徐戎、准夷等，並為鞏固周朝而安排了第二次大分封，使姬姓宗親分佈於天下，以屏藩周室。在政局大致穩定以後，周公遂開始經營雒邑和制定各種禮制和樂制。

《尚書·多方》的年代大概在周公東征、安定「四國」後，自奄返回鎬京後，由周公代表成王對各國諸侯的一次重要講話。其中回顧說：

> 商（朝）後王（紂）逸厥逸，圖厥政不蠲烝（清明美好），天
> 惟降時（此）喪（大禍）。……天惟五年須暇（等待夏）之子
> 孫，誕（延續）作民主，罔可念聽。天惟求爾多方，大動以威
> （降災），開（啟發）厥顧（念）天（意）。惟爾多方罔堪顧
> 之。」最後，才讓我們周族上奉天命，「克堪用德，惟典
> （善）神天。天惟式（改變）教我用休（善政），簡畀（付
> 託）殷（大）命，尹爾多方。[50]

講話中強調天命的重要，表示上帝對紂的惡行的厭惡，遂降下大災禍來啟發眾人。在多年來等待夏之子孫和眾諸侯的回應中，最後只有文

---

49 江林昌：《夏商周文明新探》（杭州市：浙江人民出版社，2001年1月），頁129、138。
50 江林昌：《夏商周文明新探》，頁200。

王受到開啟而施行善政，終於能承繼大命，治理眾諸侯國。現在，在平定各方的叛亂後，周政權終於穩定下來，故在《尚書・君奭》和〈立政〉中均表示了統一政權的確立。〈君奭〉篇說：「不怠丕冒（不懈怠地加倍努力），海隅出日，罔不率俾。」[51]〈立政〉篇則說：「今文子文孫，孺子王矣！……其克詰爾戎兵以陟禹之跡，方行天下，至于海表，罔有不服（您要能夠治理好軍隊，步著大禹的足跡，遍行天下，直至海外，沒有不服從）。以覲（顯揚）文王之耿光，以揚武王之大烈（業）。」[52]

現在保留在《尚書・周書》多篇周初重要文獻中，最具系統地析述周族對殷遺民統治政策的是〈多士〉和〈無逸〉兩篇。〈多士〉篇集中反映周人的安撫殷遺民政策；〈無逸〉篇則反映周朝統治階層對商朝統治的基本態度，特別是對部分商王的推崇，並視為值得效法的楷模。〈多士〉篇是史官記錄周公在成王七年三月首次蒞臨新建成的雒邑，對殷商舊臣民的一篇重要誥命。文章首先指出，紂王不敬上天，故為殷國帶來災禍，周人奉上帝的意旨，奉行了上天的明威，對紂加以誅罰，並正式宣布結束了「殷命」。周公對他們說：「非我小國敢弋殷命。惟天不畀（給予）允罔固亂（信誣怙惡的人，指紂），弼我，我敢求其位？」回想當年夏桀不節制游樂，又怠慢不敬，故最終命令了殷的先祖成湯代替夏桀。〈多士〉篇說：

> 自成湯至于帝乙，罔不明德恤祀（謹慎祭祀），亦惟天丕建保乂有殷（上天樹立了安治殷國的賢人），殷王亦罔敢失帝，罔不配天其澤（沒有人不配合天的恩澤）。[53]

---

51 江林昌：《夏商周文明新探》，頁193-194。

52 江林昌：《夏商周文明新探》，頁183-184。

53 〈多方〉，頁177-179。

文中對紂以前的殷王是基本肯定的。只是到了「嗣王（紂）誕罔顯于天，矧（何況）曰其有聽念于先王勤家（能聽從、考慮殷商先王為家國勤勞）？誕淫厥泆（大肆淫樂）」，不顧天意和民困。因此，上帝不再保佑殷國，並降下了大的災禍。[54]

〈多方〉篇強調周人只是謹奉上帝的意旨「割殷」（奪取殷國），並指出「凡四方小大邦喪，罔非有辭（怠慢）于罰（責）。」到了今天，周人聲稱考慮到上天的意旨僅僅在於奪取殷國，於是在殷亂大定之後，便不治你們（殷多士）的罪。然而，上天現命令你們「遷居西爾（西方，指新雒邑），非我一人奉德不康寧，時（是）惟天命。無違（背天意），朕不敢有後（遲緩），無我怨。」[55]周人安排殷商遺民移居雒邑，目的是分散和削弱殷民族的力量，而以天的命令執行之。

〈多士〉篇強調採懷柔政策治理殷民，而對殷人要求新政權下獲委任為官員，一如「當年夏朝的官員被選在殷的王庭，在百官之中都有職事」。周人則表示「只接受、任用有德的人」。[56]最後，周人強調：

> 告爾殷多士，今予惟不爾殺，予惟時（此）命有申（重申這個命令）。今朕作大邑于茲洛，予惟四方罔攸賓（沒有朝貢的地方），亦惟（因為）爾多士攸服（服務）奔走臣（服）我多遜（恭順）。爾乃（因此）尚有爾土，爾用尚寧干（尚能安寧）止（呀）。爾克（能）敬（慎），天惟畀（給予）矜（憐愛）爾；爾不克敬，爾不啻（但）不有爾土，予亦致天之罰于爾躬！[57]

---

54 〈多方〉，頁177-179。

55 〈多方〉，頁180。

56 〈多方〉，頁180；參用周秉鈞譯文。

57 〈多方〉，頁181。

　　殷遺民在面對亡國的現實，對周朝能夠探取安撫政策應是沒有任
何選擇之下的較佳結果。作為新朝的主人翁，不但重申「不殺」的命
令，還強調服從周的統治便能「有土」，也能安寧地生活下去。由於
周族強調以德治民，又利用「天命」來解釋「割殷」的理由，並多次
表示對殷先聖王的景仰和推崇，而將所有商王朝所遇到的不幸都歸咎
於紂一人。正如前文所述，此種治殷策略實由武王開始，並在周公敉
平武庚叛亂後成為最主要的國策，對爭取殷遺民的認同應可發生實質
效果，也較符合殷遺民的根本利益。

　　《尚書・無逸》篇是周公攝政七年，對即將親政的成王的一篇重
要講話，內容最能夠反映周朝主政者對殷先王的態度，總結「無逸」
二字乃治國之最高典則，周公希望以此為成王治國的南針。〈無逸〉
篇說：

> 周公曰：嗚呼！君子所（在位）其無逸。……昔在殷王中宗，
> 嚴恭寅畏，天命自度，治民祇懼（敬畏），不敢荒寧。肆（所
> 以）中宗之享國七十有五年。其在高宗，時舊勞于外，爰（於
> 是）暨（惠愛）小人（老百姓）。作其即位，乃或亮陰，三年
> 不言，其惟不言，言乃雍（使人和悅）。不敢荒寧，嘉靖（善
> 於安定）殷邦。至于小大（老百姓到群臣），無時或（有）
> 怨。肆高宗之享國五十年有九年。其在祖甲，不義惟王，舊為
> 小人。作（等到）其即位，爰知小人之依（痛苦），能保惠于
> 庶民，不敢侮（辱）鰥寡（孤苦無依的人）。肆祖甲之享國三
> 十有三年。[58]

　　周公在歷舉殷代的聖賢君主後，再以周之太王、王季、文王之美

---

58 《尚書・無逸》，頁182-184。

德與勤懇來開導成王，目的是要成王以他們治理政務的榜樣。最後，周公以「殷王中宗及高宗及祖甲及我周文王」為例，指出「茲（此）四人迪哲（領導得明智）」，如有人告訴他們做得不對，他們會更加謹慎自己的行為。如發現有錯失，便會立即承認而加以改過。他們絕不敢發怒，更不會胡亂殺人。[59]

〈無逸〉是一篇反映周朝統治階層對殷朝統治者評價最全面的文獻。周公在囑託成王親政時必須效法的對象包括了殷代三個著名的統治者。由此可見，以周公為首的周朝貴族對治理殷遺民根本不會採取高壓統治和殘殺手段。相反地，周人雖敬奉「天道無親，惟德是輔」、「天命靡常」的觀念[60]，但在取代商朝天子之位總是歸咎於紂王一人，並藉此說明天命轉至周族是上天的意旨，而非周族的意圖。他們只是順應天命而已。根據後來的情況觀察，殷遺民基本接受了這個解釋，故在武庚叛亂以後，不再有反對周朝的重大措施。直至春秋時代的宋襄公，他認為周的天命似乎即將終止，希望有所作為。然其時宋國貴族子魚表示，「天之棄商久矣」，採取反對立場。孔子自稱「殷人」，亦深信天命。他說：「五十而知命」。又說：「不知命，無以為君子」，足以說明他對天命的深信不疑。[61]

在詳細析述《尚書・周書》關於周初主要文獻的內容後，可以肯定周政權對殷商遺民實行懷柔政策。因此，他們積極採取種種安撫手段，以促使殷遺民相信以下幾點：

一、周族對取代殷的天命是奉行上天的意旨。由於紂的倒行逆施，
　　對先祖和上帝不敬，遂自絕於上帝。上帝不但因此降下災禍，

---

59 《尚書・無逸》，頁186-187。

60 瀧川資言：《史記會注考證》，頁615。

61 關於孔子對「天命」的觀點，參看拙文〈孔子讚許命、讚許仁：「子罕言利與命與仁」確解〉。

並「啟發」了文王，使他一步步踏上「翦商」的道路。文王受命七年而崩。九年，武王上祭于畢，東觀兵，至于盟津。十一年，武王「聞紂昏亂暴虐滋甚」，乃遍告諸侯曰：「殷有重罪，不可以不畢伐。」十二年（前 1046 年）二月甲子昧爽（黎明），武王至商郊，「以大卒馳帝紂師。紂師雖眾，皆無戰之心。……紂兵皆崩，畔（叛）紂。」紂自焚而死。武王強調紂「殄廢先王明德，侮蔑神祇不祀，昏暴商邑百姓」，最後便喪失了天命。[62]

二、對於殷一般老百姓和貴族，周人不但不施予殺戮，並爭取他們的支持與認同。為了安撫殷遺民，遂「封商紂子祿父殷之餘民」。明年冬，武王病逝，成王年幼繼位，周公以政權尚未穩定，遂不避嫌疑，攝掌大政。管叔、蔡叔乃與祿父、奄、淮夷等發動叛亂。最後，周公東征三年，不但平定各地的叛變，並成功將周的力量擴展到整個東部地區。在比較鞏固地確立周政權後，對殷遺民採取分而治之的辦法，由衛康叔的衛、魯侯伯禽的魯、成王直轄的雒邑和微子的宋分別治理。由於周朝採取積極安撫的政策，並將所有災禍皆歸咎於紂一人，使商的老百姓和貴族都能在新政權之下繼續生活，終於令殷人接受「天命」，不再有任何敵對的行為。

三、對殷的原來統治階層，盡量爭取其合作，特別是安排微子成為殷族的領袖。當周公平定武庚祿父的叛亂後，於是「分殷餘民為二。其一，封微子啟宋，以續殷祀。」[63]《史記・宋微子世家》詳細地說明分封微子的原因及其成效。其文云：

---

62 瀧川資言：《史記會注考證》，頁68-71。
63 瀧川資言：《史記會注考證・管蔡世家》，頁588。

周公既承成王命、誅武庚……乃命微子開（啟）代殷後，奉其
先祀，作〈微子之命〉以申之，國于宋。微子故能仁賢，乃代
武庚。故殷之餘民，甚戴愛之。[64]

　　殷商遺民在經歷商末周初的喪亂後，終於在殷微子啟的領導下在
商族祖先曾經居住的舊地——商邱——定居下來，又能繼續祭祀其祖
先，總算是個較令人滿意的安排。此外，周民族對甚受敬重的箕子，
不但在周政權初建之際，武王便向他請教治國法則，並由周朝史官
把談話的內容整理成《尚書·洪範》，而成為有周一代的治國大典。
據夏含夷的研究，箕子在成王十六年來朝，[65]說明了雙方的融和關
係。〈周頌〉中的〈有客〉、〈振鷺〉二首，據說與殷遺民有關。〈振
鷺〉毛詩序稱「二王之後來助祭也」。《鄭箋》云：「二王，夏、殷
也。其後，杞也、宋也。」陳子展《詩經直解》引李樗《集解》云：
「二王之後，不純臣待之，故謂之我客。如所謂虞賓在位，作賓王室
也。」[66]《史記·陳杞世家》云：「武王克殷，求禹之後，得東樓公，
封之於杞，以奉夏后氏之祀。」[67]加上分封微子於宋，其身分也與其
他諸侯有異，即李樗所謂「不純臣待之」。孔疏引鄭駮異義（指鄭玄
《駮五經異義》）說：「言所存二王之後者，命使郊天以天子禮，祭其
始祖受命之王，自行其身正朔服色，此之謂通天三統。是言王者立二
王之後之義。」[68]此外，〈有客〉毛詩序云：「微子來見祖廟也。」陳

---

64 瀧川資言《史記會注考證·宋微子世家》，頁613：今存古文〈微子之命〉乃後人
　　偽作。

65 夏含夷：〈也說武王的卒年兼論今本竹書紀年的真偽〉載於氏著：《溫故知新錄——
　　商周文化史管窺》（臺北市：稻禾出版社，1997年9月），頁95-100。

66 以上參見陳子展：《詩經直解》，頁1096。

67 瀧川資言：《史記會注考證》，頁19。

68 參看陳子展：《詩經直解》，頁1096。

子展引僖二十四年《左傳》云：「皇武子曰：宋，先代之後，於周為客。」隱三年《公羊傳》何休《解詁》：王者對二王之後，地方百里，爵稱公，客待之而不臣也。」由於〈微子之命〉已逸，今存者應為偽作，故微子就封之情形不甚了解。何楷說：

> 〈振鷺〉，周成王時，微子來助祭於祖廟，先習射於澤宮，周人作詩以美之。〈有瞽〉，成王大祫也。合諸樂於太廟奏之，微子以客禮助祭，詩人紀述其事。……〈有客〉微子助祭於周，畢事而歸，王使人燕餞之，而作此詩。」……按微子……當殷之世封于微，而爵為子，微蓋殷內國名。及武王克商，改封微子於宋。即〈樂記〉所謂未下車而投殷之後于宋。是也。其時武庚尚在，故不得為殷後。及武庚叛，成王誅之，而湯祀斬矣。於是即微子始封之宋國進爵上公，命為殷後，以主湯祀。[69]

何楷此段文字，頗合周初情形，甚具參考價值。又據《西周微史家族青銅器群研究》一書所載，微子的史官「入見武王，武王命周公在岐周給予『埰地』，從此他作為西周王朝的禮容之臣在周原居住」，[70]也可反映殷周民族在周初的融和關係。

綜合而言，武王伐紂後周朝會採取一系列安撫措施，目的在緩和雙方的敵對關係。在平定武庚之叛後，周公繼續執行有關政策，並達致成效。分散各處的殷遺民，都能安穩地生活下去。特別是奉祀成湯的微子，更享有「不純臣」的特殊待遇，成為周天子的客人，助祭於周。

---

69 陳子展：《詩經直解》，頁1111。
70 陝西周原考古隊主編：《西周微氏家族青銅器群研究》（北京市：文物出版社，1992年6月），頁70。

論先秦儒、道的「道」

楊永漢

所謂「善者不辯」，真正的宇宙真理，是不能言傳的。「道」就是太陽從東方升起。本文撰寫的目的是給初探求「道」的讀者，有一基本概念而已。什麼是「道」？這個題目真不好答。因為太抽象、包含太廣泛，自古以來很多大德都不肯下註腳。「道」一字，大概有五種不同的解釋：

一、形而上的本體觀念，即具有超越性的觀念
二、一切有規律不變的法則
三、人事社會中，共同遵守的倫理規範
四、神秘不知，變化莫測，不可思議的事情
五、道路

儒家之代表人物，本文只引用孔子的思想，而道家則引用老子、莊子的思想印證。由於版本及註釋校本等繁多，本文若引用十三經或二十四史的原文，只列明篇章名稱，不引頁數。

一　孔子的道

儒家最重要的人物是孔子，孔子的偉大，是在於他二千五百多年前已提出「仁愛」，「老吾老，以及人之老；幼吾幼，以及人之幼」

的博愛思想。在封建及帝王思想強烈流行國度，他提出「大道之行也，天下為公」的石破天驚的民主理論。德人加擺倫資（G. von der Gabelenz）在其《孔子與其學說》（*Confucius and Seine Lebre*）言：

> 吾人欲測定史的人物之偉大程度。其適當之法，即觀其人物所及於人民者，感化之大小、存續之長短及強弱之程度，三者之如何是也。以此方法測定孔子，彼實不可不謂為人類中最大人物之一人。蓋經過二千年以上的歲月，至於今日，使全人類三分之一，於道德的社會的及政治的生活之點、全然存續於孔子之精神感化之下。[1]

孔子之學，大概來自家庭及社會，加上孔子好學不倦，而成就一代聖人，《左傳·昭公七年》載：

> 孟僖子……曰：孔丘，聖人之後也，而滅於宋。其祖弗父何以有宋而授厲公。及正考父，佐戴武宣，三命茲益共。故其鼎銘云：「一命而僂，再命而傴，三命而俯。循牆而走，亦莫余敢侮。饘於是、鬻於是，以糊余口。」其共如是。臧孫紇有言曰：聖人有明德者，若不當世，其後必有達人。今其將在孔丘乎？

孔子出身是宋國貴族，祖上已是有品德道義之。孔子的出現被認為是理所當然，亦是中國傳統上所說「積善之家，必有餘慶」的概念。除家族教育外，我想特別一提孔子的母親顏徵在。顏氏以少艾而嫁叔梁紇，生孔子後，其夫又早死。她獨力撫養孔子成材，以出身貴族的背

1　轉引自柳詒徵：《中國文化史》（臺北市：正中出版社，1987年），頁300。

景，教孔子自幼習禮。其艱難之處，非常人能明白。

《史記・孔子世家》記載孔子的學習歷程：

> 孔子為兒，嬉戲，常陳俎豆，設禮容。……魯南宮敬叔言魯君
> 曰：「請與孔子適周。」魯君與之一乘車，兩馬，一豎子俱，
> 適周問禮，蓋見老子云。……孔子學鼓琴師襄子，十日不進。
> 師襄子曰：「可以益矣。」孔子曰：「丘已習其曲矣，未得其數
> 也。」有間，曰：「已習其數，可以益矣。」孔子曰：「丘未得
> 其志也。」有間，曰：「已習其志，可以益矣。」孔子曰：「丘
> 未得其為人也。」有間，曰有所穆然深思焉，有所怡然高望而
> 遠志焉曰：「丘得其為人，黯然而黑，幾然而長，眼如望羊，
> 如王四國，非文王其誰能為此也！」師襄子辟席再拜，曰：
> 「師蓋云文王操也」。

上文記載孔子向老子問禮，向師襄子學琴的事蹟。《史記・仲尼弟子
列傳》載：

> 孔子之所嚴事：於周則老子；於衛，蘧伯玉；於齊，晏平仲；
> 於楚，老萊子；於鄭，子產；於魯，孟公綽。數稱臧文仲、柳
> 下惠、銅鞮伯華、介山子然，孔子皆後之，不並世。

孔子嚴事有道德學問的人士，所謂「嚴事」是指態度恭敬嚴謹的學
習，曾師事的人物包括老子、蘧伯玉、晏平仲、老萊子、子產、孟公
綽等；其次更經常稱道德行為優秀之士。可謂無常師，以道德學問為
是。至於孔子自的學習及領悟人生的過程，即孔子修道的過程，在
《論語・為政》有記載：

　　吾十有五而志於學，三十而立，四十而不惑，五十而知天命，

　　六十而耳順，七十而從心所欲，不踰矩。[2]

　　所謂「志於學」，當指孔子自覺地在學問與道德方面要尋求能臻
至完善的蹊徑。「志」即是孔子所定的終極目標，此目標就是「學」。
子曰：「吾嘗終日不食，終夜不寢，以思；無益，不如學也。」[3]孔子
曾經不食不寢地去思考生命，最後找到了解決方法，就是「學」。

　　如何去學？子曰：「三人行，必有我師焉：擇其善者而從之，其
不善者而改之。」[4]在日常生活中觀察，將別人的行為作為自己學習
的材料。見到別人的善處，即看看自己的不足；相反地，見到別的不
善處，就要檢討自己有沒有做過。顏回不貳過，被孔子激賞。其實在
生活中常知錯能改，實在要有大氣魄。外緣引動內在的驕矜，當錯誤
的行為或情態被高尚化，人就不願意改，而且享受當中的快感。所謂
「外緣」，是指一切外界對自己成就的反應。試問這樣如何自覺呢？
我們很容易陷入別人讚賞諛辭中，亦容易困於已有的成就中。人往往
活在自我中心，用自己的角度與標準去看人看事，與自己的不合的，
都是離經背道。其實，何者為善？何者為惡？已是終生要學的課題。

　　孔子是聖人亦要不斷砥礪，到三十歲才「立」。不要輕視改過，
改過自省，反躬求諸己是修道的第一步，是法古今完人的第一步。陋
習、歪念、嫉妒、仇恨、貪婪、怨毒等等，無休止的纏繞心胸，人要
對抗這些負面情緒和非道德行為，使自己清醒，不陷於偏執，更要不
斷提醒自己，與劣根周旋。佛教禪宗的惠能和尚有句「本來無一物，

2　《論語・為政》。

3　《論語・衛靈公》。

4　《論語・述而》。

何處惹塵埃」，確是見道之言，可惜大部分人類全身都是「塵」，要「天天勤拂拭」。

三十歲究竟「立」些什麼？就是「安身立命」。所謂「安身立命」，簡單的說，就是來這世界的任務。不管是高級官員、富貴人家，抑或是小職工，甚至是低下層的工作人士，都有責任，都找到安身立命之所。若果只是營營役役的工作，不清楚自己工作的重要與責任，那麼，只能算「安身」，尚未算立命。

所謂「不惑」，是指已掌握中心點，知所進退。孔子四十而不惑，孟子四十而不動心。為什麼都是四十，主要是人生經歷足夠，遇事判斷力而不受情緒影響，所以不動心、不惑。

試以孟子的不動心解釋孔子的不惑。孟子說過「我知言，我善養吾浩然之氣。」[5]什麼是「知言」？孟子的解釋是「詖辭知其所蔽，淫辭知其所陷，邪辭知其所離，遁辭知其所窮。生於其心，害於其政；發於其政，害於其事。聖人復起，必從吾言矣。」[6]任何人的一言一行，基本上有一定的目的，所謂「知言」，就是覺察這種目的。《孟子·公孫丑上》記載了孟子從「不動心」到「浩然之氣」、到「知言」，是源於「四十不動心」。據我的理解是能不動心，能知言，就能不惑。

在論語中，「天命」一詞只出現兩次，除上引「五十而知天命」外，另一句就是「君子有三畏：畏天命，畏大人，畏聖人之言。小人不知天命而不畏也，狎大人，侮聖人之言。」[7]除天命外，說「命」的地方有二十多次，如子曰：「不知命，無以為君子也；不知禮，無

5　《孟子·公孫丑上》。
6　《孟子·公孫丑上》。
7　《論語·季氏》。

以立也；不知言，無以知人也。」[8]這裏的「命」，應有天命的意思。
將「命、禮、言」三者並列，就成為了解人事自我的立體圖。「天
命」應作何解釋，可參考《中庸》：「天命之謂性；率性之謂道；修道
之謂教」。天命可以有兩種理解，一是本性，二是上天付與的責任。
畏天命就是承擔感，知道自己的責任，卻害怕不能完成。

「耳順」是任何言語毀譽，都能聽進耳去，能判斷孰是孰非，內
心不起波瀾。至於「從心所欲」，切不可解作「想做就去做」，是已能
隨遇而應，不偏不離，「不踰矩」是不會偏離道德界線的意思。由孔
子十五志於學，到七十歲才能不偏離大道而行事。可想而知「修道」
的路是多麼遙遠。

孔子的道，往往帶有「天」的涵義。儒家的「天」有三層意義：
主宰之天、命運之天、自然之天。傅佩榮曾說一位美國學者顧理雅在
《孔子：其人及其神話》一書中，主張孔子的「天」是一種非人格的
道德力量，孔子極少談如何體認天。我認為這就是上天給予人類獨有
的性，就是道德感，此道德感，在禽獸中看不見。簡單說一句，就是
你是「人」，就應該有這道德感或責任。

牟宗三：「孔子在《論語》中，暫時撇開從天命天道說性這一老
傳統，而是別開生面，從主觀方面開闢了仁、智、聖的生命領域；孔
子未使他的思想成為耶教式的宗教，完全由於他對主體性仁、智、聖
的重視、這是了解中國思想特質的最大竅門。」(《中國哲學的特
質》) 故曰：「志於道，據於德，依於仁，遊於藝。」(〈述而〉) 即孔
子避開帶有神秘色彩的道，回歸至現實世界，從人性體驗仁、智、聖
的道德境界。透過自身道德的不斷提升，再達至聖人的境界，這是孔
所修的道。至於孔子所說「朝聞道，夕死可矣！」的道，可理解為認
識到生命的意義與價值。

---

8 《論語・堯曰》。

　　孔子亦提到順四時運行的自然天：「天何言哉？四時行焉，百物生焉。天何言哉？」這種自然的反應，自古而然，毫無特別，然而，這就是「道」。《禮記・哀公問》：

> 公曰：「敢問君子何貴乎天道也？」孔子對曰：「貴其『不已』。如日月東西相從而不已也，是天道也；不閉其久（宜作不閉則久），是天道也；無為而物成，是天道也；已成而明，是天道也。」

上文的對答，有點像佛家禪宗的語錄。日出日落，就是道；萬物自生，就是道。就像宋代晦堂禪師問黃庭堅木樨香嗎？黃庭堅答木樨香呀！晦堂即說「吾無隱乎爾！」孔子也說過：「二三子以我為隱乎？吾無隱乎爾。吾無行而不與二三子者，是丘也。」子以四教：文，行，忠，信。（《論語・述而》）天道無所不在，形諸人則人道；形諸水則水道。孔子是透過理解自然界的變化，而領悟人生道理，所謂「見日月而知生死」。簡單的注解，修道的開始，就是做好每一天，盡其在我。

二　老子的道

　　老子，本身已是一個傳奇，梁啟超先生說《史記》的老子列傳是「迷離惝恍」。可知老子的身世實在很多疑點。《史記・老子韓非列傳》：

> 老子者，楚苦縣屬鄉曲仁里人也，姓李氏，名耳，字聃，周守藏室之史也。孔子適周，將問禮於老子。老子曰：「子所言

者，其人與骨皆已朽矣，獨其言在耳。且君子得其時則駕，不
得其時則蓬累而行。吾聞之，良賈深藏若虛，君子盛德容貌若
愚。去子之驕氣與多欲，態色與淫志，是皆無益於子之身。吾
所以告子，若是而已。」孔子去，謂弟子曰：「鳥，吾知其能
飛；魚，吾知其能游；獸，吾知其能走。走者可以為罔，游者
可以為綸，飛者可以為矰。至於龍，吾不能知其乘風雲而上
天。吾今日見老子，其猶龍邪！」

老子修道德，其學以自隱無名為務。居周久之，見周之衰，乃
遂去。至關，關令尹喜曰：「子將隱矣，強為我著書。」於是
老子乃著書上下篇，言道德之意五千餘言而去，莫知其所終。
或曰：老萊子亦楚人也，著書十五篇，言道家之用，與孔子同
時云。蓋老子百有六十餘歲，或言二百餘歲，以其修道而養壽
也。自孔子死之後百二十九年，而史記周太史儋見秦獻公曰：
「始秦與周合，合五百歲而離，離七十歲而霸王者出焉。」或
曰儋即老子，或曰非也，世莫知其然否。老子，隱君子也。
老子之子名宗，宗為魏將，封於段干。宗子注，注子宮，宮玄
孫假，假仕於漢孝文帝。而假之子解為膠西王卬太傅，因家於
齊焉。

《史記》記載的老子有三人：李耳、老萊子及太史儋。本文主要
是探索老子的道，誰是真的老子，不在本文研究之列。近代學者，對
此問題也作過深入的研究，可參考高亨、胡適、羅根澤、徐復觀等學
者的研究。但基本上，有幾點學者無甚異議的，老子曾任官，及與孔
子相見；因周室衰微，離周出關。

（一）道生萬物

《道德經》，首講「本體論」，以「道」為基本概念，說「道」為宇宙萬象的真體，宇宙出於「道」，無「道」即無宇宙。說「至道」即真理，即自然，即「天地之根」。

「道」，是永遠在動中，不停止，是形成宇宙的最初動力，發展至極，又回到起點，循環不息。「道」是老子提出具有超越性，形而上的概念，亦是老子的終極追求的思想範圍。老子從觀察自然界與人事間的關係，推演歸納出一抽象的法則或規律道，就是「道」。道包含一切自然和社會變化的總規律。

「道」是：

> 有物混成，先天地生，寂兮寥兮，獨立不改，周行而不殆，可以為天下母；吾不知其名，字之曰道，強為之名曰大，大曰逝，逝曰遠，遠曰反，故道大，天大，地大，王亦大，域中有四大，而王居其一焉。（廿五章）

老子說「有物混成」，即有樣東西形成，是先於天地，不會變，不會停息。一切萬物，由此而生。由於是「有物」，有學者就認為是「樸素唯物主義」，當然，這議題尚有討論之餘地。

老子認為「道」是存在於物質世界出現之前，是以混元一氣的狀態存在。沒有天地四方之分，獨立而不變，有自己的軌跡，來回運轉，無聲無息，永無停止。在這情況下，萬物才產生。所謂「大曰逝」，行也。所謂「逝曰遠」是道體流行，無所不至。傳之久遠，則「歸根」、「復命」。

又說：「道生一，一生二，二生三，三生萬物。」「一」是指原始

先天地而生的氣,「二」是指「陰陽二氣」,「三」是指「陰陽交合」。
道生元氣,元氣產生陰陽二氣,陰陽二氣交合,產生了萬物。是天地
萬物生生不息所依循的規律法則。故老子說:「天下萬物生於有,有
生於無。」

　　「大道氾兮,其可左右」(三十四章)、「夫物芸芸,各復歸其
根,歸根曰靜,是謂復命。」(十六章)、「谷神不死,是謂玄牝,玄
牝之門,是謂天地根,綿綿若存,用之不勤」(六章)、「道,沖而用
之,或不盈,淵兮似萬物之宗」(四章)、「天地之間,其猶橐籥乎?
虛而不屈,動而愈出。多言數窮,不如守中。」(五章)各章,都是
解釋道的狀態。

　　又說:

> 道,可道,非常道;名,可名,非常名。無名,天地之始;有
> 名,萬物之母。故常無,欲以觀其妙;常有,欲以觀其徼。此
> 兩者同出而異名,同謂之玄,玄之又玄,眾妙之門。(第一章)

「道」是不可描述形容的,而人世間給與萬物的「名」都不是永恆
的。這個「名」,可包括現實世界中的成就,名利、榮華富貴,學問
等。河上公解釋「無名」即「道」,萬物由道而生,然後「有名」。
「有名」與「無名」是二而一,一而二。「無」和「有」只是世間的
分別,其實是同出一源,名異而實同的東西。只要明白這道理,就能
知什麼是「眾妙之門」。

　　「萬物負陰而抱陽,沖氣以為和。」(四十二章)這樣的「道」,
沒有任何物質屬性和形象,卻超越於物質世界之上,成為物質世界的
本源。從古今歷史政治的因果規律來看,人類的行為,也在道的範圍
內活動,不能跳出歷史發展的規律,這就老子的「道」。

（二）道法自然

由於「道」是變化不已，生生不息，故應以相反的位子來處理問題，故曰：

> 知其雄，守其雌，為天下谿。常德不離，復歸於嬰兒。知其白，守其黑，為天下式。知其榮，守其辱，為天下谷。（二十八章）
>
> 將欲歙之，必固張之；將欲弱之，必固強之；將欲廢之，必固興之，將欲奪之，必固與之。」（三十六章）

有與無，皆是從道而出。要理解道，不是學問知識所能窮盡，亦非語文所能描盡。萬物（包含人事）因道而生，而成，而變，周行不竭，生生不息。故說「人法地，地法天，天法道，道法自然。」（二十五章）。天、地、人是現象，亦是自然。人以地為法則，地以天為法則，天以道為法則，而道是依照自然的法則而存在的。這個「法則」又是什麼？就是自然，本來就是這樣。宇宙萬物會自我調節，不必強行任何工作。如果能明白這自然法則的規律與發展，則養生、持家、治國均得心應手。

「道」有很多意義，老子認為我們的世界就是「道」變成的，「道」包括解釋或解決一切問題的根本思維，也是宇宙萬物之所以存在的理由。

（三）物極必反與反者道之動

解釋「道」的活動、運作與存在，可以在任何層面，包括自然界、人事、政治、謀略等等，這裏只討論道的「反」。在「道」的法

則中，老子認萬事萬物的推演或進化，其極必然是「物極必反」、「禍福相倚」。老子認為「禍兮福之所荷，福兮禍之所伏。」凡事發展至極致，就會向相反方向的開始。因此，「禍」與「福」在輪流的變換著。所以，一切事物、人事，都不能盡其極，逾其限度，所以人要謙遜、卑弱，知足寡欲，處卑下，不爭不奪，要以柔制剛，避免物極必反的事情出現。

「反者道之動，弱者道之用，天下萬物生於有，有生於無。」（四十章）是老子矛盾辯證的命題，指凡事會向相反的方向轉化，也是「道」規律的一種，而柔弱則是「道」的作用。

循環往復的運動變化，就是道的運動，道的作用是微妙、柔弱的。老子對一切事物，都是以相對性存在而視之，如長短、高下、美醜、難易、有無、前後、禍福、剛柔、損益、強弱、大小、生死、智愚、勝敗、巧拙、輕重、進退、攻守、榮辱等，任何都是相對性存在，而不能孤立存在，相互依存、互為前提，即其所言「有無相生，難易相成，長短相形，高下相傾，音聲相和，前後相隨。」（二章）在事物的對立矛盾中，可以產生相互的轉化，「禍兮福之所倚，福兮禍之所伏」（五十八章），「正復為奇，善復為妖」（五十八章）。所謂「反者道之動」，是指凡事物都有向相反方向運動的力。

「反者道之動，弱者道之用」大概有三種意思：一、是事物運動變化的原因和動力；二、存在規律性（對立面雙方的依存和轉化：相反相成及物極必反等）；三、具有運用在實際生活、人事上的方法和意義。

南懷瑾在《老子他說》中這樣闡釋這兩句話：

> 在上經開始的前兩章，說了「有無相生」、「此二者同出而異名」兩句話，後世的人，拼命在上面作注解說道理。其實只用

這一段來注解，不就清楚了嗎？這叫做以經注經，不需要我們再去加上自己的意見，它本身就已經注解得很明白了。

讀了《老子》有一個好處，尤其現在對學佛修道做工夫的人，像這句話「反者道之動」，就很關鍵。因為打坐做工夫，有時越坐越差勁，許多人就不願繼續修了；殊不知，快要進一步發動的時候，反而會有相反的狀況。做事也一樣，做生意也一樣。所以做生意稍稍失敗，就要熬得住，熬得過去，下一步就會成功賺錢了。這也就是天地物理相對的一面，有去就有回，有動就有靜。這個道理，自己要多多去體會才能領悟。做領導的人更要懂得「反者道之動」的原理，根本不怕別人有反對的意見，相反的意見正是「道之動」。換句話說，有反對才有新的啟發，才有進步。

「弱者道之用」，有許多人打坐做工夫，到了某一階段，總覺得自己一點力氣都沒有，很怕會走火火魔。如果這樣，那你就不要修道了；既想求長生，又怕早死去，這樣沒有信心定力是無法修道的。老子說：要大丈夫才能修道，既然是大丈夫，又何必修道呢？例如「弱者道之用」這句話，真修道成功的人，骨頭也軟了，有時候工夫到了，連一張紙都拿不起來，會弱到如此程度。如果不懂老子這個弱的道理，會嚇壞了；懂得的人，就知道這是「弱者道之用」，正是進步的象徵。再進一步更厲害，就要發出「用」了，這時縱然重如泰山，只要用一個指頭，都可以把它推翻。所以大家做工夫要注意，對於這個原則，千萬要把握得住。[9]

9　南懷瑾：《老子他說續集》（臺北市：老古文化，2010年），頁128-129。

所謂「物壯則老」,「飄風不終朝,驟雨不終日」、「天道好還」等是承繼了「反者道之動」的意思。可以說所有事物可以由零開始,沒有永恆的痛苦,也沒有永恆的幸福。無論大自然的景象、歷史或是人生,都存在於變化中。張起鈞《老子哲學》說「反有三意,是返、反面、相反相成三種」。「反」與「返」同,是反覆、循環的意思,反者道之動,可以說「道」的運行反覆循環,也可說返回本真,可使大道運行,又可以說道的面貌是有無相生、難易相成、高下相傾,是以道的運行,充滿相反相成的特性。

老子提出的「無為」、「守柔」、「處下」、「不爭」等想法,是由「道」發展出來。道是創造萬物的母力、本源,基於此原理,萬物最終亦必歸反於「道」。循環往復的擴張,收縮,回歸「本根」。

「反者道之動,弱者道之用」,高亨解說:「反,旋也,循環之意」,勞思光說:「反者,包含循環交變之意。」張起鈞先生說:「道之效力,不僅能夠持續不斷,歷久常新,並且,它還有一種往復循環的運行秩序,雖歷經任何演變,都能協調美好,而絕無蔽敗脫節之虞。正所謂『周行而不殆』」,三位學者都指出,道是有往復循環的動力。

「周」,是循環之意,一圈的意思。「周行」即是循環運動,「周行而不殆」是說「道」的循環生生不息。「道」生萬物後,就周流不息的運用,漸漸遠離大道,但最後,還是回到原來的點(道)。一逝一回,綿延不絕。這就是「歸根復命」,而這是常態,老子曰之「常」。「變中有常」、「常中有變」,但必然「歸根」是老子「道」的一個重要解釋。「常道」,是不斷變化就是「常」。

一切萬物是相對而成立,美醜、長短、壽夭等等的相對概念,不能獨立而具有意義。物至其極,則必反,宇宙在運動中,在循環中,這是道的運行。

三　莊子的道

《史記‧老子韓非列傳》：

> 莊子者，蒙人也，名周。周嘗為蒙漆園吏，與梁惠王、齊宣王
> 同時。其學無所不闚，然其要本歸於老子之言。故其著書十餘
> 萬言，大抵率寓言也。作漁父、盜跖、胠篋，以詆訿孔子之
> 徒，以明老子之術。畏累虛、亢桑子之屬，皆空語無事實。然
> 善屬書離辭，指事類情，用剽剝儒、墨，雖當世宿學不能自解
> 免也。其言洸洋自恣以適己，故自王公大人不能器之。楚威王
> 聞莊周賢，使使厚幣迎之，許以為相。莊周笑謂楚使者曰：
> 「千金，重利；卿相，尊位也。子獨不見郊祭之犧牛乎？養食
> 之數歲，衣以文繡，以入大廟。當是之時，雖欲為孤豚，豈可
> 得乎？子亟去，無污我。我寧游戲污瀆之中自快，無為有國者
> 所羈，終身不仕，以快吾志焉。」

　　莊子是大學問家，著書十餘萬字。後世學者，大多認為莊子是沒
落的貴族。讀者可以從很多莊子的故事約略窺見他的性格，活潑、幽
默、學問淵博、對當代政局也了解。莊子的文章，以「死魚」形容自
己借貸未遂的慘況，以舐痔形容曹商，以鴟來形容惠施，都令人看得
莞爾。還有，古今人物，包括堯、舜、許由、孔子、惠施、列子、宋
榮子等等，都給他信手拈來，成了虛構故事中的「真實」人物。怪不
得金聖歎列《莊子》為六大才子書之一。嚴復先生認為莊子是消極的
思想，但莊子看似消極，實質是提出一個超越物質世界的精神境界。
倘若否定精神世界，幾乎等同否定所有宗教和形而上學。
　　莊子的思想在戰國時有其特殊性，他不講求社會責任，而致力於

尋求心靈的向上提升，以達至精神與天地合一的境界（與道共游）。
在先秦文獻中，惟一有解釋精神境界的次第（聖人、神人、真人、至
人）及修持方式（坐忘、養生、以明、心齋等）。莊子否定造物主，
萬物如一。根據《莊子》內容，可推論莊子是：

一、沒落的貴族，文化水平甚高，偏重精神生活。

二、強烈的厭世思想，認為生死是無重要的事，或源於其痛苦意識。

三、不認真的生活態度，認為游世思想最能養生保命，應處於才與
　　不才之間。

四、為漆園吏，物質生活不富裕，貧窮，曾載莊子向監河侯借貸。
　　曾被邀為相，莊子卻拒絕。

（一）莊子的境界

莊子的主要思想有逍遙觀、齊物觀、養生觀等。莊子的修養境界
可分為三個層次，方便理解（有學者分為六個層次，三個層次是較為
粗疏）：第一層次是物我有別，即人受制於善惡、美醜、高低、有
無、壽夭、名實、有用無用等既定概念，受惑於外緣體（觸動心理反
應的外物）；第二層次是物我兩忘，即破自我中心、泯除偏見我執，
達至無可無不可之境；第三層次是萬物為一，即精神與天地相往來，
達至聖人、神人、至人境界。

要理解莊子思想，《莊子》內篇是最重要的文章。先看他的逍遙
觀。〈逍遙游〉一文，先用魚、鯤、鵬等是要破取形態、大小等概
念。然而，大鵬雖暢飛九萬里，但必須依靠游氣（有待）、塵埃方能
飛行。引伸出「至人無己，神人無功，聖人無名」的境界。

其後，證萬物無小大之分，蜩、學鳩譏笑大鵬，顯得目光短淺。
蜩及學鳩皆困於自己的場域中而不自知。郭象認為物無論大小，安於
其環境則能逍遙，此論未必與逍遙游契合。

　　文中，莊子舉宋榮子及列子為例。宋榮子雖然不為世祿毀譽所動，但未忘記天下，不能至「無功」更高的境界。列子雖然清靜，且能御風而行，但仍「有所待，未與道合」。列子能御風而行，但沒風又怎樣？這些成就，都要依靠外力，稱之為「有所待」。任何行為受制於他物，都不可能得到真正的逍遙。這裏有一點可討論，部分學者認為宋榮子是到了「無己」的境界，未至「無功」的境界，然而，有學者卻認為「無名、無己、無功」均是同一境界。我較取後者，因為下文釋至人無己，能包容天下，這與神人廣被而混和萬物，實異曲同工。總之，宋榮及列子未達最高境界。

　　文中又舉堯讓天下於以論名實相對；以「宋人資章甫而適諸越」、「魏王貽我大瓠」、「宋人有不龜手之藥」及「大樗」等故事說明有用無用的道理；以狸狌候敖，死於罔罟說人困於欲望。這裏又有一個故事說欲望的可怕，唐朝有位高僧德行與智慧名滿天下，皇帝賜了他一個紫金鉢。他死後靈魂仍纏著紫金鉢，日夜撫摩，不肯離去。有位行腳僧看他可憐，就將他的紫金鉢四處扔擲，弄得靈魂東奔西跑，上天入地。最後，高僧的靈魂大罵行腳僧作弄他。行腳僧大笑道這算什麼高僧，一生一世逃不離這個紫金鉢。高僧聽了之後，思量片刻，然後恍然大悟，大笑而去。終生修煉，也可能逃不出小小的名利。

　　人不能爭脫世俗的桎梏，最大的困擾是來自人生存的本能──「飲食、男女」。二者為延續生命的兩大元素，是自然天性，亦是人類肉體高度享受的來源，故孔子說：「飲食、男女，人之大欲存焉。」人類亦受此局限，而對宇宙至理視而不見。人一出世，其心志能力則開始向外馳，即學習、成長、選擇、世俗成就等等。人生而有炫耀本能的本性，即以自我為中心而去看世界萬物，因此，必然困於「執」。人身又有二累：動物性累（身體享受，名利快感）及人性累（清高超凡）。偏執加上二累，離道就甚遠。

莊子的哲學中心是歸於自然，任運任行，與大化融而為一。人既能齊物，則能逍遙。能逍遙，必能齊物。逍遙就是追求一個內心自由自在的至人境界，無拘無束，一切皆無，順性而行，得失不喜不憂的境界。這種安時而順變的心態，就是逍遙的表現。

萬物無善惡、美醜之分，存在亦無生死之別，要達至破除我執，離棄自我中心，才不為外物所累，不為得失所縈繞，更不會為生死所牽動。如此，則能養生。莊子嘗試以「庖丁解牛」為喻，闡述養生之道，這亦是莊子人生觀的重要環節。莊子以為養生之道，在於能「依乎天理，因其所然」，所謂「無厚入有間，恢恢乎其於遊刃必有餘地矣。」如此則能不傷己身，靜觀萬物的變遷，以心靈支配萬物，而不求以人力完成萬物運作，因此提出「緣督以為經」為養生主點。人要做到「無己、無功、無名」，才能從物質世界解放，而達至與自然合一的境界。

老子處世有三寶：「一曰慈，二曰儉，三曰不敢為天下先。」人要持以保之。總括此三寶的內涵，是不為世間的物欲（儉），名利（不敢為天下先）所控制，以慈去面對一切的衝突。我們能以此三寶去印證逍遙、齊物，必然有所心得，各有領悟。

（二）莊子的天道觀

莊子提出，道的本體是實存性，〈大宗師〉：

> 夫道，有情有信，無為無形；可傳而不可受，可得而不可見；
> 自本自根，未有天地，自古以固成；神鬼神帝，生天生地；在
> 太極之先而不為高，在六極之下而不為深，先天地生而不為
> 久，長於上古而不為老。

　　莊子的道是實存的，道雖然超乎名相，卻是真實存在的，所謂「有情」，就是對事物有反應的，即在宇宙運作中看到道的存在。道並且是是自存的，自本自根。另外，道是具有超越性和終極性的，而且這個超越時空的無限之道，並不是現象界的具體事物，所以任何感官都無法知覺它，只有用心靈去領悟它。此節應可證明莊子的道是承接老子所提出的道。

　　莊子繼承了老子的思想，他認為宇宙的本源是「道」，自古以來就存在著。所謂「道」是「有情有信，無為無形」。《大宗師》說「自本自根，未有天地，自古以固存」，指出「道」是無始無終、是永恆的、絕對的、無變化的；而萬物則是暫時的、相對的、有變化的。因此他說：「道無終始，物有生死。」

　　莊子的道，是無處不在，《莊子・知北游》：

> 東郭子問於莊子曰：「所謂道，惡乎在？」莊子曰：「無所不在。」東郭子曰：「期而後可。」莊子曰：「在螻蟻。」曰：「何其下邪？」曰：「在稊稗。」曰：「何其愈下邪？」曰：「在瓦甓。」曰：「何其愈甚邪？」曰：「在屎溺。」東郭子不應。

而無形之道產生天下萬物，是由「一」開始，即是道充盈宇宙，然後「道生一」，〈天地〉篇記「泰初有無，無有無名，一之所起，有一而未形」。當萬物呈現，則成萬物之「德」，或「德畜之」。然後就能「未形者有分，且然無間，謂之命」。後成能動再生物，物成生理，後成形。最後「形體保神，各有儀則，謂之性」；這就是從無到有，再由有至無，而再化為「道」的過程。萬物常因時間或空間的改變而興衰起廢，但運作於萬物的道是永不消失的；道不僅僅運作萬物，還

內附於萬物。

〈知北游〉：

> 知問黃帝曰：「我與若知之，彼與彼不知也，其孰是邪？」黃
> 帝曰：「彼無為謂真是也，狂屈似之，我與汝終不近也。夫知
> 者不言，言者不知，故聖人行不言之教。道不可致，德不可
> 至。仁可為也，義可虧也，禮相偽也。故曰：『失道而後德，
> 失德而後仁，失仁而後義，失義而後禮。禮者，道之華而亂之
> 首也。』故曰：『為道者日損，損之又損之，以至於無為，無
> 為而無不為也。』今已為物也，欲復歸根，不亦難乎！其易
> 也，其唯大人乎！生也死之徒，死也生之始，孰知其紀！人之
> 生，氣之聚也，聚則為生，散則為死。若死生為徒，吾又何
> 患！故萬物一也，是其所美者為神奇，其所惡者為臭腐；臭腐
> 復化為神奇，神奇復化為臭腐。故曰：『通天下一氣耳。』聖
> 人故貴一。」

自有天地以還，有一氣，此氣聚而成人，散則為死。死生流轉，
死則再化為氣，再生物，其實天下只是一氣而成。莊子把老子的
「一」進而化成「一氣」。宇宙世界的運作，全在此「一」內裏。

莊子所說的「道」，是指人的主體精神。他認為人只要自以為精
神上得到「道」，就可以與「道」同體。他把大地和萬物與「我」說
成是合而為一的東西，「道」既然存在於大地萬物之中，也就存在於
「我」。因此，「我」就是「道」，「道」就是我。莊子從這觀點出
發，認為天即人，人即天。這就是一種「天人合一」的思想。

四 結語

　　由於對道的領悟各有不同，因此產生各家不同的解釋。簡單來說，有「本體論」，即道產生萬物[10]，包括宇宙，有道就有宇宙，無道就無宇宙。「至道」即真理，即自然，即天地之根。道的呈現是依照自然的法則，人法地，地法天，天法道，道法自然[11]。因此，人、地、天、道、自然是同一脈源。有「唯物論」，認為「道」是物，即現代的原子論，萬物由原子所組成。道是宇宙萬物的原動力，是先於物質世界而生。

　　孔子的「道」，就是實踐道德，成就完美的人格。不避事功，混和世俗，提倡仁愛，以天下為念。尋求大同社會，希望達至老吾老，以及人之老，幼吾幼，以及人之幼的和諧互愛社會。

　　綜觀老子的「道」，是具有實在性、超越性、及規律性。道是有物，先天而生；道是具有無窮的創造力及潛在力，是先於一切物質之前，卻能畜養萬物，在萬物之內；有規律的往復循環。

　　莊子說「道」在稊稗，道在尿溺；魚忘於江湖，人忘於道。道其實沒有些微離棄我們，太陽從東方升起，西方落下，是道；你吃了飯，去洗手間，是道；你打我一下，我會痛，是道；眼可見，是道；眼不可見，亦是道。我們要從生活觀察去悟道，從心靈上領悟宇宙真理。這亦是莊子提出道與老子最大分別之處，老子的道好像是有程序的呈現萬物，而莊子的道是本來就在萬物之內。

　　余英時曾解釋春秋戰國諸子百家時代，「道」、「氣」、「天」的關係：

---

10 《老子》廿五章：「有物混成，先天地生，寂兮寥兮，獨立不改，周行不殆，可以為天下母；吾不知其名，字之曰道，強為之名曰大，大曰逝，逝曰遠，遠曰反，故道大，天大，地大，人亦大，域中有四大，而人居其一焉。」

11 《老子》廿五章：「人法地，地法天，天法道，道法自然。」

現在（筆者按：指百家爭鳴時代）「天」已不再是先王先公「在帝左右」的天廷（換句話說，即不再是鬼神的世界），而指一個超越的精神領域，當時各學派都稱之為「道」。「天」與「道」是被看成二而一、一而二，不可截然分判的。……《淮南子·原道訓》則有更誇張的描述，把「道」說成「覆天載地」或「包裹天地」，那麼「道」便成為至大無外之物了。……「道」是最高的精神實體，其構成因子一般稱之為「氣」；「氣」則有精微與粗糙或清與濁之分，例如「天」之氣清而輕，「地」之氣濁而重。第二階段「天人合一」之「天」既是「道」──「氣」構成的宇宙全體，它和第一階段之「天」在性質上完全不同，這是不待再說的。然則這一「道」──「氣」合成之「天」究竟是什麼性質？……「道」和「氣」都是非常複雜的概念，歧義極多；……我斷定「氣」基本上指的是生命之源，「道」則是價值之源，兩者合起來即表達了軸心突破後所謂「天人合一」之「天」的主要涵義。[12]

所謂「軸心突破」是指文化思想長期處一定的思維模式，到某一階段而產生突破。余文在此引用史華慈（Benjamin I. Schwartz）的提示：

對於現實世界進行一種批判性、反思性的質疑，和對於超乎現實世界以上的領域發展出一種新見。[13]

---

12 余英時：《論天人之際：中國古代思想起源試探》（臺北市：聯經出版公司，2014年1月），頁182-183。
13 余英時：《論天人之際：中國古代思想起源試探》，頁86。

這裏是指春秋戰國時期出現對「天」的新概念，余英時認為「氣」是生命之源，我的理解是組成萬物的原始力量，或稱之為母力；而道就是整個宇宙萬物存在的價值和運作模式。人類是根據「道」的價值，而成就自己的行為，最終是達之「天人合一」的境界。余英時對「道」、「氣」、「天」三種關係的解釋，加深我們對先秦思想家的理解。

最後，借〈知北游〉一節說明什麼是「道」：

> 道不可聞，聞而非也；道不可見，見而非也；道不可言，言而非也。知形形之不形乎？道不當名。

論孔、孟的勇

楊永漢

一 前言

　　我們為何要「勇」？自古以來，世界就有不平，社會就有不公義。人處身其中，一是同流合污，一是擇善固執。君子可以親，可以近，但不能劫、不能迫；可以殺，卻不能辱。凡此種種行為，若沒有了「勇」，是行不來的。具有尋求公義，勇往直前，擇善而固執者，在先秦諸學說中，只有儒家思想有此氣魄。

　　子曰：「知者不惑，仁者不憂，勇者不懼。」（《論語・子罕》）又曰：「非其鬼而祭之，諂也。見義不為，無勇也。」（《論語・八佾》）孔子在此處說明「勇」必須具有無懼的本質，見到合乎義理的事情而不去處理，就是無勇。可是，人生下來，如何培養這種見義而為的「勇」，人類又憑什麼面對強權與欺壓時，能力爭公平合理？孟子在〈公孫丑〉一章中闡述「勇」的層次，並引例說明。孟子認為北宮黝的「勇」是自尊的勇，受辱而必還擊；孟施舍的「勇」是忘記生死勝負的勇，沒有所謂害怕不害怕；最後是行為合乎義理，其德配於天地的「勇」，此勇是至大至剛，有「千萬人而吾往矣」的氣概。

　　眾多儒家思想論文中，專論「勇」的似乎不是很多，本文就此題目，作出較深入的闡釋，且著意於實踐方面。本文所引多是原始資料，所用皆流行本，故引用十三經及二十四史原文，不書明出版項，只寫篇目、卷數。

二　實踐道德行為的支持力——勇

　　在《論語》各章中，很少直接解釋什麼叫「勇」？然而，孔子常在行為表現上解說勇。孔子認為君子道者三，「仁者不憂，知者不惑，勇者不懼」（《論語·憲問》）。匡亞明解釋：

> 智者由於他們的智慧，認識到行仁有利，他便行仁。這與仁人的不行仁便不安比起來雖然還遜一籌，已屬難能可貴。智者能知人、能知言，因而可以通權達變。要成為仁人，只有仁沒有智是不行的。勇即果敢，主要指道德實踐方面的勇氣。[1]

　　匡氏以「利」去解釋智者行仁的思想，當然有點俗，但亦是反映一種普遍思維。正與墨家的「兼愛」，因為我愛你，所以你也愛我的回報式感情，畢竟較無私的愛低了一點。

　　當仁與智呈現，而面對公義時，如何能挺身維持義，就是勇的表現。子曰：「非其鬼而祭之，諂也。見義不為，無勇也。」（《論語·八佾》）前句寫不應諂媚他鬼以求福，指出所得必須符合正道；後句「見義不為」寫勇氣的基本來源，要激起內心對不公義的那點「火」，即不滿。當人們有足夠的智慧判斷事情的道德性，知其為「義」時，卻又不敢去實踐，孔子認為這就是無勇。我們無「勇」，很多時是考慮到後果，譬如在街上我們看見有老人家被欺凌，上前制止，絕對是義的行為。可惜，我們會考慮他們是否是一家人？別人的家事最好不管，或者欺凌者是誰？會不會惹上麻煩等？我們考慮後果，某程度上來說，都是智的表現，但行為呢？沒有勇，就是不敢對不公義的事作

1　匡亞明：《孔子評傳》（南京市：南京大學出版社，1995年10月），頁223。

出責難。有智了，有仁了，卻沒有勇，如此，則不能實踐和發揮內在的道德，換句話，亦可說知與行不合一。儒家尚義，合乎義者，是不計較個人得失。張岱年對儒家、墨家的義、利有如下的闡釋：

> 一說認為應當之表準即人民之大利或人群的公利。凡有利於大多數人民行為，即應當的；反之即不應當的。此墨家之學說。一說認為應當之表準在於人之所以為人者，即人之所以異於禽獸者，凡表現或發揮人之所以為人的行為者的行為，即應當；反之即不應當的。此是儒家學說。[2]

張岱年在評定義與利範疇時，指出墨家的著重公利，即大部分人的利益；而儒家是考量自己的行為是否人類獨有，有異於禽獸。大部分人的利益，是量化，我們容易理解，但有異於禽獸的行為，就要特別解釋。

所謂「人」，基本上可從兩個概念去理解：一是生理人，即具有種種原始要求的身體的人，其行為乃隨著身體的欲望而出發，即隨感官覺受而行，沒有思考倫理道理；二是仁人，即孔子所說「成人（仁）」，其行為本諸愛人而出發，即所謂仁者愛人，此即與禽獸有別的心。孟子十分強調要發揮此「心」，才能成仁、成君子。修仁就是要發揮與生俱來的人（仁）性，生活中的一切活動乃可全依仁而出發。[3]

所謂「生理人」，即具有與禽獸無別的欲望追求的生理人（動物性）。孔子、孟子從來沒有否定此種生理需求的人，孔子說「飲食男女，人之大欲存焉。」孔子明確指出飲飲食食，即身體五官的享用，

2　張岱年：《中國哲學大綱》（南京市：江蘇教育出版社，2005年4月），頁354。
3　參考拙著：〈論孟子「人」與「禽獸」之別〉，收在《「第二屆儒學國際學術研討會」論文集》（香港：孔教學院，2006年）。

及男男女女，即男女之間的愛慕，其終極的追求是延續生命及繁殖。此兩種欲望是人類最大而且是最強的欲望，無可否認，此兩種欲望是源於人類原始動物性，與禽獸共通。[4]若「飲食男女」附與人性，則有「聞其聲不忍食其肉」的情操；男女肉體之愛可昇華至親人倫理的層面，家就成為終日忙碌後的安身處，因為中間有愛存在，繼而孝、悌，道德倫理就在此處開展。「揚名聲、顯父母」，自己的成就，與整個家族結合，榮辱共存。

子曰：「君子不重則不威，學則不固。無友不如己者。過則勿憚改。」(《論語・學而》)在面對欲望時，我們會猶疑、犯錯，可是，我們要重視自己的行為，認真思考，在不斷改過的過程中，提升自己的道德境界。能有不斷自我提升的力量，認認真真面對自己的過失，需要莫大的勇氣。

對勇作一簡單的解說就是「膽量」與志氣，要有勇氣指正不正確的行為，包括在內，即自己的行為、過失；在外，即社會上種種不義的行為。如果勇，得不到適當的發揮，反而有害於社會。

有勇、有膽量，卻未能掌握就會造成混亂。大賊有膽量，劫匪有膽量、惡霸有膽量，這些都是為自身利益而出發的勇。這些勇，只會對社會造成混亂，而這種勇是會氣餒的，因為有愧於心。

孔子批評子路「由也好勇過我，無所取材」，指出子路的勇較孔子還要高，可是子路不懂得去掌握，適當地顯示自己的勇[5]。不適當的勇會造成混亂的後果，如：「恭而無禮則勞，慎而無禮則葸，勇而無禮則亂，直而無禮則絞。」(《論語・泰伯》)如果勇不受禮的約束，則容易產生亂。同樣的，「好勇疾貧，亂也。人而不仁，疾之已

---

4 參考拙著：〈論孟子「人」與「禽獸」之別〉。

5 子曰：「道不行，乘桴浮於海。從我者其由與？」子路聞之喜。子曰：「由也好勇過我，無所取材。」(《論語・八佾》)

甚，亂也。」（《論語‧泰伯》）這句朱熹的解釋是「好勇而不安分必作亂，惡不仁之人而使之無所容必致亂。二者之心善惡雖殊，然其生亂則一也。」[6]我對朱熹的解釋有所保留，勇而不安分，而是亂的源頭，解釋合理。但人而不仁，為何不能「疾之已甚」？如果解作人而不仁的行為，是施者的行為，似較合理，即此人的不仁太過分了，也是亂的根源。

> 好仁不好學，其蔽也愚；好知不好學，其蔽也蕩；好信不好學，其蔽也賊；好直不好學，其蔽也絞；好勇不好學，其蔽也亂；好剛不好學，其蔽也狂。（《論語‧陽貨》）

如果勇缺乏「禮」的調和，會亂；如果勇，不能安貧，會亂；如果勇，沒有學養，一樣亂。所謂「亂」，其小可令人不安，其極可致國家動亂，不可不慎。

又謂「有德者必有言，有言者不必有德；仁者必有勇，勇者不必有仁。」（《論語‧憲問》）明顯說出，仁者必然具備勇，反過來，勇者未必有仁心。仁者有追求公義的心，也付諸實踐，故不可能沒有勇。亂世中，對著強權說公義，這「勇」，不可謂小。但我們會出現另一個問題，就是：為何我要有勇去挑戰不公義？即：為何是我？這個就是涉及悲天憫人的仁者之心，亦即是道德的自覺，也可以說是不忍之心的呈現。這個「心」，這個「自覺」就是與禽獸有別的人類獨有的自性。若果「人」，不從這心出發，去擴展對別人的善意，就浪費了人類獨有的「性」。

「勇」是一種力。它可以推動道德，可以驚天地、泣鬼神；另一方面，卻可以是亂的根源。《紅樓夢》的名句「拚著一身剮，敢把皇

6　〔宋〕朱熹：《四書集註》（香港：大中圖書，出版年缺），〈上論‧卷四〉，頁52。

帝拉下馬」，就是連死都不怕，任何事都「夠膽量」去做，包括不公
義的事，容易造成亂。如「勇」與「不忍」、「悲憫」同時呈現，就可
以驚天動地，獨對強權而自然，面對橫逆而自省的行為。孔子對著橫
蠻的諸侯、耶穌對著傳統勢力、甘地面對英國政府、曼德拉對著南非
白人政府等等，身處的環境，包括威逼與引誘，「勇」這時必須成為
道德最大的支持動力。

三　勇與志

　　「勇」該如何適當的呈現？勇必須有「志」，即目標或道德界線
去維持。子曰：「三軍可奪帥也，匹夫不可奪志也。」（《論語‧子
罕》）朱熹解說匹夫之志在己，故不能奪，可奪者則不是志。有這個
「志」，勇就隨之而來，因為要成就自己的志。

　　孟子亦有解釋這個「志」：

> 曰：「敢問夫子之不動心，與告子之不動心，可得聞與？」「告
> 子曰：『不得於言，勿求於心；不得於心，勿求於氣。』不得
> 於心，勿求於氣，可；不得於言，勿求於心，不可。夫志，氣
> 之帥也；氣，體之充也。夫志至焉，氣次焉。故曰：『持其
> 志，無暴其氣。』」
> 「既曰『志至焉，氣次焉』，又曰『持其志，無暴其氣』者，
> 何也？」曰：「志壹則動氣，氣壹則動志也。今夫蹶者、趨
> 者，是氣也，而反動其心。」「敢問夫子惡乎長？」曰：「我知
> 言，我善養吾浩然之氣。」[7]

7　〔宋〕朱熹：《四書集註》（香港：大中圖書，出版年缺），〈上孟‧卷二‧公孫丑
　　上〉，頁38。

　　孔孟所說的「不惑」和「不動心」是指不受外界功名利祿所引誘，亦不受媚辭諂語所迷惑。人生經驗豐富，閱歷足夠，對自己的行事認真反省，相信已有能力和經驗去判斷是非黑白，亦能分辨出哪些說話是真？哪些是假？這個能判斷的心，再進就是不動，自己成為自己「心」的主宰。

　　孟子為何說「告子先我不動心」。我想有兩個理由，一是不動心很容易，連告子也可以，似有諷刺的意味，二是只要想達到，就能達到，告子也不動心。內文又說「先我」，孟子究竟怎樣說？真的要慢慢推敲。

　　告子的「言、心、氣」關係，朱子有這樣的解釋：

> 告子謂於言有所不達，則當舍置其言，而不必反求其理於心；於心有所不安，則當力制其心，而不必更求其助於氣，此所以固守其心而不動之速也。

朱子認為告子的意思是語言不能表達的，就放棄用語言表達，也不必尋求於「心」的理解；心不能思慮完滿的，不必求助於氣。這樣，就可以加強不動心了。楊伯峻將言訓為言語、心訓為思想、氣訓為意氣[8]。「氣」，有兩種理解，一是趙岐所解釋的，是「直怒之氣」，即為感情之情，動於五中而引起的情緒；二是體氣，即人的氣魄。楊伯峻認為，孟子本章的「氣」是具有這兩種涵義。[9]

　　孟子贊成「不得於心，勿求於氣」，但反對「不得於言，勿求於心」的論點。孟子解釋「志、氣、心」的關係是志是帶動氣的主體，氣能充盈整個身體。故此，志要達到什麼程度，氣就能到達什麼程

8　楊伯峻：《孟子譯注》（北京市：中華書局，2003年），頁65。
9　楊伯峻：《孟子譯注》，頁70，註釋22。

度。所以，要有堅定的志，不隨便暴露自己的氣。志專一則能動氣，氣專一則能鼓志。倘若有氣而沒志，就會動了心。動了什麼的心，就是趨炎附勢，向名、向利，不擇手段的心。我們可以這樣理解孟子，如果我們不能說服自己的行為是否正確，則不必堅持；但說服不了自己，就必須尋求思想上的理解，去判斷是與非。

心受外緣影響，產生種種欲望，尋求欲望的力同樣的大，倘若有志，去帶領內在的氣，則可化成浩然正氣，至大至剛。用另一種方法解釋，志是目標，訂立目標要有道德，即正心。心已正，所行雖不中，亦不遠矣。氣有正邪，立心壞則氣邪，立心正則氣正。但「心」，經常受外緣引誘其離正道，故心要不動。

如何發揮勇。我們有志，這個志可以是公義。我們追求公義而不得，就力求，求之以道，求之以禮。合道合禮，則氣魄自在。就算是君子，若果勇沒有義在其中，亦是亂。義，簡單理解是「公平合理」。匡亞明認為孔子論勇一般是側重道德方面，未能全面展示智勇的內容。[10] 義與利兩者所產生的矛盾，就是孔子冀望能在倫理道德中得到平衡。《易・乾卦・文言》：「利者義之和也。」講的就是義與利之間的和諧。孔子所處的時代，禮崩樂壞，篡弒頻仍，公平合理很難出現，但這是君子所追求的道義，故勇必然隨之而至。我們會面對現實的不公世界，但精神上要追求合乎公義的社會。

若再深入闡釋義，就要考慮孔子的思想及所處的環境。孔子的最高理想社會是大同社會，大同社會的結構型態是：

> 大道之行也，天下為公。選賢與能，講信修睦，故人不獨親其親，不獨子其子，使老有所終，壯有所用，幼有所長，矜寡孤

---

10 匡亞明：《孔子評傳》（南京市：南京大學出版社，1995年10月），頁223。

> 獨廢疾者，皆有所養。男有分，女有歸。貨惡其棄於地也，不
> 必藏於己；力惡其不出於身也，不必為己。是故謀閉而不興，
> 盜竊亂賊而不作，故外戶而不閉，是謂大同。(《禮記‧禮運》)

二千多年下來，我們人類仍讚歎渴望這種社會的出現，尋求「選賢與
能，講信修睦」的公義社會，反過來說，不講信，老無所終，壯無所
用，矜寡孤獨廢疾而無所養者就是不公義。另外，孔子所處的年代是
戰爭頻仍，統治者橫徵暴斂，過著奢豪的生活，而人民卻難得到飽
足。故孔子提出「義然後取」、「見利思義」等行為，作為衡量提出他
人利益的準則。《論語‧陽貨》：

> 子路曰：「君子尚勇乎？」子曰：「君子義以為上。君子有勇而
> 無義為亂，小人有勇而無義為盜。」

「有勇而無義為盜」，勇必須蘊涵「義」才是正道的勇。無論如何！
人人飽足，貧富平均，人盡其力，在當時來說，只是理想。

當義利產生矛盾時，孔子必然是取義而捨利，如：

> 富與貴是人之所欲也，不以其道得之，不處也；貧與賤是人之
> 所惡也，不以其道得之，不去也。君子去仁，惡乎成名？君子
> 無終食之間違仁，造次必於是，顛沛必於是。(《論語‧里仁》)

富與貴，是人人所期望的，但「不以其道」，即不合乎公義者，絕對
不取，強調公義與合理。造次顛沛亦必然如此，當然，孔子指出這因
為有仁者之心在，但能有造次顛沛的環境中，依然故我，這是勇的表
現。孔子更說出：「不義而富且貴，於我如浮雲」(《論語‧述而》) 的

豪語。當公義與富貴在眼前時，應毫不考慮的取義。取義這一行為，不可能沒有「勇」為支持。

> 子貢曰：「君子亦有惡乎？」子曰：「有惡：惡稱人之惡者，惡居下流而訕上者，惡勇而無禮者，惡果敢而窒者。」曰：「賜也亦有惡乎？」「惡徼以為知者，惡不孫以為勇者，惡訐以為直者。」（《論語·陽貨》）

此節經常發生在公事，不通情達理以為是行政，沒有禮貌以為是勇敢率直。果然，這現象，仍然每日都見到。勇可見於日常人類的交往中，亦可見於國與國的交際中。

四　孔子的勇

> 子路問成人。子曰：「若臧武仲之知，公綽之不欲，卞莊子之勇，冉求之藝，文之以禮樂，亦可以為成人矣。」曰：「今之成人者何必然？見利思義，見危授命，久要不忘平生之言，亦可以為成人矣。」（《論語·憲問》）

孔子答子路「成人」，舉出臧武仲、公綽、卞莊子、冉求等人，卻又再進而解釋，如果能夠「見利思義，見危授命」，亦可以為成人。「見利思義」，一定要思考自己取利的行為是否合乎義，義是志，志是勇的來源。

子曰：「君子道者三，我無能焉：仁者不憂，知者不惑，勇者不懼。」子貢曰：「夫子自道也。」（《論語·憲問》）所謂「夫子自道」，是孔子已具有仁、知、勇三種道德涵養。又說：「有德者，必有

言。有言者，不必有德。仁者，必有勇。勇者，不必有仁。」（《論語‧憲問》）孔子反覆的說，勇是一種動力的運用，這種勇氣隨著蘊涵者的內在意志而變動。所以，勇的運用是配合道德的運用方能成其大，反之，這種沒有道德的勇，是亂的根源。

下列兩則語錄，表面與勇沒有關係，其實內裏必然有勇的存在：

> 司馬牛問君子。子曰：「君子不憂不懼。」曰：「不憂不懼，斯謂之君子已乎？」子曰：「內省不疚，夫何憂何懼？」（《論語‧顏淵》）
> 在陳絕糧，從者病，莫能興。子路慍見曰：「君子亦有窮乎？」子曰：「君子固窮，小人窮斯濫矣。」（《論語‧衛靈公》）

我們對人對事，行為與態度直接反映在我們的內心，我們得罪了某些人而會害怕，做錯某些事而驚慌。但「內省不疚」，就不憂不懼。留意孔子所說的「勇者無懼」，是指任何行為經過反覆思量，而確定毫無私心，合乎公義，這樣才能產生不憂不懼。如何肯定自己的行為，至純至真，就是勇者氣的根源處。此節所指出的氣魄，是純然道德行為，試問，有幾人能無私心？

絕糧而從者病，此環境若近絕境，子路生怨，而孔子說「君子固窮」。如此，則君子處於任何環境，必然有自己的精神世界，從精神高處看命，看環境，其心能處於適時順世之境界。這種窮而堅守、窮而知命，不是勇，是什麼？

孔子一生，從自己的行為表現去驗證自己的境界。孔子的志是什麼？繼承堯、舜、湯、文、武傳下來的文化道統。孔子困於匡，被誤會是陽虎。弟子皆慌張，孔子卻說出：「文王既沒，文不在茲乎？天之將喪斯文也，後死者不得與於斯文也；天之未喪斯文也，匡人其如予

何？」(《論語・子罕》) 這個就是志，勇是來自志，孔子的志是繼承文王道統，要發揚光大。我相信孔子認為這就是他來這世界的責任，故可以毫不恐懼的說「天之未喪斯文也，匡人其如予何？」的豪言。

「夾谷之會」，孔子身為司寇，兩度走上臺階，制止齊國的無禮。一是齊國地方舞的表演，拿了盾、槍、旗、棒等表演。孔子喝止，避免齊國陰謀得逞。再者是表演宮廷音樂，毫不合章法。孔子認為是戲弄諸侯，請斬表演者。[11]最後，是齊國覺得自己理虧，歸還魯國城池鄆、讙及龜陰三地。在一個國際會議場合，其實一切有所規定，孔子據禮而爭，力挫齊國君臣，中間所顯示的勇和氣魄，震懾人魂。千秋以後，讀之仍覺氣魄充盈，合禮合節。

孔子總結一個尋求完滿生命的人，他對勇有如此的總結：「志士仁人，無求生以害仁，有殺身以成仁。」(《論語・衛靈公》)

五　孟子的勇

孟子重要思想之一，是正氣，這個「氣」是不得了，此亦是後世儒者所嚮慕的境界。要清楚這個氣的養成，要先從「不動心」說起。《公孫丑上》：

> 公孫丑問曰：「夫子加齊之卿相，得行道焉，雖由此霸王不異矣。如此，則動心否乎？」孟子曰：「否。我四十不動心。」曰：「若是，則夫子過孟賁遠矣。」曰：「是不難，告子先我不動心。」

---

11 事見《史記・孔子世家》。

「不動心」是什麼？孔子說「四十而不惑」，孟子說「四十不動心」，又為什麼是四十？上文已提及是修養與閱歷已達一定程度，便有此成就，此處不贅。〈公孫丑上〉又載：

> 曰：「不動心有道乎？」曰：「有。北宮黝之養勇也，不膚撓，不目逃，思以一豪挫於人，若撻之於市朝。不受於褐寬博，亦不受於萬乘之君。視刺萬乘之君，若刺褐夫。無嚴諸侯。惡聲至，必反之。孟施舍之所養勇也，曰：『視不勝猶勝也。量敵而後進，慮勝而後會，是畏三軍者也。舍豈能為必勝哉？能無懼而已矣。』孟施舍似曾子，北宮黝似子夏。夫二子之勇，未知其孰賢，然而孟施舍守約也。昔者曾子謂子襄曰：『子好勇乎？吾嘗聞大勇於夫子矣：自反而不縮，雖褐寬博，吾不惴焉；自反而縮，雖千萬人，吾往矣。』孟施舍之守氣，又不如曾子之守約也。」

孟子首先指出三種不同的勇：北宮黝、孟施舍及曾子。此節要特別留意「養勇」的「養」字。養有培養、貯藏的意思，即是我們的勇是一步一步的累積而成。譬如小時候，遭受欺凌，一般不敢作聲，人漸長，愈明白事理，會據理力爭。這是一般人成長的過程，當然，勇的程度，因人、因時、因境、因利而各有不同。普通人的勇大多是來自意氣或是利益，當然亦有來自高尚的情操，我只指出普遍性的勇。記得很多報章報導血案時，都說是一時衝動，弄傷甚至殺死對方。很多抗爭的口號，是為公義和公理而戰，但當中又有幾多是為利而來？

　　北宮黝的勇，我認為是來自「自尊」，當中記載「思以一豪挫於人，若撻之於市朝。不受於褐寬博，亦不受於萬乘之君。視刺萬乘之君，若刺褐夫。無嚴諸侯。惡聲至，必反之。」自尊與恥辱，就成為

勇的行為的推動者。明顯指出北宮黝是不接受任何傷害其自尊的侮辱行為，包括微不足道的語言說話。一個人連自己都不尊重自己，別人會尊重嗎？這就是自尊的問題，即北宮黝不會忍受任何的恥辱，其前提是北宮黝是不會做令自己受辱的事。人必須自重，別人才尊重你。

孟施舍的勇是不理會生死勝敗，只專心一致完成任務。原文「視不勝猶勝也。量敵而後進，慮勝而後會，是畏三軍者也。」視不勝猶勝，就是忘記失敗後，可能會死亡這一節。這種忘卻成敗得失的勇，是目空一切，眼前只有如何去戰的思維，已超越一切恐懼。所謂「除死無大礙」，連死亡都不怕，那還有什麼好害怕？

兩者的勇，最後是成就曾子的勇，孟子說第三個勇的層次是經過深思熟慮，知道自己的行為合乎義、合乎理，則「自反而縮，雖千萬人，吾往矣。」孟子此語，直是石破天驚，氣勢磅礡。我們亦應思考，什麼是正確，什麼是不正確？這點是非常重要，因為誤判道德，其行為適得其反。

然而，我相信能到達第三層次的勇者必然具有前兩者的特質，即重視自己的尊嚴和忘記生死成敗。《禮記‧儒行》篇：「儒有可親而不可劫也，可近而不可迫也，可殺而不可辱也。」這個自尊不比平常的面子問題，而是受辱。筆者在很多場合遇見營營役役、為利奔走的人常常受辱。謀生養家是天職，但如何能不受辱，就是自己平日處事態度所致。可殺不可辱的勇的氣魄，是自我道德的確定，道德行為的確立，認知此心，此勇的來源，才能出現。

這種具有浩然正氣的勇是來自「不動心」，繼而「持其志，無暴其氣」，再而「養氣」。這種「氣」，必須配合義與道，倘若無義或無道，則會衰退如此，所以說「行有不慊於心，則餒矣」（《孟子‧公孫丑上》）。孟子對慊有更深入的詮釋：「曾子曰：『晉楚之富，不可及也。彼以其富，我以吾仁；彼以其爵，我以吾義，吾何慊乎哉？』」夫

豈不義而曾子言之？是或一道也。」(《孟子・公孫丑下》) 別人可誇富誇貴，而君子所持的就是仁和義。唐君毅先生說：

> 孟子以養氣之道在集義，而配義與道。道者當然之理，義者知此當然之理而為之，即知理而行之，以合當然之理。故養氣必先「志於道」。[12]

這種氣是「至大至剛，以直養而無害，則塞於天地之間」。馮友蘭對浩然之氣有這樣的詮釋：

> 如孟子哲學中果有神秘主義，則孟子所謂浩然之氣，即個人在最高境界中的精神狀態。……此所謂義，大概包括吾人性中所有善「端」。是在內本有，故曰：「告子未嘗知義，以其外也。」此諸善「端」皆傾向於取消人我界限。即將此逐漸推擴，亦勿急躁求速，亦勿停止不進，……「集義」既久，行無「不慊於心」，而「塞乎天地之間」之精神狀態，可得到矣。[13]

　　唐、馮兩位先生都指出，要培養這種氣，是要時時刻刻想著「義」和「道」，思考人類的善性、思考人類合乎道義的行為，久而久之，儲養一定的氣，當遇到事情時，思考其行為的合理性、公義性，如此，浩然之氣自出，否則「餒」。能完善自己的道德行為，能合乎道義，則大勇之行為，將得到成就。

　　孟子是不重視主宰的天，而重視「義理之天」，認為人的心性覺

---

12 唐君毅：《中國哲學原論——原教篇》(臺北市：學生書局)，頁615。
13 馮友蘭：《中國哲學史》(上海市：華東師範大學出版社，2003年)，頁102-103。

悟是得之天理，故視仁義忠信，乃天爵。公卿大夫，乃人爵。他慨歎：「古之人修其天爵，而人爵從之。今之人修其天爵，以要人爵；既得人爵，而棄其天爵，則惑之甚者也，終亦必亡而已矣。」（《孟子·告子上》）今人只顧追逐明利爵祿，而忽略了上天賦與的道德良知，此道德良知包含仁義忠信。若仁義忠信蘊涵於內，則不能坐視不公義事，此即「勇」的來源。

從《孟子》一書，我們可以窺見孟子的勇。孟子以繼承孔子自居，力排當時流行的極端利己主義，不仁的法家思想和不分等差倫理的墨家。顯示出「舍我其誰」的氣魄，英氣勃勃，剛氣迫人，正如孟子自謂「吾善養吾浩然之氣」。

《孟子·梁惠王上》：

> 王曰：「叟，不遠千里而來，亦將有以利吾國乎？」孟子對曰：「王，何必曰利，亦有仁義而已矣。王曰何以利吾國，大夫曰何以利吾家，士庶人曰何以利吾身，上下交征利而國危矣。萬乘之國，弒其君者，必千乘之家；千乘之國，弒其君者，必百乘之家。萬取千焉，千取百焉，不為不多矣。苟為後義而先利，不多不饜。未有仁而遺其親者也，未有義而後其君者也。王亦曰仁義而已矣，何必曰利！」

「叟」一詞是強烈的不尊重，雖然未有定論，但也稱不上是尊重。從惠王初見孟子的態度，我們可以想像，孟子談仁義，惠王卻不願的矛盾狀態。面對國君，處於征戰連綿的時代，孟子卻直截了當的說「何必曰利」。若以「識時務」來判斷孟子，就是不識時務。可是，孟子堅持自己理想，極力向惠王推擴「亦有仁義而已矣。」這就是孟子的「義」，不能不說「仁義」。

下列數節，都是孟子面對國君，直接指出他們的錯處，用辭不亢不卑，一些辭句更是振聾發聵。

《孟子·離婁下》：

> 孟子告齊宣王曰：「君之視臣如手足，則臣視君如腹心；君之視臣如犬馬，則臣視君如國人；君之視臣如土芥，則臣視君如寇讎。」

雖然君主是高高在上，但臣下不一定絕對服從。態度方面，君臣之間要互相尊重，視我如手足，則我視汝為腹心。若視我如土芥，則我亦不必尊重你，雖然你有君主的身分，但你不尊重人，人亦不必尊重。這與後來皇朝常說「君要臣死，臣不死視為不忠」的荒謬理論，恰好相反。

《孟子·梁惠王下》

> 王曰：「善哉言乎！」曰：「王如善之，則何為不行？」王曰：「寡人有疾，寡人好貨……云：『乃積乃倉，乃裹餱糧，於橐於囊。思戢用光。弓矢斯張，干戈戚揚，爰方啟行。』故居者有積倉，行者有裹糧也，然後可以爰方啟行。王如好貨，與百姓同之，於王何有？」
> 王曰：「寡人有疾，寡人好色。」對曰：「昔者大王好色，愛厥妃。詩云：『古公亶甫，來朝走馬，率西水滸，至於岐下。爰及姜女，聿來胥宇。』當是時也，內無怨女，外無曠夫。王如好色，與百姓同之，於王何有？」
> 孟子謂齊宣王曰：「王之臣有托其妻子於其友，而之楚游者。比其反也，則凍餒其妻子，則如之何？」王曰：「棄之。」

> 曰：「士師不能治士，則如之何？」王曰：「已之。」曰：「四
> 境之內不治，則如之何？」王顧左右而言他。

齊宣王不願行仁政，因為自己好貨好色，故不能行仁政。宣王以為仁
政是與好貨好色相違背，但孟子舉史例直斥其非。最後，更引用譬
喻，說明宣王不行仁政而令致國家不定安，借題發揮，問宣王如何處
理「四境之內不治」的責任，令宣王顧左右而言他。

《孟子‧梁惠王下》：

> 齊宣王問曰：「湯放桀，武王伐紂，有諸？」孟子對曰：「於傳
> 有之。」曰：「臣弒其君可乎？」曰：「賊仁者謂之賊，賊義者
> 謂之殘，殘賊之人謂之一夫。聞誅一夫紂矣，未聞弒君也。」

《孟子‧萬章下》：

> 齊宣王問卿。孟子曰：「王何卿之問也？」王曰：「卿不同
> 乎？」曰：「不同。有貴戚之卿，有異姓之卿。」王曰：「請問
> 貴戚之卿。」曰：「君有大過則諫，反覆之而不聽，則易
> 位。」王勃然變乎色。

《孟子‧盡心下》：

> 民為貴，社稷次之，君為輕。是故得乎丘民為天子，得乎天子
> 為諸侯，得乎諸侯為大夫。

上引兩節，真是有驚天動地的氣慨，試想一個國家元首在你面前，質

問元首行暴政，是不是要推翻？有幾多學者能人，能直接說身為元首國君，倘殘害百姓，不能算是國君，就算殺了他，都只殺了一個滿身私欲、害人無數的匹夫。從這角度去看，在孟子心目中，國君是一份職責，他必須為自己所處的地位而付出必要的心力，否則，這個人死不足惜。我們將此驗證於後世君主，相信死後腐骨仍流汗。

齊宣王再問卿，孟子的答案就是後世所指的「十惡不赦」的謀反罪。君主不能履行自己的職責，只顧享樂，就應該推翻這政權。所以，孟子的結論是民為貴，而君主最卑。不要少看這幾節引文，千秋而下，仍感覺其凜凜風骨，真是惟大丈夫能本色。現代的中國人，或許與孟子有同樣的理念，但對著高官權貴，能有足夠的膽量這樣表達自己嗎？若不是對自己所認知的道德與理念，有絕對的信心，根本說不出這些話來。可是，我們要留意的是，孟子沒有用帶有侮辱性的辭語責難，只希望國君從對話中，觸動起憐憫他人的悲心，減少私欲。你有權、你有勢，但我有的是公義。什麼是勇？請看孟子的行為言論。

《孟子‧公孫丑下》

> 孟子去齊。充虞路問曰：「夫子若有不豫色然。前日虞聞諸夫子曰：『君子不怨天，不尤人。』」曰：「彼一時，此一時也。五百年必有王者興，其間必有名世者。由周而來，七百有餘歲矣。以其數則過矣，以其時考之則可矣。夫天，未欲平治天下也；如欲平治天下，當今之世，舍我其誰也？吾何為不豫哉？」

上節是孟子不遇時，去齊之語。雖然有客欲為齊王挽留孟子，但從孟子告訴來者，來者游說的應是齊王。孟子不豫是因為五百年將有王者

興，現在過了五百年，尚未見王者。這裏有兩重意思，王者未興，孟子推說是天不欲天下治，若果「天」希望天下大治，能用的只有孟子。其第二重意思是自己是儒家道統的唯一繼承人。

六　結語

張岱年：

> 所謂士節即堅持自己的主體意識。主體意識包括人格獨立意識
> 與社會責任心，乃是人格獨立意識與社會責任心的統一。一方
> 面要堅持獨立人格，不隨風搖擺，不屈服於權勢；另一方面更
> 有社會責任心，不忘記自己對於社會應盡的義務。[14]

為堅持獨立人格、為社會應盡的義務，背後是要與多少貪官污吏和既得利益者周旋。偶一失誤，則自陷泥淖。「勇」，說來只一字，行來千萬斤重。

我認為培養「勇」的第一步，是維持自尊，而生命所涉及的層面，必然包括物欲。所謂「飲食男女，人之大欲存焉」，這兩種欲望：飲食、男女，是人類最大的渴求，要進入忘記生死成敗的階段，必須將欲望降至最低，「無欲則剛」是一種氣魄，亦是一種修煉，使之成無欲的氣，行為則剛。古今中外學者都將男女飲食作為「人」第一步的追求，如馬斯洛（Marslow A. H., 1908-1970）提出人類需求的五個層次，「生理需求」就是要首先滿足；佛洛伊德（Freud, Sigmund, 1856-1939）亦認為人的「本我」（id）是餓、渴、睡、性等原始需求

14　張岱年：《心靈與境界》（陝西市：陝西師範大學出版社，2008年），頁300。

所推動。因此，我認為欲望是一切不道德行為的來源。減低欲望，或適當調節欲望，才可提升道德境界。這樣，我們才可以培養浩然之氣，使之長，不使之餒，要經常提醒自己，生命的價值何在。

較高的層次，是超越生死，即有些東西令你願意犧牲。蔡仁厚：

> 孟子指出，人所願欲的東西有超乎生命之上的，所以不願意苟且偷生；人所憎惡的物事亦有甚於死亡的，所以人有時並逃避死亡的禍患。……而是想成就生命的純潔清白，以免陷於不義而受辱，故能毅然以有限的生命，換取無限的精神價值。[15]

即所謂所惡有甚於死者，中國史上，為天下公義，為推翻暴政，前仆後繼。這不獨是儒家的理論，是普遍的真理。人類的悲憫之心起動，就願意為其他人犧牲。但這犧牲，是否合乎仁義？另作別論。例如某人要「報仇」，仇超越了生命，但合乎義嗎？

有了超越生死的勇，就要思想自己的行為是否合乎「義」？第三層次就是經反覆思量，自覺行為與道德均合乎公義，尋求社會公義乃自我的責任，則自然產生殺身成仁，捨生取義的氣魄。孔孟的理論，能貯大勇於後世士子，就在這節。顏杲卿痛罵安祿山，安祿山逼之以殺子，誘之以高祿，終不為所動，以致被節解斷舌[16]，其情慘烈，但背後是大勇表現，持義以抗。張巡碎齒抗賊，被執神色若然，至死毫

---

15 蔡仁厚：《孔孟荀哲學》（臺北市：臺灣學生書局，1999年），頁279-280。

16 （宋）歐陽修等：《新唐書》，卷215，列傳117〈忠義中・顏杲卿傳〉載：「賊脅使降，不應。取少子季明加刃頸上曰：『降我，當活而子。』杲卿不答。遂並盧逖殺之。杲卿至洛陽，祿山怒曰：『吾擢爾太守，何所負而反？』杲卿瞋目罵曰：『汝營州牧羊羯奴耳，竊荷恩寵，天子負汝何事，而乃反乎？我世唐臣，守忠義，恨不斬汝以謝上，從爾反耶？』祿山不勝忿，縛之天津橋柱，節解以肉啖之，罵不絕，賊鉤斷其舌，曰：『復能罵否？』杲卿含糊而絕，年六十五。」

無懼色。[17]這些都是孔孟思想所蘊涵的大勇，就是超越生死的大勇。大勇是集義而至，合乎一切的公義，就有此氣度。

　　孔孟認為君子是「可以托六尺之孤，可以寄百里之命，臨大節，而不可奪也。君子人與？君子人也。」《論語‧泰伯》能夠有這樣的氣魄的人物，必然是大仁大勇者。筆者每每讀到「士，不可以不弘毅，任重而道遠。仁以為己任，不亦重乎？死而後已，不亦遠乎？」就覺有沉重感。當中的責任感，當中不放棄的勇，是仁者、勇者的路向，不得不禮敬孔、孟。

---

17 （宋）歐陽修等：《新唐書》，卷215，列傳117〈忠義中‧張巡傳〉載：「城遂陷，與遠俱執。巡眾見之，起且哭，巡曰：『安之，勿怖，死乃命也。』眾不能仰視。子琦謂巡曰：『聞公督戰，大呼輒眥裂血面，嚼齒皆碎，何至是？』答曰：『吾欲氣吞逆賊，顧力屈耳。』子琦怒，以刀抉其口，齒存者三四。巡罵曰：『我為君父死，爾附賊，乃犬彘也，安得久！』子琦服其節，將釋之。或曰：『彼守義者，烏肯為我用？且得眾心，不可留。』乃以刃脅降，巡不屈。又降霽雲，未應。巡呼曰：「南八！男兒死爾，不可為不義屈！」霽雲笑曰：『欲將有為也，公知我者，敢不死！』亦不肯降。乃與姚誾、雷萬春等三十六人遇害。巡年四十九。」

孔子讚許命、讚許仁

——「子罕言利與命與仁」確解

張偉保

一 引言

我們在閱讀先秦部分典籍時，經常發見一些文句，古今解說常有參差。《詩經》中的歌辭，或《尚書》中的訓誥，時常碰到從主旨到文義，往往是人言人殊，難獲定論。近人注解古籍，為了追求淺白易明，通常只講述所選的一種解釋，而不交代其取捨的原因。部分作者又會以「另有一說」的方式，引述多一種解釋，並以「義亦通」處理，而所開列之解釋時常是互不相干的，表面上是讓聰明的讀者自作決定，實際上卻令初學者無所適從。

學問是以求真為目的。雖說先秦古籍產生的年代距今已十分遙遠，詩歌多較委婉含蓄，散文則詰屈聱牙，故難獲確切的解釋。但是，注解古書的工作正是為讀者作引路人，責任非常重大，對歧義甚多的文字，注解者應當有所折衷，並清楚說明其取捨的根據，才不致誤導讀者。孔子說：「知之為知之，不知為不知，是知也。」（2.17）[1]他又說：「多聞闕疑，慎言其餘，則寡尤。」（2.18）事實上，先秦古籍之

---

1 本文所引《論語》，除另加說明外，均據楊伯峻先生的《論語譯注》（香港：中華書局，1987年）；文中所用編號均依據此書。

解說，雖不可能完全釐清，但隨著出土文獻如《睡虎地秦簡》、《郭店楚簡》、《上海博物館藏戰國竹簡》等珍貴文獻的整理與流通，[2]反映秦始皇焚書以前的書籍原貌，對我們研讀傳世古籍的內容有相當大的啟發。[3]李學勤先生甚至認為中國的學術思想史，即將全面改寫。小文以《論語‧子罕》的首章為例子，說明古書解釋的分歧並嘗試尋求一個確切的結論。是否恰當，仍請方家指正。

二　學者對「子罕言利與命與仁」的不同理解

眾所周知，《論語》是孔門弟子記載夫子生平事蹟與言論的最可靠紀錄，一般認為是儒家的代表著作，是千百年來學子的啟蒙讀物，其獨特的地位足以媲美《聖經》。《論語》文句簡短，字義較其他先秦文獻為淺白，無疑是古書中較易閱讀的一種典籍。然而，古書的難以理解和歧異甚多的情形，在本書也難倖免。其中，《論語‧子罕》首章「子罕言利與命與仁」，雖然只有短短的八個字，卻引起歷代學者

2　睡虎地秦墓竹簡整理小組編：《睡虎地秦墓竹簡》（北京市：文物出版社，2001年12月）；荊門市博物館：《郭店楚墓竹簡》（北京市：文物出版社，1998年5月）。

3　近年出土文獻的大量發現，對我們了解古代書籍的原貌甚具啟發性，有關介紹可參看朱德〈七十年代出土的秦漢簡冊和帛書〉，收於《朱德熙文集》第五卷（北京市：商務印書館，1999年1月）；李學勤《簡帛佚籍與學術史》（臺北市：時報文化，1994年12月）；李零：〈出土發現與古書年代的再認識〉，收於《李零自選集》（桂林市：廣西師範大學出版社，1998年2月）；裘錫圭：〈中國出土簡帛古籍在文獻學上的重要意義〉，收於《北京大學古文獻研究集刊》（一）（北京市：燕山出版社，1999年12月）。此外，以下數種最近出版的論文收錄了大量的有關研究，包括：姚小鷗主編：《出土文獻與中國文學研究》（北京市：廣播學院出版社，2000年）；武漢大學中國大化研究所編：《郭店楚簡國際學術研討會論文集》（武漢市：湖北人民出版社，2000年5月）；姜廣輝主編：《經學今銓三編》（瀋陽市：遼寧教育出版社，2002年12月）；朱淵清、廖名春主編：《上博館藏戰國楚竹簡研究》（上海市：上海書店出版社，2002年）。

極大的分歧，就像猜謎語一樣，至今難獲共識。每年出版有關《論語》的注釋書為數甚多，而對本章的斷句和解說，大致可分為兩類。第一種是「子罕言利與命與仁」八字連讀；另一種是「子罕言利，與命，與仁」，加了兩個逗號。前者可以最近出版的《十三經注疏、論語注疏》（北京市：北京大學出版社，2000 年 12 月）為代表，後一種可以錢穆先生的《論語新解》（香港：新亞研究所，1964 年）為代表。兩者斷句不同，主要是對此八字的理解不同所致，特別是對於「與命與仁」四字的含義有相反的意見。

我們可以引用楊伯峻先生的《論語譯注》來開始這個討論。楊氏在本章的譯文寫道：「孔子很少（主動）談到功利、命運和仁德。」[4]在「注譯」中，楊氏指出：

> 《論語》一書，講「利」的六次，講「命」的八次，若以孔子全部語言比較起來，可能還算少的。……至於「仁」，在《論語》中講得最多，為甚麼還說「孔子罕言」呢？……我則以為《論語》中講最「仁」雖多，但是一方面多半是和別人問答之詞，另方一面，「仁」又是孔門的最高道德標準，正因為少談，孔子偶一談到，便有記載。不能以記載的多便推論孔子談得也多。孔子生平所言，自然千萬倍於《論語》記載的，《論語》出現孔子論「仁」之處若用來和所有孔子平生之言相比，可能還是少的。[5]

楊氏的論點足以代表傳統的解釋，是自司馬遷、鄭玄、何晏、邢

4　楊伯峻：《論語譯注》，頁86。
5　楊伯峻：《論語譯注》，頁86。

昺、二程、朱熹、劉寶楠、楊樹達歷代相傳的觀點，[6]非有極其充分之證據，實難以動搖。

　　然而，在同一個注釋中，楊氏提及金人王若虛《誤謬雜辨》、清人史繩祖《學齋佔畢》有不同的理解。其中，史繩祖的立場如下：

> 《論語》謂：「子罕言利，與命與仁。」古注及諸家皆以為三者子所希言，余獨疑之。利者，固聖人深恥而不言也。雖孟子猶言「何必曰利」，況聖人乎？
> 故《魯論》中止言：「放於利而行，多怨」及「小人喻於利」之外，深斥之，而無言焉。至於命與仁，則自乾坤之元，孔子〈文言〉已釋為「體仁」矣。又曰：「乾道變化，各正性命。」曷嘗不言？且考諸《魯論》二十篇，問答言仁，凡五十三條，張南軒已集洙泗言仁，斷之曰言矣。又命字又非一，如「道之將行？命也；道之將廢？命也。公伯寮其如命何？」又曰：「亡之，命矣夫！」又曰：「五十知天命。」又曰：「生死有命。」又曰：「不幸短命。」又曰：「不知命，無以為君子。」是豈不言哉。蓋子罕言者，獨利而已。[7]

也就是說，史氏的意見是認為本章應作「孔子很少談到利，卻贊成命，贊成仁。」（用楊氏語譯）與這個觀點相近的有錢穆先生、許世

6　司馬遷之說見《史記·外戚世家》；鄭玄之說見《敦煌本論語注》；何晏、邢昺之說見《十三經注疏·論語注疏》；二程、朱熹之說見《四書集注》；劉寶楠之說見氏著《論語正義》；楊樹達之說見氏著《論語疏證》。

7　史繩祖：《學齋佔畢》卷一，轉引自周浩治：《論孟章句辨正及精義發微》（臺北市：文史哲出版社，1984年）頁95。按，史氏原文只作：「道之將行？命也；將廢？命也。」

瑛先生、楊希枚先生、李澤厚先生、許倬雲先生。[8]錢穆先生在《論語新解》中指出：

> 利者，人所欲，啟爭端，羣道之壞每由此，故孔子罕言之。罕，稀少義。蓋羣道終不可不言利，而言利之風不可長，故少言之也。與，贊與義。孔子所贊與者，命與仁。在外所不可知，在我所必當然，皆命也。命原於天，仁本於心。人能知命依仁，則羣道自無不利也。或說：利與命與仁，皆孔子所少言，此決不然。論語言仁最多，言命亦不少，並皆鄭重言之，烏得謂少？或說：孔子少言利，必與命與仁並言，然《論語》中不見其例，非本章正解。[9]

除非楊氏和錢氏的意見受到曲解，否則兩者的區別十分清楚，主要是對「子罕言利與命與仁」中的兩個「與」字的不同解釋所致。前者是作連接詞「和」字解釋，後者是作動詞，解作「讚許」。事實上，在《論語》中，這兩種用法都曾經出現。例如子貢說：「夫子之言性與天道，不可得而聞也。」（5.13）「與」字作連接詞用。又如「吾與點也」（11.26），「與」字作「讚許」、「同意」解。究竟如何取捨？拙文首先從句式、語法等形式方面加以探討，再就本節的三個主題：利、命、仁分別加以詳細考證，以求獲得一個中肯可信的結論。

8　錢穆：《論語新解》（香港：新亞研究所，1964年）；許世瑛：《論語二十篇句法研究》（上海市：開明書店，1973年）；楊希枚：〈《論語‧子罕》章句問題評斷〉、〈再論《論語‧子罕》章句問題〉，均收於氏著《先秦文化史論集》（北京市：中國社會科學出版社，1995年）；李澤厚：《論語今讀》（合肥市：安徽文藝出版社，1998年）；許倬雲：〈中國古代命運觀的現代詮釋‧序言〉，載於陳寧：《中國古代命運觀的現代詮釋》（瀋陽市：遼寧教育出版社，2000年），頁1。

9　錢穆：《論語新解》，頁291。

三　從句式、語法方面的分析

首先，從句式結構而言，許世瑛先生對「子罕言利，與命，與仁」章有以下的分析：

> 第一句是敘事簡句。起詞是「子」、「利」，是述詞「言」的止詞，其上加了限制詞「罕」字。第二句和第三句也都是敘事簡句。起詞「子」承上省略，「與」字是述詞，「稱許」的意思，「命」跟「仁」是述詞的止詞。第一句和第二、三句之間的關係是轉折關係，而二、三兩句之間又是平行關係。[10]

程石泉先生則從論語所見之語法來分析此章。他說：

> 與字見《論語》中凡九十七次；又合文如「與其……寧……」作連繫詞凡七見；如「也與」作感嘆語尾者凡十見。「與」作單詞用而因上下文實有以下各種不同之意義：如「同」，如「及」，如「用」，如「予」，如「同意於」，如「讚許」，如「參與」，如「順從」，如「支持」，如「贊成」等等。此章「與」字應作「順從」「讚許」「贊成」解，是乃用作動詞非介繫詞也。又《論語》中列舉之事、物、名、稱，其間不加介繫詞。如「子不語：怪、力、亂、神」（〈述而第七〉）；「子以四教：文、行、忠、信」（〈述而第七〉）；「子所慎：齋、戰、疾」（〈述而第七〉）；「子絕四：毋固、毋必、毋意、毋我」（〈子罕第九〉）。此章結構顯然不同。夫孔子所罕言者「利」也。於

---

10 許世瑛：《論語二十篇句法研究》，頁142。

命，於仁，孔子不僅屢言之，且於命則「順從」之，於仁則「讚許」之矣。[11]

從許、程二氏分別由句式和語法來分析本章，此二個「與」字應作動詞用而不作連接詞用，已有相當充分的依據，可以對錢穆先生的說法作了進一步的補充。

四　從利、命、仁三方面來探討

除了句式和語法的論證外，現在進一步從內容方面來考慮。因為這個問題關乎對孔子學說的根本了解，故亟需作出一個眾所共信的驗證，以解決這個糾纏不清的問題。本節共有「利」、「命」、「仁」三個主詞，現順序加以探討。首先是討論「利」字的含義。「子罕言利」四字的解釋，似沒有引起爭議。然而「利」字應如何理解，則相當含糊。現以劉寶楠《論語正義》的解說節錄於下，再加以分析。劉氏說：

〈毛詩・太叔于田傳〉云：「罕、希也。」轉相訓。左襄元年傳：「穆姜曰：利，義之和也。利物足以和義。」易文言傳同。此相傳古訓，故此注本之。[12]

這種解釋，把原來十分清楚的「利益」、「功利」之「利」變成含混不清的「義之和」的「利」，與《論語》的「小人喻於利」和「放於利而行」的「利」，相距何止十萬八千里。所以，如欲了解此節的確切含義，當先以本證法在《論語》中尋求出來。就「利」字的意義來

---

11 程石泉：《論語讀訓解故》（香港：友聯出版社，1972年），頁149-150。
12 劉寶楠：《論語正義》（北京市：中華書局，1957年），頁172。

說，劉寶楠在「放於利而行，多怨」章，引孔注曰：

> 此為在位好利者箴也。利者，財貨也。……言在上位者，宜知
> 重義，不與民爭利也。若在上者放利而行，利壅於上，民困於
> 下，所謂長國家事而務財用，必使菑（災）害並至，故民多怨
> 之也。[13]

至於「君子喻於義，小人喻於利」章，劉氏認為本章「蓋為卿大夫之
專利者而發，君子小人以位言。」[14]兩者與「子罕言利」之利，吻合
無間，不待引《左傳》「利，義之和也」以解釋。

關於「利」，《論語》有一則記載孔子重視教導弟子以立志向學為
先的材料。《論語‧為政》記錄了子張向孔子詢問求官職、得俸祿的
方法。孔子回答道：

> 多聞闕疑，慎言其餘，則寡尤；多見闕殆，慎行其餘，則寡
> 悔。言寡尤，行寡悔，祿在其中矣。（2.18）

孔子的回答正好反映其罕言利的看法。作為一個學者，孔子認為必先
修養好自己的學識，謹慎自己的言行，盡量避免錯誤，官職俸祿就可
得到。他反對每件事情只從利益、功效出發。孔門高弟中，孔子常常
稱讚顏淵。《論語‧雍也》載：

> 子曰：「賢哉、回也！一簞食，一瓢飲，在陋巷，人不堪其
> 憂，回也不改其樂。賢哉、回也！」（6.11）

---

13 劉寶楠：《論語正義》，頁80。
14 劉寶楠：《論語正義》，頁83。

又有一次，孔子在陳國絕糧，弟子們都餓病了。子路抱怨地說：「君子亦有窮乎？」孔子回答道：「君子固窮，小人窮斯濫矣。」（15.2）

以上各條資料，充分說明孔子對「利」的一貫看法。除了「利」之外，本章第二個主詞是「命」，也是全章的關鍵處。如果「與命」二字的真確意義能夠確定下來，則本章的第三個主詞「仁」的真正含義便能謏然而解。

據楊伯峻先生《論語譯注》中所附之《論語詞典》的統計，「命」字在《論語》一書中共出現二十一次，共分六類，包括（一）壽命（2 次）；（二）命運（10 次）；（三）生命（2 次）；（四）辭令（1 次）；（五）使命（5 次）；（六）動詞，命令（1 次）。關於「子罕言利」章的「命」字，屬於第（二）類，而第（一）類亦需兼及。至於其他四類，大概與此沒有關聯，可以不論。第一、二類合共十條，包括：

（1）五十而知天命。（2.4）

（2）有顏回者好學，不遷怒，不貳過。不幸短命死矣。（6.3）

（3）伯牛有疾，子問之，自牖執其手，曰：亡之，命矣夫！斯人也而有斯疾也！（6.10）

（4）子罕言利與命與仁。（9.1）

（5）有顏回好學，不幸短命死矣。（11.7）

（6）賜不受命，而貨殖，億則屢中。（11.19）

（7）商聞之矣，死生有命，富貴在天。（13.5）

（8）子曰：道之將行也與，命也，道之將廢也與，命也。公伯寮其命何！（14.36）

（9）孔子曰：君子有三畏：畏天命，畏大人，畏聖人之言。小人不知天命而不畏也，狎大人，侮聖人之言。（16.8）

（10）孔子曰：不知命，無以為君子。（20.3）

第二、五條兩屬第一類，皆指顏淵短命，與命運的關係不算密切。其餘八條資料，「命」字共出現十一次，較楊伯峻《論語詞典》多一次。八條之中，單用一「命」字有八次，以「天命」為詞三次。從出現的次數而言，已經不算少，故「罕言命」之解釋已未足視為定論。而從內容來看，最重要的有一、八、九、十四條。第（1）條是夫子七十以後回顧一生的總結性言論，具有極其重要的意義。既言「五十而知天命」，則五十以後夫子當已把握並深信自己的命運。由於對此上天所賦與之獨特命運之真確理解，夫子遂有以下兩個重要自信，包括：

> 子畏於匡，曰：文王既沒，文不在茲乎？天之將喪斯文也，後死者不得與斯文也；天之未喪斯人也，匡人其如予何？（9.5）
> 子曰：天生德於予，桓魋其如予何？（7.23）

以上兩條雖沒有直接用到「命」字，其內容是講夫子一生由上天所賦與之特殊命運，實與眾不同。「子畏於匡」條反映孔子明顯地以保存、繼承西周禮樂文明為上天指派之使命。「天生德於予」條是指自己從上天獲得這樣的品德。

第八條是關於子路的。全文是：

> 公伯寮愬子路於季孫。子服景伯以告，曰：夫子（引者按：指季孫）固有惑志於公伯寮，吾力猶能肆諸市朝。子曰：道之將行也與，命也；道之將廢也與，命也。公伯寮其如命何！
> （14.36）

此節較為特別，魯國貴族子服景伯因公伯寮在季孫面前毀謗子路，故欲殺掉他。孔子不贊成這種做法，強調無論其所欲推行的「道」能否實現，完全是命運的安排，與公伯寮扯不上任何關係。[15]孔子一生棲棲遑遑，欲實現其以德治國的主張，其所秉執者，實為「不怨天，不尤人」（14.35）之精神，故對他人之阻撓其施展抱負者，都不存怨恨之心，只相信是命運的安排。

第九、十兩條的內容大約相近，都是強調「不知命，無以為君子」，「小人不知天命而不畏也」，指敬畏上天的命運安排，是君子必須具備的條件。小人不懂得天命，因而不怕它，輕視王公大人，輕侮聖人的言語。[16]孔子既以「知命」乃成為君子的必要條件，其「讚許命」而不是「罕言命」，不是十分清楚明白嗎！正如虔誠的教徒一樣，哪有不日夜頌揚上帝的恩德；篤信「命」的夫子，哪有不盡力使人了解「知命」的重要。

孔子既在五十歲以後而「知天命」，並強調「知命」是君子的一種必須具備的素質，則其「讚許命」的態度自是無可懷疑。因此，「子罕言利與命與仁」的正確標點只能是「子罕言利，與命，與仁。」而本章的正確解釋只能是「先生平日少言利，只贊同命與仁。」[17]行文至此，本文應可就此結束。可是，此說既與司馬遷以來的傳統說法相牴牾，為求慎重，現繼續討本章的第三個主詞——「仁」。

《論語》二十篇中，夫子或其弟子直接提及「仁」的記載有五十六次（其中直接由弟子提出的有六次），另有一次是引述古語，合共五十七次。這個數字，毫無疑問反映「仁」在《論語》中講得最多，

---

15 以上文字參考楊伯峻：《論語譯注》，頁157。

16 參用楊伯峻的譯文。

17 用錢穆先生在《論語新解》，頁291的白話試譯。

也最為重要。前引楊伯峻曾認為「仁」是孔門的最高道德標準，正因為少談，孔子偶一談到，便有記載。這種解釋實在非常牽強，難以經得起驗證。《論語》關於「仁」的觀念極為清晰，極為廣泛，深具普遍意義。雖然孔子很少以「仁」稱許別人，但並不代表這不是他所孜孜渴求的。楊氏所謂孔子「偶一談起」的「仁」，在《論語》中共達五十次，如何能夠稱為「偶一談起」呢。從另一角度來看，孔子不是君王，沒有「右史記言、左史記事」的史官陪伴左右，弟子雖然對夫子極為崇敬，總不可能在夫子每提及「仁」便加以記錄。《論語·衛靈公》篇載：

> 子張問行。子曰：「言忠信，行篤敬，雖蠻貊之邦，行矣。言不忠信，行不篤敬，雖州里，行乎哉？立則見其參於前也，在輿則見其倚於衡，夫然後行。」子張書諸紳。（15.6）

子張是夫子晚年高弟，其時夫子之聲譽已極其崇高，弟子每有疑問，夫子均因材施教、循循善誘。子張以所聞於夫子之言，甚具啟發性，欲加記錄以備遺忘，然倉卒間無簡牘可用，遂解束腰大帶以記師說。以當時筆札總不如今天便利，而夫子亦非安居講壇以傳道，故一生中之言論確難完全保存下來，弟子所記夫子於「仁」之說而見於《論語》者，只能為不完全地記錄。以此不完全的記錄，已能充分反映「仁」在夫子一生中之特殊意義。現在引述《論語》內有關仁的講述中二十條具有較為普遍意義為例子，以說明孔子把「仁」貫徹於日常生活之中，即我們現在所說的「生命的學問」，而絕無所謂「罕言仁」也。

　　（1）子曰：巧言令色，鮮矣仁！（1.3）

（2）子曰：弟子，入則孝，出則悌，謹而信，汎愛眾，而親仁。行有餘力，則以學文。（1.6）

（3）子曰：仁而不仁，如禮何？人而不仁，如樂何？（3.3）

（4）子曰：里仁為美。擇不處仁，焉得知？（4.1）

（5）子曰：不仁者不可以處約，不可以長處樂。仁者安仁，知者利仁。（4.2）

（6）子曰：唯仁者能好人，能惡人。（4.3）

（7）子曰：苟志於仁矣，無惡也。（4.4）

（8）子曰：富與貴，是人之所欲也；不以其道得之，不處也。貧與賤，是人之所惡也；不以其道得之，不去也。君子去仁，惡乎成名？君子無終食之間違仁，造次必於是，顛沛必於是。（4.5）

（9）子曰：我未見好仁者，惡不仁者。好仁者，無以尚之；惡不仁者，其為仁矣，不使不仁者加乎其身。有能一日用力於仁矣乎？我未見力不足者。蓋有之矣，我未知見也。（4.6）

（10）子曰：回也，其心三月不違仁，其餘則日月至焉而已矣。（6.7）

（11）子曰：知者樂水，仁者樂山。知者動，仁者靜。知者樂，仁者壽。（6.23）

（12）子貢曰：如有博施於民而能濟眾，何如？可謂仁乎？子曰：何事於仁！必也聖乎！堯舜其猶病諸！夫仁者，己欲立而立人，己欲達而達人。能近取譬，可謂仁之方也已。（6.30）

（13）子曰：志於道，據於德，依於仁，遊於藝。（7.6）

（14）子曰：仁遠乎哉？我欲仁，斯仁至矣。（7.30）

（15）子曰：恭而無禮則勞，慎而無禮則葸，勇而無禮則亂，
　　　　直而無禮則絞。君子篤於親，則民興於仁；故舊不遺，
　　　　則民不偷。（8.2）

（16）子曰：剛、毅、木、訥近仁。（13.27）

（17）子曰：志士仁人，無求生以害仁，有殺身以成仁。（15.9）

（18）子曰：知及之，仁不能守之；雖得之，必失之。知及
　　　　之，仁能守之。不莊以涖之，則民不敬。知及之，仁能
　　　　守之，莊以涖之，動之不以禮，未善也。（15.33）

（19）子曰：民之於仁也，甚於水火。水火，吾見蹈而死者
　　　　矣，未見蹈仁而死者也。（15.35）

（20）子曰：當仁，不讓於師。（15.36）

除第（12）條為子貢提問而觸發夫子對「仁」的一次重要發揮外，其
餘均是孔子在日常生活中就不同之情況而主動地對「仁」的含義的表
述。其中所包括的內容，語其小者則言語行為、擇鄰親賢、師友提
攜，乃至「顛沛必於是，造次必於是」，皆有密切之關係。語其大
者，則「博施濟眾」、「殺身成仁」之崇高德行，作為人生之終極目
標，凡仔細研讀《論語》者，當能親身體會，直接感受。因此，「與
仁」二字之確解，當為「讚許仁」而不是「罕言仁」。

五　結語

「子罕言利，與命，與仁」章之正確意義，至此應該作出最後之
判定。舊說有主張孔子「罕言命」、「罕言仁」，依據上文之分析，已
被完全推翻。本章之正確解釋為「子罕言利，讚許命，讚許仁。」此
課題關涉孔門學術思想之根本，而歷來說法分歧，故對此問題之徹底
梳理，當有一定之價值。

門弟子論孔子

張偉保

　　孔門弟子對夫子的評論，在《論語》[1]中頗不少見。今略予以分析，以了解夫子在弟子們心中的崇高形象。同時，就《論語》中一些容易引起分歧的內容加以剖析，是否恰當，仍請方聞之士指正。

　　最先出現的一條資料見於《論語‧學而篇》第十節，其文曰：

　　　子禽問於子貢曰：「夫子至於是邦也，必聞其政。求之與？亦與之與？」子貢曰：「夫子溫、良、恭、儉、讓以得之。夫子之求之也，其諸異乎人之求之與？」

溫（和）、良（善）、恭（敬）、節（儉）、（謙）讓五種品德，正是子貢用來形容其師平日做人處事的基本態度。我們查核《論語》全文，是切合孔子性格的。因此，子貢以此五種品德來形容夫子，是十分恰當的，並沒有過分的推崇。

　　第二項材料見於《論語‧里仁篇》第十五節。其文云：

　　　子曰：「參乎！吾道一以貫之。」曾子曰：「唯。」子出，門人問曰：「何謂也？」曾子曰：「夫子之道，忠恕而已矣。」

1　文中編號均據楊伯峻：《論語譯註》（香港：中華書局，1987年）。

此節是曾參在回答同門時對夫子的評說。「夫子之道，忠恕而已矣」一句，楊伯峻解釋為「己欲立而立人，己欲達而達人。」恕則解釋為「己所不欲，勿施於人」。古人亦曾將之釋為「盡己之為忠，推己及人之為恕。」此外，「一以貫之」與《詩》三百，一言以蔽之，曰思無邪」的「一言以蔽之」五字，語法結構相近，大約是當時的習慣用語。近世道教有「一貫道」，或取材於此。

　　另一則材料也是與子貢有關的。《論語・公冶長篇》第十三節載：

　　　　子貢曰：「夫子之文章，可得而聞也；夫子之言性與天道，不
　　　　可得而聞也。」

此節於古今解疏之文字中，歧義頗多。首先，子貢是孔門高弟，這是歷來沒有問題的。子貢稱「夫子之言性與天道，不可得而聞也」一句，從字面意義來說，也沒有歧義。最大問題是，子貢是坦白說出其感受，抑或出於謙遜，兩者在理解上便大為不同。正如本文第一條材料所言，夫子之謙讓，實深深藏於子貢的思想中，因此，子貢是否從未聞「性與天道」，需要進一步查證。據《論語》，夫子曾清晰地向子貢剖析過此問題。《論語・陽貨篇》第十九節云：

　　　　子曰：「予欲無言。」子貢曰：「子如不言，則小子何述焉。」
　　　　子曰：「天何言哉？四時行焉，百物生焉。天何言哉？」

又《論語・憲問》第三十五節載：

　　　　子曰：「莫我知也夫！」子貢曰：「何為其莫知子也？」子曰：
　　　　「不怨天，不尤人，下學而上達。知我者，其天乎！」

不單如此，子貢更以上天特地讓夫子成為聖人來加以描述。《論語‧子罕篇》第六節載：

> 太宰[2]問於子貢曰：「夫子聖者與？何其多能也？」子貢曰：「固天縱之將聖，又多能也。」

據文意，此時孔子之名顯於諸侯，故太宰問夫子於子貢，而語帶褒獎及崇敬。此外，孔子曾在匡地被拘，曾對天道有所期待。此事屬孔子一次重要經歷，子貢如非親聞，亦當十分熟識。其文曰：

> 子畏於匡，曰：「文王既沒，文不在茲乎？天之將喪斯文也；天之未喪斯文也，匡人其如予何？」（《論語‧子罕篇》第五節）

孔子一生，也不止一次身陷困境受到迫害。《論語‧述而篇》第廿三節載：

> 子曰：「天生德於予，桓魋其如予何？」

以上兩段均表示當時孔子的處境異常危險，亦足以從心底裏反映夫子對於天道的看法。以上的「天」，一方面專指「自然的天」（即「天何言哉？」一段）；另一方面卻不單止是「自然的天」，故此，夫子之於「天道」，實非子貢所未聞。

至於夫子對「性」的言論，確實較少，但總不能說子貢於此從未

---

2 案：太宰疑為吳太宰嚭，是時子貢出使吳國，見《史記會注考證‧孔子世家第十七》，頁64。

聽聞。《論語‧陽貨篇》第二節載：

> 子曰：「性相近也，習相遠也。」

此「性」字，《定州漢墓竹簡本‧論語》作「生」字，「生」、「性」古通。[3]此句言「上天所稟賦於人者，一般者都相似」。值得注意的，是本句應與下節（即《論語‧陽貨篇》第三節）合讀。其文曰：「子曰：『唯上知與下愚不移』」此句實緊扣上句「習相遠」三字，整句意義為「人的稟賦一般是相似的，只因後天所習染各有不同，便相差甚遠，惟「上知」與「下愚」不因所習染之不同而有所變化，故曰『不移』。」此外，《論語‧述而篇》第廿節亦載：「子曰：『我非生而知之者，好古，敏以求之者也。』」是夫子亦自以為是後天所習而有成就者。

　　綜合而言，我們在上引《論語》的文句中，清楚看到子貢所「不可得而聞也」的「性與天道」，這究竟是什麼原因呢？據上文曾提及子貢深深領會夫子謙讓之德，而他又是孔門弟子中以擅長「言語」見稱[4]，因此筆者認為與其說子貢真的不曾與聞夫子之「性與天道」，不如認為這是子貢的謙遜之辭，意指對於「性與天道」這些較為高深的學問，沒有多少了解。這種謙虛的說法，可見諸在夫子回答樊遲學稼，曰：「吾不如老農」[5]，及衛君問戰陣，則對以「俎豆之事，則當聞之矣；軍旅之事，未之學也。」[6]由此可見，子貢之「不聞」，或出於謙遜，或出於對提問者採取一種保留的態度。特別是後者，它與「不聞」句的語法結構十分相似，恐怕子貢所面對的人，也如衛君之

3　《定州漢墓竹簡‧論語》（北京市：文物出版社，1997年），頁82。案，此為目前發現最早的《論語》抄本。

4　見《論語‧先進篇》第3節。

5　見《論語‧子路篇》第4節

6　見《論語‧衛靈公篇》第1節。

失禮，故以「不聞」對之。此外，還有一則材料可以參考。《論語‧雍也篇》第廿一節云：「中人以上，可以語上也；中人以下，不可以語上也。」

子貢對夫子的了解，實在十分透徹。大約在孔子逝世後，魯國大夫叔孫武叔在朝上說，「子貢賢於仲尼。」子服景伯便將此告訴子貢。子貢便說：

> 譬之宮牆，賜之牆也及肩，窺見世家之好。夫子之牆數仞，不得其門而入，不見宗廟之美，百官之富。得其門者或寡矣。夫子（案：指叔孫武叔）之云；不亦宜乎！（《論語‧子張篇》第廿三節）

其後，叔孫武叔更毀謗夫子。子貢便反諷道：

> 無以為也！仲尼不可毀也。他人之賢者，丘陵也，猶可踰也；仲尼，日月也，無得而踰焉。人雖欲自絕，其何傷於日月乎？多見其不知量也。（《論語‧子張篇》第廿四節）

此外，陳子禽曾稱許子貢，認為「子為恭也，仲尼豈賢於子乎？」子貢便大禮指斥子禽之錯誤。他說：

> 君子一言以為知，一言以為不知，言不可不慎也。夫子之不可及也，猶天之不可階而升也。夫子之得邦家者，所謂立之斯立，道之斯行，綏之斯來，動之斯和。其生也榮，其死也哀，如之何其可及也？」（《論語‧子張篇》第廿五節）

無論別人如何貶損夫子，子貢也毫不猶豫地給予以駁斥，其護衛夫子

之形象及篤其所信之道，實於眾弟子中擔當較為重要的角色。

　　另一節與「性與天道」這個主題相近的資料，見於《論語・子罕篇》第一節，其文曰：

　　　　子罕言利與命與仁。

　　此節也是問題頗多的。首先，由於斷句不同，以致對內容有近乎相反的理解。楊伯峻根據歷代注解文字，斷句如上引文，並解釋為：「孔子很少（主動）談到利益、命運和仁德。」楊氏並在注釋此句中提及子貢「不可得而聞」的「性與天道」一句，並指出此句如斷句為「子罕言利，與命，與仁。」其意義當如金人王若虛（《誤謬雜辯》）、清人史繩祖（《學齋佔畢》）（引者案：「佔畢」一詞出《禮記・學記》，意指課本）所指，「孔子很少談到利，卻讚成命，讚成仁」。楊氏並強調「《論語》中講『仁』雖多，但是一方面多半是和人問答之詞，另一方面，『仁』又是孔門的最高道德標準，正因為少談，孔子偶一談到，便有記載。不能以記載的多便推論孔子談得也多。……和所有孔子平生之言相比，可能還是少的。」因此，他認為其他學者的說法過於拘泥。筆者認為，楊氏對「仁」出現特別多而卻又是少談的說法，實在較為牽強，難以經得起驗證。《論語》關於「仁」的觀念極為清晰，極為廣泛，深具普遍意義。雖然孔子很少以「仁」稱許別人，但並不代表這不是他所孜孜渴求的。《論語》二十篇中，夫子或其弟子直接提及「仁」的記載約有五十六次（其中直接由弟子提出的有七次），不直接提及但其內容包含「仁」的意義的有三次，兩者合共五十九次。如《論語・里仁篇》：

　　一、「子曰：里仁為美。擇不處仁，焉得知？」（《論語・里仁》第
　　　　一節）

二、「子曰：唯仁者能好人，能惡人。」（《論語・里仁》第三節）

三、「子曰：苟志於仁矣，無惡也。」（《論語・里仁》第四節）

四、「子曰：……君子去仁，惡乎成名。君子無終食之間違仁，造
　　次必於是，顛沛必於是。」（《論語・里仁》第五節）

　　僅以上四個例子而言，已清楚表明孔子把「仁」貫注於日常生活
之中，亦即我們現在說的「生命的學問」，無所謂「罕言仁」也。

　　然「子罕言利」章最大問題，恐是此條屬於那位弟子所記。《論
語》一書，今本成於西漢末年成帝之師傅張禹，世稱張侯論。據楊伯
峻所載：「安昌侯張禹先學習了《魯論》，後來又講習《齊論》，於是
把兩個本子融合為一。」[7]由於所記均屬孔門師生間談話的各自紀
錄，而編為一書，故現在除少數材料外，難以掌握每則紀錄的原始紀
錄者。「子罕言利」一章，於夫子芸芸弟子中，可能是「不受命而貨
殖焉，億則屢中」的子貢所記。[8]查考《論語》全文，記載弟子經商
而深獲夫子之讚賞者，只有子貢一人。如此推斷不誤，則下文「與
命，與仁。」二句便更容易理解，一般學者因「無不如老農」一節，
基本認定夫子不言利，其實此亦屬誤解，夫子「因材施教」，能「循
循善誘人」，樊遲入孔門，首先便「請學稼」，引來夫子的批評。當他
離開後，孔子便利用這次對答來做教材，以指導其餘弟子，他說：

> 小人哉，樊須也！上好禮，則民莫敢不敬；上好義，則民莫敢
> 不服；上好信，則民莫敢不用情。夫如是，則四方之民襁負其
> 子而至矣，焉用稼！[9]

7　楊伯峻：《論語譯注》，頁31。

8　見《論語・先進篇》第19節。

9　見《論語・子路篇》第4節；參看《論語・衛靈公篇》第32節。

　　孔子所授者，政治學也，是治國安民的學問。樊遲所問者是農學，是耕稼種植的道理，宜乎為夫子所責。然夫子藉此問題加以發揮，講出一番治國的大道理。其後，樊遲學問有了進步，便能提出更深刻的問題。《論語‧顏淵篇》第二十一節載：

> 樊遲從遊於舞雩之下，曰：「敢問崇德，修慝，辨惑。」子曰：「善哉問！先事後得，非崇德與！攻其惡，無攻人之惡，非修慝與！一朝之忿，忘其身，以及其親，非惑與！」

　　由於《論語》的編次並不按時排列，故上一節排於第十三篇，下一節排於第十二篇，極容易引起誤解。此二節，較易判別其先後，故徵引在此，以進一步說明夫子教導學生是有針對性的，只是由於很多記載都不清楚其立論的背景，故對其說話的涵意難以掌握。

　　夫子除了善於教導外，更精於學習。有一天，衛國的大夫公孫朝向子貢詢問。他說：

> 「仲尼焉學。」子貢曰：「文武之道，未墜於地，在人。賢者識其大者，不賢者識其小者。莫不有文武之道焉。夫子焉不學？而亦何常師之有？」（《論語‧子張篇》第二十二節）

　　由夫子早年「入太廟，每世問」[10]至晚年「何常師之有？」[11]足見夫子之善學善問。不但如此，據弟子們的觀察，夫子有四個顯著的優點：「毋意，毋必，毋固，毋我。」[12]據楊伯峻之解釋，是「不懸空

10　見《論語‧八佾篇》第15節。
11　見《論語‧子張篇》第15節。
12　見《論語‧子罕篇》第4節。

揣測，不絕對肯定，不拘泥固執，不唯我獨是。」[13]有了這個特質，使孔子的學問有不平凡的進步。

然而，孔子實在是謙謙君子，從不敢自滿，弟子曾因夫子之自謙而稱讚其不可及。其文曰：

> 子曰：「君子道者三，我無能焉：仁者不憂，知者不惑，勇者不懼。」子貢曰：「夫子自道也。」（《論語・憲問篇》第二十八節）
>
> 子曰：「若聖與仁，則吾豈敢？抑為之不厭，誨人不倦，則可謂云爾已矣」公西華曰：「正唯弟子不能學也。」（《論語・述而篇》第三十四節）

弟子們因夫子之言而充分肯定其崇高之形象，與夫子之謙德，正好互相輝映。相對於謙德，就是驕傲，是夫子極力自我警惕的。人皆知夫子之推崇周公旦，但他對弟子說：

> 如有周公之才之美，使驕且吝，其餘不足觀也已。」（《論語・泰伯篇》第十一節）

其他不及周公者，更無論矣。夫子是深諳「謙德」的。《易經・謙卦》六爻皆吉，朱子《易本義》釋為「有而不居之義，止乎內而順乎外，謙之意也。」[14]正好說清楚夫子這種品德。

最後，以孔子高弟顏淵的對夫子的讚嘆，以結束本文。《論語・子罕篇》第十一節載：

---

13 楊伯峻：《論語譯注》，頁87-88。
14 朱熹注，黃慶萱導讀：《易本義（易經）》（臺北市：金楓出版社），頁119-123。

顏淵喟然歎曰:「仰之彌高,鑽之彌堅。瞻之在前,忽焉在後。夫子循循然善誘人,博我以文,約我以禮,欲罷不能。既竭吾才,如有所立卓爾。雖欲從之,末由也已。」

論孟子「人」與「禽獸」之別

楊永漢

一　從孔子到孟子

　　孔子，名丘，字仲尼，約生於周靈王二十一年，卒於周敬王四十一年（約西元前 551-479 年）。孔子上繼堯、舜、湯、文、武、周公之文化系統，下開中華民族以倫理道德為核心的儒家精神。孔子的偉大，不單在於開創教育新概念：有教無類、因材施教，更在於他指出「人」除滿足欲望，拚命求生外，還有一個「仁」的道德境界。孔子周遊列國，宣揚仁政，力挽狂瀾於既倒。可惜諸國以力爭權、以戰掠地的形勢已蔚然而成。孔子游說諸侯，只落得積極款待，卻被冷落的局面。仲尼失意，退而講學於鄉，並以繼承及發揚傳統文化為己任。孔子之後，有子思者，其再傳弟子孟子，以繼承孔子學說，發揚儒家精神為使命，鼓其勇氣，舌戰時流，維護孔子學說。

　　《史記》曰：「孟子序詩書，述仲尼之意」。孟子一書中引《詩》者有三十次之多，論《詩》有四次；引《書》則有十八次，論《書》則有一次。如此，即孟子是以詩、書——儒家的主要教材——作為辯論及思想的依據。如《孟子・告子上》：「詩曰：『天生蒸民，有物有則；民之秉彝：好是懿德。』孔子曰：『為此詩者，其知道乎！故有物必有則，民之秉彝也，故好是懿德』。」《孟子・盡心下》：「盡信〈書〉則不如無〈書〉，吾於〈武成〉，取二三策而已矣。仁人無敵於天下，以至仁伐至不仁；而何其血之流杵也。」；《孟子・萬章上》：

「故說詩者,不以文害辭,不以辭害志;以意逆志,是為得之。」從
上列記載可知,孟子是以承接儒家的學術思想為任。

孔子雖祖述周文化,對三代文明亦有所損益,但周代文明,但春
秋時禮樂崩壞,已不復舊觀。孟子生戰國之世,士與庶民的階層產生
變化,孟子對人性本質有更深的體會,因此對王道思想、民貴主張、
天爵人爵等概念有較深入的分析和闡釋。孔子重仁重禮,帶有謙和的
中庸思想,呈現出溫良恭儉讓的行為和情緒狀態;而孟子居仁由義,
故英氣勃勃,面對戰國諸王及霸主,在其留難與對辯中,仍處處顯露
出其浩然正氣。

《孟子・萬章下》:

> 北宮錡問曰:「周室班爵祿也,如之何?」孟子曰:「其詳不可
> 得聞也。諸侯惡其害己也,而皆去其籍。然而軻也,嘗聞其略
> 也。天子一位,公一位……。」

《孟子・離婁上》:

> 離婁之明,公輸子之巧,不以規矩,不能成方圓。……堯舜
> 之道,不以仁政,不能平治天下。今有仁心仁聞,而民不被其
> 澤,不可法於後世者,不行先王之道也。

從上列兩則記載可知,孟子終身不放棄王道思想,以拯救萬民為
己任,而且基本上是擁護傳統制度。孟子周遊列國,無非宣揚王道,
匡時濟世。雖然其思想被摒棄於時流,但那種追求理想的執著,救民
於水火的熱熾心情,百世而後仍覺其鋒。

戰國之世,戰爭頻仍,人與人及國與國之間是以奇謀巧詐為尚,

以篡弒叛逆為高。孟子眼見邪行歪風熾盛，以其憂患憂道之心，負起了捍衛儒家思想的責任，提出「以力假仁者霸，⋯⋯以德行仁者王。⋯⋯以力服人者，非心服也，力不贍也。以德服人者，中心悅而誠服也，如七十子之服孔子也。」（〈公孫丑上〉）更說明自己對孔子是心悅誠服。當其時楊朱、墨翟之徒遍天下，思想普遍歸於自然主義、極端利己主義及絕對至公主義；其次，告子性無善惡論，縱橫家權力爭奪的思想等都嚴重影響孔學中愛有等差，內仁外禮的學說。非儒主義流行於當世，孟子要重整儒學餘緒，力挽狂瀾，故展其雄辯之才，評駁楊、墨、告子、縱橫諸家。在在指出，人困於欲望名利，其「人性」將受蒙蔽，並作出損人利己的行為。

二　「禽獸」與「人」

所謂「人」，基本上具有兩種性向：一是具有種種原始要求欲望的身體的人，其行為乃隨著身體的欲望而出發，與禽獸無異的性向；二是人類獨有的善與道德感，即孔子所說「成人（仁）」，其行為本諸愛人而出發，即所謂仁者愛人。修仁是要發揮與生俱來的人（仁）性，生活中的一切活動乃可全依仁而出發。

當人有了與禽獸無別的欲望時，自然追求的生理的需要（生物性）。孔子、孟子從來沒有否定此種生理需求的人，孔子說「飲食男女，人之大欲存焉。」孔子明確指出飲飲食食，即身體五官的享用，及男男女女，即男女之間的愛慕，其終極的要求是繁殖，此亦是身體覺受中最令人有快感的活動。此兩種欲望是人類最大的欲望，無可否認，此兩種欲望是源於人類原始動物性，與禽獸共通。這是自然而然，沒有什麼善與不善，只有是不是過分、違背社會普遍接受的程度。唐君毅先生對此有解釋：

> 我們看出人性根本是善的，同情、節欲、求真、求美、自尊、
> 自信、信人、寬容之器度、愛人以德等，固然都是人所公認為
> 善之活動。即是求個體生存之欲，男女之欲本身，亦非不善。[1]

自然之欲望，不應以善與不善處之。孟子見齊宣王，力陳行王道
之重要，宣王屢次反駁，認為孟子之言「大哉」，基本上是不能行，
更說出「寡人有疾」：好勇、好貨、好色（〈梁惠王下〉）。這裏可以看
出，齊宣王根本無心行仁政、推王道，其所急切者無非攻城掠邑，擴
展版圖，滿足個人欲望。所謂「仁、義、禮、知」只能作口頭說話，
不付諸實行。筆者最初看到此節，心感孟子的難堪，直覺上感到孟子
在千方百計的討好宣王，希望宣王接受及運用其主張治國。當人生經
驗稍為豐富，對孟子的了解加深以後，才知道孟子從沒有討好宣王。
宣王所陷的好勇、好貨、好色，根本就是人類普遍所陷溺者，就如飲
食一樣，只有程度上的嚴重性差距，很難說對錯，就如富人吃一頓晚
餐，可以是窮人一年的收入。因此，孟子不否定宣王的本性，反而因
勢利導，指出舉國有積糧，男子有妻室，則王好貨、好色無傷於治
國。倘若孟子大加韃伐，除不見用於宣王外，亦可算不通人情。

唐君毅先生再將這些欲望推展至人類的精神發展：

> 人有求個體生存及男女之欲，而後有人的生命之繼續存在；有
> 人的生命之繼續存在，而後有表現各種高貴的精神活動之
> 人。……求名求權，就其最初動機言，是求人贊成我之活動，
> 亦是求一種我與他人之精神接觸，便亦不能說定是不好。[2]

---

1 唐君毅：〈罪惡之起源及其命運〉，收在唐君毅著、霍韜晦編：《唐君毅哲學簡編
（人文篇）》（香港：法住出版社，1992年），頁67。
2 唐君毅：〈罪惡之起源及其命運〉，收在唐君毅著、霍韜晦編：《唐君毅哲學簡編
（人文篇）》，頁67。

　　我想孟子是想透過男女飲食、權力名氣這些欲望，帶領宣王認識本心，而推行善政。這裏試借用西方著名心理學家佛洛伊德（S. Freud）[3]的研究成果作一闡釋。佛洛伊德將人類人格的構成分為三個層面，即本我（id）（內地學者譯作伊底）、自我（ego）及超我（superego）。所謂「本我」即人類原始欲望，是生物性的，主要呈現性本能及侵略性衝動。此欲望亦成為人類生命的動力（drive），亦即是欲望的動力。佛洛伊德對人性是處於消極及悲觀的一面，他認為人的奮鬥無非是滿足身體的覺受，身體的快感是人人所追求的覺受，無必要否定和摒棄，故不否定享樂原則（Principle of pleasure）。人類出世的一天開始，就是步向死亡；人類亦很難逃過欲望的枷鎖，特別是性。佛氏的研究很多均集中研究性對人類的影響，例如他認為人的行為受五歲前的性經驗所決定，並將之分為口欲期、肛門期及性徵期。他的《夢的解析》的案例，很多都與性有關。

　　所謂「自我」是指透過有系統的理性化過程，而意識到人在「人類」群中的理性行為。此自我是大部分在意識層面顯示，而自我的精神活動是依照「現實原則」（reality principle）和續發思考步驟（secondary thinking process）來進行。亦即是「人」透過理性的分析知道如何與群體相處，清楚知道群體所不接納和接納的行為。可以說

3　西格蒙德・佛洛伊德（德語：Sigmund Freud，出生名：Sigismund Schlomo Freud，1856年5月6日-1939年9月23日），奧地利心理學家、精神分析學家，哲學家，猶太人。生於奧地利弗萊堡（今屬捷克），後因躲避納粹，遷居英國倫敦。精神分析學的創始人，被稱為「維也納第一精神分析學派」（以別於後來發展出的第二及第三學派）。著有《夢的解析》、《精神分析引論》、《圖騰與禁忌》等。提出「潛意識」、「自我」、「本我」、「超我」、「伊底帕斯情結」、「利比多」（Libido）、「心理防衛機制」等概念，認為人類男性天生具有弒父娶母的欲望和戀母情結（即伊底帕斯情結），女性天生具有弒母嫁父的欲望和戀父情結（又叫厄勒克特拉情結），以及兒童性行為等理論。被世人譽為「精神分析之父」，二十世紀最偉大的心理學家之一。節錄自（https://zh.wikipedia.org/zh-tw/），瀏覽日期：2018年1月18日。

是人與人之間的協定，和適應社會、傳統的要求。

所謂「超自我」是人類的良知和道德感，超自我是監察及約束本我和自我的行為。在此，佛氏沒有否定人的高尚情操，但我們可以相信佛氏所接觸的個案大多呈現人類的原始性、生物性，使他對生命產生負面的理念。認為人類隨性欲而走，由於生命的不肯定，主張尋求快樂是生命主要環節。

佛氏的學說直接影響近代歐美國家的價值觀和道德觀，個人主義、享樂主義、功利主義等被接受及認定。本我（伊底）的理論，普遍被接受；當然佛氏的理論受到西方思想家的衝擊，如羅哲斯（C. Rogers，又譯作羅杰斯）所提出的人本主義，其主張的同理心（Empathy）更普遍運用於輔導技巧中；容格（C. G. Jung，又譯作榮格）的心理分析學派都是對佛氏的理論作出反響。

另外一位著名的美國社會學家馬斯洛[4]，也提出「需求層次理論」，即金字塔理論。馬氏將人的需求分為生理的需要、安全的需要、愛與歸屬的需要、受尊重的需要、自我成就的需要五層，後期再加入第六層靈性需要。其理論是能滿足第一層的需要，就會提升至第二層需要，最後是能自我成就。此理論亦是指人類必須滿足飲食男女，才能有更高的情操。可是，當我們驗證於現實世界，未必一定要滿足生理、安全需要，才能到達愛與歸屬的需要。本文引用佛氏及馬氏的理論，主要是學者知道，人類在物質世界所遇到的問題二氏均將

---

4 亞伯拉罕‧哈羅德‧馬斯洛（Abraham Harold Maslow, 1908年4月1日-1970年6月8日），美國心理學家，以需求層次理論最為著名，為一種心理健康的理論，認為首先要滿足人類天生的需求，最終達成自我實現。馬斯洛曾於布蘭戴斯大學、布魯克林學院、新學院與哥倫比亞大學擔任心理學教授。他強調心理學的關注重點在人的正面特質，而不是把人當作是「一袋症狀」。節錄自（https://zh.wikipedia.org/zh-tw/），瀏覽日期：2018年1月18日

精神境界放置最後，這與東方文化有差異，我們相信人會有日悟道，
也相信人類當中，有天生的偉人。

　　佛氏的理論，很多已被現代心理學家否定，而馬氏的需求層次，
亦未準確反映人類的需求。可是，馬氏的理論發展成人本主義心理學
派，其代表人物是提出「當事人中心」治療法的羅杰斯（Carl Roger）。
不以過往的心理歷史而預測未來的心理狀況，著重此時、此地的治療
法。從佛氏及馬氏的理論可知道，中外思想家，第一關要過的，就是
生理需要。孔、孟的偉大，就是不把生理欲望放在第一位，而提出人
類獨有的道德。故唐君毅先生說：

> 我們必須相信人性是善，然後人不斷發展其善才可能。我們必
> 須相信人性是善，然後了解人類之崇高與尊嚴，而後對人類有
> 虔敬之情。我們必須相信人性是善，然後我們對人類之前途之
> 光明有信心。我們必須相信人性是善，然後相信人能不斷的實
> 踐其性中所具之善，而使現實宇宙改善，使現實宇宙日趨於完
> 滿可貴。[5]

　　可是，無論如何，人類不能否定的就是生物性。我們可撫心自
問，在我們的思維中曾多少次出現過鬼卑鄙下流的思想、意識或意
念。因此，我們亦不能否定或否認我們具有與禽獸無異的渴欲。佛氏
的理論就是不否認人是有這種原始的生物性。我們若將佛氏的本我理
論與孔孟作一比較，不難看出，孔子和孟子亦從沒有否定人的自然欲
望。試看孔子說：「詩三百，一言以蔽之，詩無邪！」所謂「詩無

5　唐君毅：〈罪惡之起源及其命運〉，收在唐君毅著、霍韜晦編：《唐君毅哲學簡編
　（人文篇）》，頁67-68。

邪！」是指詩經談及男女愛慕的詩篇，沒有帶有邪念，純然是男女愛慕之情，是超越性的渴慕，而達至互愛的境界。所以，孔子用肯定的語氣在回答問題，男女愛慕是可以超越性的需求。詩經之中，言及男歡女愛者比比皆是：關雎、姣童、氓、柏舟、蒹葭等等。孔子倡仁執禮，竟然讚美詩經中的愛情詩篇，我想孔子是清楚，人類是可以將性欲的需求、昇華至憐愛犧牲的情操。試想想「窈窕淑女，君子好逑」究竟有什麼不對？

孟子究竟是不是討好齊王而不否定其好勇、好貨、好色？試看看孟子的浩然正氣：

《孟子‧盡心下》：「民為貴，社稷次之，君為輕。」民本思想，認為君主在平民國家之下，甚類似現代所說的「公僕」。在階級觀念甚重的古代，孟子能振臂而呼以民為貴，不可不勇。

孟子的勇不獨呈現於理論上，更呈現於行為上，《孟子》記載：

〈梁惠王下〉：賊仁者謂之賊，賊義者謂之殘。殘賊之人，謂之一夫。聞誅一夫紂，未聞弒君也。

〈萬章下〉：齊宣王問卿。孟子曰：「王何卿之問也？」王曰：「卿不同乎？」曰：「不同。有貴戚之卿，有異姓之卿。」王曰：「請問貴戚之卿。」曰：「君有大過則諫，反覆之而不聽，則易位。」王勃然變乎色。

〈離婁下〉：孟子告齊宣王曰：「君之視臣如手足；則臣視君如腹心；君之視臣如犬馬，則臣視君如國人；君之視臣如土芥，則臣視君如寇讎。」

　　當著一國之主的面前直斥殘害國家的君主不能稱為君，只是一夫，所謂一夫即一個只會傷害別人的男人，說得明白點就是此種人死不足惜。孟子更不惜得罪齊王，說出了千百年以後民眾的願望，就是君主失德，我們就換了他。我想要一個人當國家領導人或一國之總統，這樣直接的說出這話，實在很困難，亦正好表示孟子並無討好君主的意圖或行為，〈萬章〉篇的記載可看到齊王聽了之後是勃然色變──發脾氣了。人是相對的感情，就算是君主也不例外，人無必要為昏君而忠心。千古而後，其氣魄仍震人心脈。就如孟子所說：「自反而縮，雖千萬人，吾往矣！」究竟有幾人能做得到？以此推論，則孟子不否定宣王的欲望，並不是討好他，而清楚明瞭「人」根本就必定有這種欲望，問題在於如何將之合理呈現，簡單說，即是使之合於「禮」。

　　孟子如何界定人與禽獸之別？孟子曰：

> 人之有道也，飽食煖衣，逸居而無教，則近於禽獸。聖人有憂之，使契為司徒，教以人倫：父子有親，君臣有義，夫婦有別，長幼有序，朋友有信。（〈滕文公上〉）

又曰：

> 天下之言，不歸楊則歸墨。楊氏為我，是無君也。墨氏兼愛，是無父也。無父無君，是禽獸也。（〈滕文公下〉）

生活飽足，閒來無事，遊遊蕩蕩，這種生活是近於禽獸，罪惡就容易產生。這些人會陷溺於欲望，唐君毅先生說：

一念陷溺於飲食之美味，使人繼續求美味，成為貪食的饕餮
者。一念陷溺於男女之欲，使人成為貪色之淫蕩者。一念陷溺
於得人贊成之時矜喜，使人貪名貪權。由貪欲而不斷馳求外
物，而與人爭貨、爭色、爭名、爭權。[6]

若果人只跟欲望走，而且認為必須得到滿足。很可怕，就是「滿
足」的定義無法準確定立。齊桓公嚐盡天下美味，至終竟烹孩兒而
食。這樣令人嘔心殘忍的食物，齊桓公可能覺得尚未滿足。還有歷代
的淫亂君主，蓄養以萬計的宮女，供其淫辱，在他們的心中，可能仍
是未滿足。人若無限擴展自己的欲望，則較禽獸，更禽獸。

所謂「人」，要知人倫，明進退，對別人有責任感。孟子批評楊
氏的為我主義和墨子的無君理論，是禽獸的行為。禽獸不知道有義、
有信，倘若人缺乏了這種道德的責任感，那麼，與禽獸就沒有分別。

孟子曰：

人之所以異於禽獸者幾希，庶民去之，君子存之。舜明於庶
物，察於人倫；由仁義行，非行仁義也。（〈離婁下〉）

又曰：

由是觀之，無惻隱之心非人也，無羞惡之心非人也，無辭讓之
心非人也，無是非之心非人也。惻隱之心，仁之端也；羞惡之
心，義之端也；辭讓之心，禮之端也；是非之心，智之端也。
人之有是四端也」（〈公孫丑上〉）

---

6 唐君毅：〈罪惡之起源及其命運〉，收在唐君毅著、霍韜晦編：《唐君毅哲學簡編（人
文篇）》，頁69。

　　孟子繼之而推演人性，認為人之所以異於禽獸是因為有發自內在本性的「善」，此「善」已具有仁、義、禮、智諸德，是不假外求，亦不須教育，是本有的。人之所以看不見性善，是因為受到蒙蔽，不能尋找本心。人之所以行義，是因為內在已具有仁義之心，並不是受過仁義的教育才行義。孟子正氣凜然說出「仁義禮智非由外鑠我也，我固有之也」，人性本善，我們人類之所以異於禽獸就是因為我們有這個「人性」。孟子指出「人皆有不忍人之心；先王有不忍人之心，斯有不忍人之政矣。」（〈公孫丑上〉）不忍人之政就是仁政，不忍人之心是源於性善。在〈梁惠王上〉中，孟子因齊宣王放生一用作釁鐘的牛，而指出宣王的不忍其「觳觫而就死地」就是仁者之心，具備仁者之心必定能推行仁政。孟子並解釋由個體的關懷及愛而能推演至對整個民族國家的關懷及愛，此稱為「推恩」，能推恩，治國就可「運於掌上」。這種「仁」心是人類逸出個體形軀而與他物產生共感，及於物、及於人、及於萬物、及於宇宙，憐憫、愛護、博愛、仁慈等等道德都呈現出來。

　　孔子的道，內存仁，外呈諸於禮，全是見之於行為表現。《論語》一書的記載，也沒有論及「為什麼我們會有道德？」這一命題。然而，孔子提出的「天命」，已從只適用於君王，而達至所有人都受天命約束。上天賦予人類的使命，並憑著此使命而實現自身與宇宙的合一，即「天人合一」的境界。余英時有其《論天人之際：中國古代思想起源試探》，引用兩位學者的見解：

　　第一、劉殿爵在一九七九年《論語》英譯本質導言中論及「天命」說時：「在孔子時代的唯一發展，是天命不再侷限於君王。所有人都受天命的約束，天要人有道德，人也有責任達到天命的要求。」第二、日本學者小野澤精一在一九七八年的著

作中也有根據金文研究而得到類似的觀察，他說：「即使作為處於那種天命信仰範圍的情況，心被當作受入側的主體加以確立，也是劃時代的情況。因此可以說，提出『心』和『德』行就金文來看，立場是前進了。但是，必須說，天命威嚴，在體制中的心本身的自立性，還是缺乏的。……到了孔子時代，儘管同樣是信仰天命，但可以看到從支撐王朝政治，天降之物向個人方面作為宿於心中之物的轉換。」[7]

而孟子紹述孔子的道統，由發現「性本善」而推演至天人合一的境界，從倫理的觀念伸述至人道之所以與天道之必然合一的理論。因此解釋了道德的必然性，即性本善和道德價值的普遍性，即仁、義、禮、智，為人類茫然若失的生命價值找到安身立命的依歸，亦為「人」與「禽獸」之別下了定義。

在此再申論一些辯題。有論者認為四端不獨見之於人，亦見之於禽獸，如烏鴉之反哺、狗犬之護主。無疑，此等行為是孝的表現，是義的表現，但牠們的行為並不是發自其良知，是大自然給牠們的自然反應。從另一角度看，即是沒有不反哺的烏鴉，沒有不守義的狗犬，是沒有選擇權，沒有是非的判斷。因此我們會說一些人只知忠心，而不識判斷是非者是狗，就是這個原因。禽獸的生理反應受大自然支配，思春期來臨便思春，產卵期來臨便產卵。

禽獸於生理反應只有滿足和不滿足的分別，而人類則可以濫，亦可以淡。中間涉及人對外界的判斷與良知，動物爭食不會讓，而人會；人會「聞其聲，不忍食其肉」，動物不會。

---

7 余英時：《論天人之際：中國古代思想起源試探》（臺北市：聯經出版公司，2014年1月），頁125-126。

三　如何從「禽獸」到成「人」

孟子屢屢說人與禽獸有別，就是人能成仁，而禽獸不會。我們先理解「仁」，《論語》、《孟子》所言「仁」有兩種意義：諸德的總稱和諸德之一。

〈子路〉：「剛毅木訥近仁」，又云：「居處恭，執事敬，與人忠。」能行恭寬信敏惠於天下者皆為仁，而克伐怨欲與寬信敏惠相對，故仁者涵諸德之善，不仁者則諸德全不顯現。又〈子張〉載：「博學而篤志，切問而近思，仁在其中矣。」由是觀之，仁的蓋涵範圍非常之寬大。甚至及於日常的生活禮儀均呈現仁德，如〈八佾〉載人如不仁如禮樂何，則仁貴乎禮樂。

至於孟子將仁解作總德者大概只有一章，〈公孫丑〉：孔子曰里仁為美，擇不處仁，焉得智？夫仁，天之尊爵也，人之安宅也……如恥之，莫如仁。」後兩仁字，朱熹訓為全德之仁，謂：「仁、義、禮、知皆天所與之良貴，而仁者，天地生物之心，得之最先而兼統四者，所謂元者善之長也。故曰尊爵在人，則為本心全體之德。」又曰：「不知禮義者，仁該全體，能仁，則三者在其中矣。」

仁乃諸德之一，則見諸於各章，如《論語》：「仁者安仁，知者利仁」（〈里仁〉），「知者樂水，仁者樂山」（〈雍也〉），「仁者必有勇，勇者未必有仁」、「知者不惑，仁者不憂，勇者不懼」（〈憲問〉）。〈陽貨〉篇更以「仁、知、信、直、勇、剛」為六德，則仁為眾德之一甚明。

孟子論仁以全德之義為中心者較少，通常是仁義並用。如

〈離婁上〉：「仁之實，事親是也；義之實，從兄是也；知之實，知斯二者弗去是也；禮之實，節文斯二者是也。」

〈告子上〉：「惻隱之心，仁也；羞惡之心，義也；恭敬之心，
禮也；是非之心，知也。」

〈盡心下〉：「仁之於父子也，義之於君臣也；禮之於賓主也；
知之於賢者也。」

〈盡心上〉：「仁義禮知根於心」等等。

孟子以仁與諸德並列，明顯凸出仁乃德行的一種。在《論語》
中，只有〈學而〉載有子言：「孝悌也者，其為仁之本與」，如此，則
仁並不等於孝悌，要行孝悌，必須先具備仁的心。又子曰「仁者愛
人」，均說明不同環境依恃著仁呈現不同的德行。

人如何成就全德的「仁」，即如何成就終極的道德境界，亦即是
後世所說的「完人」。人具有與禽獸無異的原始欲望，同時亦具人類
獨有的善。兩者之間如何協調？

要達至仁的境界，就要反躬求諸己。什麼是「反躬求諸己」？就
是先要相信人有性善的根器，而人雖有仁的根器，可惜受利欲所薰
染，時生疑惑，所以必須時加反省，體察自己的行為；故必須「日三
省吾身」、「克己復禮為仁」、「苟志於仁，無惡也」、「君子無終食之間
違仁，顛沛必於是，造次必於是」等。「三省吾身」是思考自己的行
是否正確？「克己復禮為仁」就是修，就是戒，凡違背禮者要堅持拒
絕，要「非禮勿言、非禮勿視、非禮勿聽」；所謂「克」是有壓制、
強抑的意思，即日常生活我們必定遇到一些誘惑，誘惑出現，要以禮
作為衡量，不合禮者不為。亦即是，人要支配自己而對抗外界的引
誘，使自己行為合乎道德人情，唐君毅先生說：

你首先當認識：支配自己是比支配世界更偉大的工作。西方的
諺語「拿破崙能支配世界，然而不能支配自己。」因為他不能

控制他在島上時的煩悶。你能支配世界，戰勝世界，只是表示你的意志力，能破除一切阻礙。而支配自己，戰勝自己，則表示你能主宰「用以破除外界一切阻礙之意志力」之本身。[8]

　　我們的行為過分，傷害別人；我們的欲望，蓋過我們的理性時，我們的善性就難發展出來。故此，必須經常提醒自己，使道德之心不退。當我們知道什麼是「仁」的行為後，就不會隨便放棄仁的行為，此境界亦即是明代理學家王守仁所說的「知行合一」，你不行，是因為你不知。人類總把自己的力量向外移，向外發展，用盡心思氣力去支配外在的一切，少將心思氣力反照自身，自我檢討提升。因此，反躬自省是大丈夫的行為，肯為自己的負面行為思想，作審視及改正。儒家有一把尺（標準）去量度自己的行為，就是「己所不欲，勿施於人」。

　　〈公孫丑上〉：「仁者如射，射者正己而後發，發而不中，不怨勝己者，反求諸己而已矣。」行為上有問題，就要自我反省。「不怨勝己者」就是反求諸己，是不是自己有不足之處。「不怨天，不尤人」，甚至橫逆加於身，亦必自省。所以，唐君毅先生說：

> 如欲求自覺的道德生活，我們首先要把我們全部的生活習慣，翻轉過來，把力量往內用。所以我們首先要支配自己的價值，看成比支配世界高，去作如上之思維。[9]

8　唐君毅：〈道德生活之基礎〉，收在唐君毅著、霍韜晦編：《唐君毅哲學簡編（人文篇）》，頁49。

9　唐君毅：〈道德生活之基礎〉，收在唐君毅著、霍韜晦編：《唐君毅哲學簡編（人文篇）》，頁49。

　　〈離婁下〉:「君子所以異於人者,以其存心也,君子以仁存心,以禮存心。仁者愛人,有禮者敬人;愛人者恆愛之,敬人者恆敬。有人於此,其待我心橫逆,則君子必自反也。」倘若自己以為已具備仁愛、禮敬之心及行為,仍遇「橫逆」者,最後亦是要自省。當然,經反覆自省及思考後,發覺自己的行為沒有錯誤、理念上沒有私心,所作皆合乎道義,則要有「雖千萬人而吾往矣」的氣概去堅持。人當有「道德自我主體力量」,人是自由的,自我選擇行為,所謂「你作的行為是你作的行為」(唐君毅先生語),自我負責。正如〈盡心上〉:「萬物皆備於我矣,反身而誠,樂莫大焉,強恕而行,求仁莫近焉。」一切道德,本自具足,領悟箇中道理,是人生最大樂事。

　　四端雖與生俱來,但不懂得自我反省,不能持久呈現。〈告子上〉:

　　　仁、人心也;義,人路也。舍其路而弗由,放其心而不知求,哀哉!人有雞犬放,則知求之,有放心而不知求,學問之道無他,求其放心而已矣。……雖存乎人者,豈無仁義之心哉?其所以放良心者,亦猶斧斤之於木也,旦旦而伐之,可謂美乎?……梏之反覆,則其夜氣不足以存……離禽獸不遠矣!

　　仁是心,義是實踐。不要放棄求仁的決心,否則與禽獸無異,因為禽獸不會反省,不會求仁,禽獸一切的行為都是生物性的自然反應。倘若人放棄人獨有的追求善、追求仁的心,則與禽獸有何分別?人之所以行惡,跡同禽獸,主要是未見到自己的善性,故唐君毅先生說:

　　　如果你甘願縱欲為惡,莫有人能限制你。但是如果你真知道

> 了，縱欲者終當被索還其由縱欲而生之樂，誰復還要自覺的去
> 縱欲？如果為惡者，將來終被良心逼迫而為善，誰復還自願在
> 現在為惡？[10]

唐氏的見解，是建基於人本性善的基礎上。若人本性為善，其為惡的良心責備早晚會出現，這亦是儒家思想對人性有信心的明證。〈滕文公上〉：「分人以財為之惠，教人以善為之忠，為天下而得仁者謂之仁。」仁者所作的行為皆合乎道，因此可以內聖外王。內成就自我的道德境界，外則影響別人，使其同追求品德的提升。佛家提出「戒、定、慧」去面對五濁世界的誘惑，孔孟提出禮治、反省，而使本性自有的「仁」（涵蓋諸德者），呈現於生活中。

四　結論

「孔曰成仁，孟曰取義」，請留意，這兩句說話不是學問，而是實踐。沒有在生命的過程中反覆思考檢討，那只是空談，只是用來調劑生活的文字。佛家所說的小悟數百次，大悟只需一次，其實亦適用於儒家。如果有朝一日我們清楚自己本性為善的時候，對過往為惡的行為必然產生後悔或反省。

孟子所提出仁政、王道、王政等概念，是基於他提出的性善論。「老吾老以及人之老，幼吾幼以及人之幼，天下可運於掌……。故推恩，足以保四海；不推恩，無以保妻子。」（梁惠王上）推己及人，而遍於天下，如此則大同小康的社會便會出現。齊宣王的好貨好色，

---

10 唐君毅：〈罪惡之起源及其命運〉，收在唐君毅著、霍韜晦編：《唐君毅哲學簡編（人文篇）》，頁75。

孟子亦不加以批評，指出「與百姓同之，於王何有？」（〈梁惠王
下〉）是承認人的原始動物本能，但動物性外，還有一個令人類足被
稱為人的「善」。發揮本有的性善，人就無往而不利。所謂「舉斯心
加諸彼」，人同此心，心同此理。

　　孔子的忠恕是「內聖」，而孟子的「仁政」是外王。能內聖就能
外王，孟子的性善論就是說人人皆能內聖外王，因為人人皆性善。
「內聖」是成就自己的精神世界，「外王」是面對物質世界種種事物
的適當行為。〈公孫丑上〉指出人生而皆有四端：仁、義、禮、知，
並引孺子將入於井，人自然的心理反應作為例子，不造作、不用思考
的行為，明確指出人的本性是「善」。

　　人無異於禽獸者飲食情慾，而人之所以異於禽獸者乃人具有四
端。人倘若放縱慾望，過分著重感官的享受，就會「陷溺其心」〈告
子上〉，使與生俱來的善性受到蒙蔽。容格的一段說話足以表達現代
世界最大的問題：

> 人類最大的敵人不在於饑荒、地震、病菌或癌症，而是在於人
> 類本身，因為，就目前而言，我們仍然沒有任何適當的方法，
> 來防止遠比自然災害更危險的人類心靈疾病的蔓延。

請反覆思量，我們人類是享受欲望，抑或是受制於欲望而埋沒了本
性。精神世界是無限的，我們可以感覺宇宙的存在，為世界的和諧而
感動，此無限卻能呈現於我們有限的物質身體世界。凡此種種精神世
界的元素，均能限制我們的欲望，而達至進退有據、不離本性的行為
的境界。最後，我以唐君毅先生的說話作結：

> 從外看人是隸屬於現實的物質身體之世界；從內看人則隸屬於

超越現實的純精神界。而物質身體的世界之所以為物質身體世界，即在能表現人之精神。所以人之精神，必需表現於物質身體之現實世界。精神實在所要求的，即是表現於現實世界，其能表現於現實世界，即所以成其為精神實在。精神實在之本身是無限，無限必需表現於有限。因為由有限之超越破除，而後才顯出無限。[11]

---

11 唐君毅：〈精神上升之道〉，收在唐君毅著、霍韜晦編：《唐君毅哲學簡編（人文篇）》，頁76。

戰國大儒荀卿的生卒年考訂

張偉保

　　荀子的生平在司馬遷《史記・孟子荀卿列傳》有十分精要的記載，對研究很有幫助。然由於錯簡及標點問題，使近人爭論不已。為了尋根究柢，本文以《史記・孟子荀卿列傳》為基礎，重新審核荀子的生平，目的是整理出一份可供學者使用的荀卿傳記。

　　司馬遷對齊國的稷下學宮十分推崇，在《史記・田敬仲完世家》中指出：「宣王（西元前 319-301 在位）喜文學游說之士，自如騶衍、淳于髡、田駢、接子、慎到、環淵之徒七十六人，皆賜列第，為上大夫，不治而議論。是以齊稷下學士復盛，且數百千人。」[1]這段記述充滿了司馬遷對這個戰國時期最重要的學術中心的無限景仰。而《史記・孟子荀卿列傳》則說：「自騶衍與齊之稷下先生，如淳于髡、慎到、環淵、接子、田駢、騶奭之徒，各著書言治亂之事，以干世主，豈可勝道哉！」兩段文字均不涉及荀子，可見，荀子是年輩應屬較後人物。《史記・孟子荀卿列傳》以孟、荀二人為列傳第十四的代表人物，並視為稷下學宮的前輩和殿軍，一方面反映司馬遷對二人的推重，另一方面對稷下學宮其他人物作中間環節來處理。

　　事實上，稷下學宮的發展可分為前、中、後三個階段。首先是齊桓公田午（西元前 374-357 在位）、齊威王田因齊（西元前 356-320

---

[1] 司馬遷：《史記》（上海市：上海古籍出版社，2015年4月），頁1486。按，這是司馬遷在齊宣王十八年，即宣王逝世的前一年，對其與稷下學士的概括性評述，具有總結的意義。

在位），中段是齊宣王田辟疆（西元前 319-301 在位）和齊湣王田地
（西元前 300-284 在位）時期，末段是齊襄王田法章（西元前 283-
265 在位）、齊王建（西元前 264-221 在位）時期。其中，稷下學宮以
中段最為鼎盛，但在湣王晚年滅宋後導致列國攻齊，田駢等代表學者
隨之離散。[2]其後臨淄城被燕兵攻陷，齊國及稷下學宮幾乎同時遭滅
頂之災。數年後，齊襄王在田單以火牛陣大敗燕兵後，終於重掌齊國
全境。[3]經此一役，齊國元氣大傷，只能苟延殘喘。其後齊王建繼
位，在君王后[4]的控制下，勉強自保於東方，遂執行其光榮孤立的外
交政策，相比於虎視中原的秦國所採取極積擴張政策，真是南轅北
轍。正如《史記・孟子荀卿列傳》所說：「荀卿，趙人。年五十始來
游學於齊[5]……田駢之屬皆已死齊襄王時，而荀卿最為老師。」[6]事實

2　王利器：《鹽鐵論校注》（天津市：天津古籍出版社，1983年12月），頁148〈論儒〉
　　載：文學曰：「齊威、宣之時，顯賢進士，國家富強，威行敵國。及湣王，奮二世
　　之餘烈，南舉楚、淮，北并巨宋，苞十二國，西摧三晉，卻彊秦，五國賓從，鄒、
　　魯之君，泗上諸侯皆入臣。矜功不休，百姓不堪。諸儒諫不從，各分散，慎到、捷
　　子亡去，田駢如薛，而孫卿適楚。內無良臣，故諸侯合謀而伐之。王建聽流說，信
　　反間，用后勝之計，不與諸侯從親，以亡國。為秦所禽，不亦宜乎？」按：文中言
　　「孫卿適楚」一事，疑發生於齊王建時代，故仍需在下文討論。又后勝事，王利器
　　引《風俗通義・皇霸》篇：「到王建，用后勝之計，又賓客多受秦金，勸王朝秦，
　　不修戰備，秦兵平步入臨淄，民無敢格者，遷王建於共。」（頁154）

3　《史記・田單列傳》載：「太史公曰：兵以正合，以奇勝。善之者，出奇無窮。奇
　　正還相生，如環之無端。夫始如處女，適人開戶；後如脫兔，適不及距：其田單之
　　謂邪！」

4　《史記・田單列傳》載：「初，淖齒之殺湣王也，莒人求湣王子法章，得之太史嫩
　　（《（史記）正義》曰：嫩音皎。）之家，為人灌園。嫩女憐而善遇之。後法章私以
　　情告女，女遂與通。及莒人共立法章為齊王，以莒距燕，而太史氏女遂為后，所謂
　　『君王后』也。」

5　按：荀子游齊時間有不少的爭論，主要是應劭《風俗通義》（吳樹平校釋，天津
　　市：天津人民出版社，1980年9月），頁262〈窮通篇〉載：「荀卿十五始來游學」。
　　一方面該書是東漢作品，時代較後，又屬孤證。因《史記・孟子荀卿列傳》及《荀
　　卿書敘錄》均作「年五十」，又時代較早，故如無其他證明，以校勘原則而言，不

上，後期的稷下學宮正處於衰頹的狀態，雖稍稍重拾舊觀，「尚修列大夫之缺」[7]，然其規模及精神面貌斷斷難與中期相比。當時稷下大師星散，雖有荀卿「最為老師……三為祭酒」，實際上荀卿已難找到合適的辯論對手。[8]其後，「齊人或讒荀卿，荀卿乃適楚，而春申君以為蘭陵令。」

　　梁啟超曾經說：「如荀卿者，著書雖數萬言，而道及本身歷史殊少。《史記》雖有列傳，而文甚簡略，且似有訛舛。」[9]這是令荀卿生平容易出現問題的原因之一。他又認為荀卿一生事蹟，以入楚為蘭陵令最為清晰明白，即齊王建十年，「西紀前二五五年──即楚考列王八年，荀卿仕楚為蘭陵令。此事史文記載詳確，宜據為荀卿傳跡之中心。」[10]。十八年後，「春申君死（西元前238年）而荀卿廢，因家蘭

應以《風俗通義》取代前二者。又，《風俗通義》後來殘缺了，故可信度更降低了。參看吳樹平〈《風俗通義》雜考〉，收於氏著《秦漢文獻研究》（濟南市：齊魯書社，1988年10月），頁296-330。又，《風俗通義》校釋者吳樹平先生亦在注文中表示：「玩味上下文義，是說孫況晚學……與『始來游學』辭氣不相吻合，可能《史記》的記載是準確的。」（頁264）

6　此句的標點，將在下文詳細討論。

7　按：即繼續設置稷下學宮及稷下學士。

8　按：這是《荀子》一書多屬荀卿書面上的總結性辯論，甚少（以至沒有）與當時的稷下學者面對面的辯論。這種情狀，較之孟軻與齊宣王、淳于髡、告子等多次周旋、唇槍舌劍，真不可同日而語。孟子更以此被譏評為「好辯！」這也充分反映荀子在稷下的孤獨情狀，只能作文獻上的討論，如〈非十二子〉一類作品，對先秦學術做整合性及總結性分析。但是，如我們能從「沒有辯論對手」這個事實來思考荀子的經歷，當然也是一個重要的線索。

9　梁啟超：《要籍解題及其讀法》，收於陳引馳編校：《梁啟超國學講錄二種》（北京市：中國社會科學出版社，1997年），頁35。

10　梁啟超：《要籍解題及其讀法》，收於陳引馳編校：《梁啟超國學講錄二種》，頁38；羅根澤編著《古史辨》第四冊，將其師梁啟超關於荀子的研究整合為〈一九二　荀卿及《荀子》，十四，十二（12／1925）〉，是梁氏「《要籍解題及其讀法》荀子之部，節錄〈荀卿之年代及其行歷〉，〈荀卿書之著作及其編次〉二節」，而改標此題的。又，羅根澤〈荀卿遊歷考〉及〈荀卿年代補考〉（收於氏著《諸子考索》，北京市：人民出版社，1958年2月，頁361-371、372-376）是兩篇較重要的相關論文。

陵。」其卒年不太清楚,而他死後便葬於蘭陵。

以上是根據《史記‧孟子荀卿列傳》對荀子生平進行初步的梳理。其梳理的基本原則有二:一是純以《史記‧孟子荀卿列傳》為依據,不添加其他的分析資料;二是緊密配合齊國及稷下學宮的歷史發展。

根據以上分析,我們必須首先整理出《史記‧孟子荀卿列傳》的錯簡。關於《史記‧孟子荀卿列傳》的錯簡問題,與荀子生平有直接關係的一段,其文如下:「荀卿,趙人。年五十始來游學於齊。騶衍之術迂大而閎辯;奭也文具難施;淳于髠久與處,時有得善言。故齊人頌曰:『談天衍,雕龍奭,炙轂過髠。』田駢之屬皆已死齊襄王時,而荀卿最為老師。」

這段文字中的「騶衍之術迂大而閎辯;奭也文具難施;淳于髠久與處,時有得善言。故齊人頌曰:『談天衍,雕龍奭,炙轂過髠。』」明顯是涉及上一段文而造成。梁啟超曾指出《史記‧孟子荀卿列傳》疑有錯簡,便是指這部分而言。其實,幾乎所有現代學者在引用〈史記‧荀卿列傳〉時均不約而同對這段文字加以刪略。原因十分清楚,他們都與梁啟超有相同的看法,認為這段文字與荀子了無關係。胡適之先生則進一步指出這段文字應屬於上文的「騶奭者,齊諸騶子,亦頗采騶衍之術以紀文」之下。[11]《史記‧孟子荀卿列傳》先述騶衍、騶奭的事蹟,再連同上文提及的淳于髠,引出「齊人頌之」的諺語作為小結。因此,本段的全文應據胡氏的建議修正為:

（14.7）騶奭者,齊諸騶子,亦頗采騶衍之術以紀文。騶衍之

---

11 胡適:《中國哲學史大綱》(上海市:東方出版社,1996年3月),頁269。又,胡適之先生此書初版蔡元培序在1918年8月3日,再版自序在1919年5月3日,對荀子生平及《史記》標點、錯簡等問題最早質疑。

> 術迂大而閎辯；奭也文具難施；淳于髡久與處，時有得善言。
> 故齊人頌曰：「談天衍，雕龍奭，炙轂過髡。」於是齊王嘉
> 之，自如淳于髡以下，皆命曰列大夫，為開第康莊之衢，高門
> 大屋，尊寵之。覽天下諸侯賓客，言齊能致天下賢士也。

如此修正能夠成立，則第一四點八段〈史記・荀卿列傳〉的傳文應修
正為：

> 荀卿，趙人。年五十始來游學於齊。田駢之屬皆已死齊襄王
> 時，而荀卿最為老師。齊尚修列大夫之缺，而荀卿三為祭酒
> 焉。齊人或讒荀卿，荀卿乃適楚，而春申君以為蘭陵令。春申
> 君死而荀卿廢，因家蘭陵。李斯嘗為弟子，已而相秦。荀卿嫉
> 濁世之政，亡國亂君相屬，不遂大道而營於巫祝，信機祥，鄙
> 儒小拘，如莊周等又猾稽亂俗，於是推儒、墨、道德之行事興
> 壞，序列著數萬言而卒。因葬蘭陵。

這段文字中，「田駢之屬皆已死齊襄王時而荀卿最為老師」十八字是
問題的核心。這段點標大約可分為以下三種：

　1 田駢之屬皆已死，齊襄王時，而荀卿最為老師
　2 田駢之屬皆已死齊襄王時，而荀卿最為老師
　3 田駢之屬，皆已死齊襄王時，而荀卿最為老師

第一種標點的意見是：到了齊襄王時，荀卿在稷下學宮是最資深的。
而稷下學宮的前輩如田駢等已死了。如果是這樣，那麼田駢等只能都
死於齊湣王晚年了。第二種及第三種標點的意見其實是相同的，均表
示田駢等稷下學宮的前輩在齊襄王時逝世，到了齊王建時，荀卿已成
為稷下學宮中最資深的學者。

若單純從這十八字考慮加上標點，如第一種標點將難以處理其中的「而」字。據上引胡適的分析，這種標點明顯出現文法上的錯誤。如認為「而」字是衍文，卻沒有相關的證據。然而，第二、三種標點也曾受學者的質疑。當胡適提出其說法後，曾受到陳登元《荀子哲學》的反對，認為「死字之下無於字，中文素無此等文法。」[12]

楊筠如《荀子研究》曾嘗試對陳登元的說法加以回應。楊氏認為「這一點不足以動搖胡適的說法，因為在《史記》裏死字下面沒有於字的，並不算什麼稀奇。在〈外戚世家〉[13]裏，便可舉出兩個反證：一、薄太后，父吳人……生薄姬，而薄父死陰山，因葬焉。二、鉤弋夫人……夫人死雲陽宮，時暴風揚塵，百姓感傷……。山陰和雲陽宮，都是表地方的補足語；齊襄王時也是時間的補足語。雖然表時和表地，稍有不同；但同為死字下的補足語，在文法的上性質，是沒有差別的。可證死字下無於字，並非欠通，實際是文法省略。所以胡適的說法，仍然可以成立。」[14]此外，日人瀧川資言的《史記會注考證》也舉出另一個可靠的例證。他說：「鄭當時傳：『鄭君死孝文時』，與此同一文法，是荀子游齊，在襄王既沒之後。」[15]據此三例，荀卿五十始游齊之說當可確立。

此外，關於荀卿是否有百齡高壽，及見李斯相秦（西元前 213年）。對此，郭沫若在〈秦楚之際的儒者〉一文曾說：

荀卿是得見李斯為秦相的，《鹽鐵論‧毀學篇》云：「李斯之相

---

12 陳登元：《荀子哲學》（上海市：上海商務印書館，1928年1月），頁15，轉引自楊筠如《荀子研究》，頁2、10。

13 原文誤作〈外戚列傳〉，今更正。

14 楊筠如：《荀子研究》，頁2-3。

15 瀧川資言：《史記會注考證》〈列傳第七十四〉之一四。引文見《史記‧汲黯鄭當時列傳》；按：《漢書‧張馮汲鄭傳》文字亦相同。

秦也，始皇任之，人臣無二。然而荀卿為之不食，睹其罹不測之禍也。李斯為相當在始皇三十四年，已是兼併天下後的第九年。雖然有人認為荀子活不到這樣遲，那是因為把荀子的生年太推早了的原故……把荀子的生年推後些，活到八九十歲盡可能及於秦代。」[16]

又，王利器《鹽鐵論校注‧毀學篇》「荀卿為之不食，睹其罹不測之禍也」注引《史記‧李斯傳》：

斯長男為三川守，諸男皆尚秦公主，女悉嫁秦諸公子。三川守李由告歸咸陽，李斯置酒於家，百官長皆前為壽，門廷車騎以千數。李斯喟然而歎曰：嗟乎！吾聞之荀卿曰：物禁太盛。夫斯乃上蔡布衣，閭巷之黔首，上不知其駑下，遂擢至此。當今人臣之位，無居臣上者，可謂富貴極矣；物極則衰，吾未知所稅駕也。」此文言「荀卿為之不食」，則當有警告李斯之詞，斯所喟然而歎而稱引荀卿之言者，或即戒之之詞也。[17]

---

16 郭沫若：《中國古代社會研究》（石家莊市：河北人民出版社，2001年），上冊，頁565-566。郭氏首先否定了韓非子〈難三〉關於「燕子噲賢子之而非孫卿，故身死為僇。」郭氏認為「這位『孫卿』，疑字有誤，應該不是荀子。」按：楊筠如《荀子研究》（臺北市：臺灣商務印書館，1966年，頁3-4）也認為此說不可信。郭氏又指出《荀子‧堯問》篇書中有一內證，知道「荀子是明明活到了秦皇統一天下以後，他曾以佯狂示愚，明哲保身。」郭氏這些推論，當然只可作為旁證。

17 王利器：《鹽鐵論校注（增訂本）》（天津市：天津古籍出版社，1983年12月），頁227、231。王利器說：「本篇辯論，桓寬名之曰〈毀學〉，攻擊的目標在於李斯。其原因在於李斯之『毀學』。」（頁229）按：本篇「文學」攻擊李斯不遺餘力，但內容仍十分可靠。因「大夫」也多次為李斯辯解，並高度讚揚他的成就，說「及其奮翼高舉，龍昇驥騖，過九軼二，翱翔萬仞……席天下之權，御宇內之眾，後車百乘，食祿萬鍾」。雙方所掌握的史料均較充分，因此，「文學」攻擊李斯的言論，必須是真實可信，方不為「大夫」所駁斥。

由此而言，王利器也認為荀子親見李斯為丞相[18]，並予以警告。

　　事實上，荀卿百齡之說未可遽信，因欠缺實際證據。論者曾舉出張蒼等秦、漢之際得高壽的確實個案，推論荀卿高壽的可能性不容排除。這個說法其實並無論證價值，因任何人均可輕易舉出當時更多壽命較短的歷史人物，再聲稱當時的人壽命不高。至於《鹽鐵論‧毀學篇》載：「李斯之相秦也，始皇任之，人臣無二。然而荀卿為之不食，睹其罹不測之禍也。」乃漢昭帝時鹽鐵會議的辯論紀錄。「文學」之言乃辯論時的發言，並不一定準確，也沒有其他旁證，故只能視為孤證。至於李斯說：「吾聞之荀卿曰：物禁太盛。」則明顯是李斯憶述老師之言，絕無當時荀卿仍在生的含義。因此，筆者認為應根據司馬遷《史記‧荀卿列傳》之說：

> 春申君死而荀卿廢，因家蘭陵。李斯嘗為弟子，已而相秦。荀卿嫉濁世之政，亡國亂君相屬，不遂大道而營於巫祝，信機祥，鄙儒小拘，如莊周等又猾稽亂俗，於是推儒、墨、道德之行事興壞，序列著數萬言而卒。因葬蘭陵。

即荀卿退職後「家於蘭陵……著數萬言而卒」，大約是二、三年後逝世，實際卒年大約在前二三五年前後。引文中提及「李斯嘗為弟子，已而相秦。」「已而」即指「其後」，司馬遷只是兼及李斯後來的經歷，並沒有絲毫暗示荀卿到這時仍在世。[19]換言之，《史記‧荀卿列傳》應可確定為：

---

18 李斯何時開始擔任丞相職，《史記》沒有明確記載，其上限是始皇二十八年（西元前219），下限是始皇三十四年（西元前213）。

19 按：如荀卿及見李斯攻擊博士私學、燔書及以吏為師等言論，必極之反感。

荀卿，趙人。年五十始來游學於齊。田駢之屬皆已死齊襄王時，而荀卿最為老師。齊尚修列大夫之缺，而荀卿三為祭酒焉。齊人或讒荀卿，荀卿乃適楚，而春申君以為蘭陵令。春申君死而荀卿廢，因家蘭陵。李斯嘗為弟子，已而相秦。荀卿嫉濁世之政，亡國亂君相屬，不遂大道而營於巫祝，信機祥，鄙儒小拘，如莊周等又猾稽亂俗，於是推儒、墨、道德之行事興壞，序列著數萬言而卒。因葬蘭陵。

總結荀子生平如下：

荀卿，趙人，生年約在前三一三年，年輕時在趙國學習，年五十（西元前 263 年）始入齊擔任稷下大夫，並三為祭酒，前二五五年適楚為蘭陵令。前二三八年因春申君被殺而退職，其後仍居於蘭陵並整理著作，數年後卒（約在前 235 年），年約七十九歲，葬於蘭陵。

Major Figures of Legalist School in Pre-Qin

Wen Rujia

Traditionally, Chinese historians have claimed that some hundred schools of philosophy contended during this era. But most Chinese scholars also agree that in political philosophy only four major schools exerted significant influence on China's intellectual development: the Confucian (儒家), the Moist (墨家), the Daoist (道家), and the Legalist (法家). The Legalist school played a major role on the education system during the pre-Qin and Qin dynasty period.

Most of the major tenets of the Legalists were fully developed and formulated between 380 and 230 B.C., during the late Warring States period. The central theme of the legalists' political philosophy is the supremacy of authority and the centralization of power in the sovereign. According to *the Bibliographical Treaties of the History of Han Dynasty*, Legalist school remains 217 chapters. [1] They advocated the total subordination of the common people to the ruler and the domination of the state over society. The Legalist tented of governance probably constitute

---

[1] Ban Gu (班固), *Han Shu (The Bibliographical Treaties of the History of Han Dynasty)* (《漢書》), Zheng Zhou (鄭州), 中州古籍出版社, 2007, p598.《漢書・藝文志》卷三十，藝文志第十（右法十家，二百一十七篇）。

the earliest theory of totalitarianism, their ideas exerted an important impact on the institution building and state building of the Chinese bureaucratic empire and on Chinese political practice throughout the imperial era.　The legalists conceived of law primarily as a penal tool the ruler uses to maintain his governance over his subjects and propounded the rule by law, not the rule of law.[2] The works of the Legalists school are mainly about the maintenance and consolidation of the power of the ruler (君主集權).　There were several famous and eminent Legalists known during pre-Qin China, and the writings of them comprised a set of consistent themes and doctrines of Legalists' school.　The famous and eminent Legalists were including Guan Zhong (管仲), Li Kui (李悝), Wu Qi (吳起), Shen Dao(慎到), Shen Buhai (申不害), Shang Yang (商鞅), Li Si (李斯) and Han Fei (韓非). Ban Gu (班固) listed 10 Legalists, which include Li Kui, Shang Yang, Shen Buhai, Shen Dao, Han Fei and others.[3] The pre-Qin Legalists were incumbents of prominently positioned political offices; many of them were chancellors (such as Shang Yang) and chief ministers. They fulfilled the needs of the rules admirably by making political reform from the bottom level of the society to the aristocracy under the condition of China. It was a war against all among the various states.　The Legalist school gave great impact to the education, policy making and social formation. It was a key to those states for survival and striving for supremacy among other states.

2　Zhengyuan Fu, China's Legalists the Earliest Totalitarians and Their Art of Ruling, New York, M.E. Sharpe, 1996.

3　Ban Gu (班固), *Han Shu (The Bibliographical Treaties of the History of Han Dynasty)* (《漢書》), Zheng Zhou (鄭州), 中州古籍出版社, 2007, p.598.

1   Li Kui 李悝

Li Kui was the chancellor of Wei state during it was ruled by Wei Wen Hou (魏文侯).

1.1   The biography of Li Kui

Li Kui helped Wei state to carry forward the political reform targeting the aristocracy. His reform made a great success: 1. Stripped of the privileges of hereditary from the aristocracy; 2. Elected those capability to govern the society; 3. Rewarded people with contribution; 4. Encouraged people to develop agriculture and provided them knowledge about agriculture (盡地力之教); 5. Paid for grain in harvest year from farmer and sold the grain in low prize in lean year (收由餘以補不足); etc.[4]

In the book of *the Bibliographical Treaties of the History of Han Dynasty*, Ban Gu put *Li Zi* (《李子》) on the first position of the Legalist school. There were 32 chapters of *Li Zi* which were written by Li Kui, however, the doctrine of Li Kui was lost and we could not track the origin. Ba Gu said that Li Kui was the chancellor of Wei Wen Hou, and he made the economy of Wei state rich and helped to strengthen the military power of Wei state.[5] Other than these, he made huge impact of Legalist school for the first written law code of squirearchy in Chinese history.

---

4   Ban Gu (班固), *Han Shu (The Bibliographical Treaties of the History of Han Dynasty)* (《漢書》), Zheng Zhou (鄭州), 中州古籍出版社, 2007, pp. 452-458.《漢書·食貨志》。

5   Ban Gu 班固, *Han Shu (The Bibliographical Treaties of the History of Han Dynasty)* (《漢書》), Zheng Zhou (鄭州), 中州古籍出版社, 2007, p.598.《李子》三十二篇。李悝，相魏文侯，富國強兵。

1.2　The doctrine of Li Kui

We considered that Li Kui supposed to be the starter of legalist school, based on the fact that he was the first one who edited a comparatively complete statute book. [6] As an outstanding figure of Legalist school in the beginning of Warring State, Li Kui categorized all the legal status of every states, named *Fa Jing* (《法經》). [7] There were six parts of *Fa Jing* including *Law ofrob* (《盜法》), *Law of thief* (《賊法》), *Law of imprison* (《囚法》), *Law of arrest* (《捕法》), *Law of Za* (《雜法》) *and Law of Ju* (《具法》). The first four parts were the main content of the book, they systematically listed how to lock up and track down robbers and thieves, and it was a book using legal measures to protect the benefits of the squirearchy. Some particular statutes were made to prevent or punish the aristocracy for damage the benefits of landlord. Such as the regulation in *the Law of Za*, it pointed out that, borrowing money but did not return (假借不廉) was a crime; gambling (博戲) was forbidden, using luxury life utensil which arrogated the hierarchy (淫奢踰制) should be punished, etc.[8] These statutes were mainly pointed to limit the aristocracy.

We know that the work of Shang Yang (商鞅) in his early stage was very similar with the thought of Li Kui. Shang Yang changed the name of

---

6　Wang Hongbin (王宏斌)：《中國帝王術・《韓非子》與中國文化》，Kaifeng (開封), 河南大學出版社，1995，p.6.

7　中國政法大學法律古籍整理研究所：《中國歷代刑法志注譯》，Changchun 長春, 吉林人民出版社，p.74. Fang Xuanling (房玄齡), *Jin Shu (The book of Jin)* (《晉書》)，《晉書・刑法志》：「悝撰次諸國法，著《法經》。」

8　中國政法大學法律古籍整理研究所，《中國歷代刑法志注譯》，Changchun (長春), 吉林人民出版社 pp.49-134. Fang Xuanling (房玄齡), *Jin Shu (The book of Jin)* (《晉書》)。

the status from the *Fa* of Li Kui to the *Lv* of Shang Yang 改法為律. The name changed, the content was almost the same, including *Dao* (《盜》), *Zei* (《賊》), *Qiu* (《囚》), *Bu* (《捕》), *Za* (《雜》) *and Ju* (《具》).[910]

Even the doctrine of Li Kui was lost; we could still tell that he made a difference of the development of legalist school. Firstly, *Fa Jing* was an outstanding achievement during the political change of warring states. It was the comprehensive representation of the legal structure during that period. In the meanwhile, as an important content of the political reform, *Fa Jing* went with the tide of historical development and it was the legal basis consult for the feudal dynasties of after age. And lastly, the style, system and content of *Fa Jing* became a basic foundation for the later compilation of Law code.

2 Shang Yang 商鞅

Shang Yang was both a prominent statement in the Warring state period and a famous representative of the Legalists school.

---

9 中國政法大學法律古籍整理研究所：《中國歷代刑法志注譯》，Changchun (長春)，吉林人民出版社，p.74。Fang Xuanling (房玄齡), *Jin Shu (The book of Jin)* (《晉書》)，《晉書‧刑法志》「秦漢舊律，其文起自魏文侯師李悝。悝撰次諸國法，著《法經》。以為王者之政莫急於盜賊，故其律始於〈盜〉〈賊〉。盜賊須劾捕，故著〈網〉〈捕〉二篇。其輕狡，越城，博戲，借假不廉、淫侈逾制，以為〈雜律〉一篇。又以〈具律〉具其加減。是故所著六篇而已，然皆罪名之制也。商君受之以相秦，漢承秦制。」

10 長孫無忌《唐律疏議‧名例一》：「周衰刑重，戰國異制，魏文侯師於李悝，集諸國刑典，造法經六篇：一、盜法；二、賊法；三、囚法；四、捕法；五、雜法；六、具法。商鞅傳授，改法為律。漢相蕭何，更加悝所造戶、興、廄三篇，謂九章之律。魏因漢律為一十八篇，改漢具律為刑名第一。晉命賈充等，增損漢、魏律為二十篇，于魏刑名律中分為法例律。」

2.1　The biography of Shang Yang

Shang Yang (?-338 BC.) was born in a royal family in the Wei state (衛國), so he was called Wei Yang (衛鞅), meaning the Yang from the Wei state. In the meanwhile, according to the custom, he was also called Gong Sun Yang (公孫鞅), based on the family name Gong Sun (公孫). Subsequently, he was given a fiefdom of Shang due to his battle achievement of Battle of Hexi (河西之戰). And then he was called Shang Yang, which means Yang was the lord of Shang. His was one among the minority of the legalist who was able to ascend to the political and sufficiently displayed his ability in history of pre-Qin.[11] He was borne in a chaotic period, his personal experience, which from aristocracy of noble level fell low to be a retainer of governor, from a weak state got into a strong state, made a huge influence of his later thought and political view.[12]

When Shang Yang was young, he learned the practical learning, including "Xing Ming ZhiXue" (刑名之學 Learning of the Form and Name), "ZaJia" (雜家 Eclecticism), "Bing Jia"(兵家 the School of War), etc. During the period when he was a junior officer in the Wei state, Shang Yang studied the reforms of Li Kui and Wu Qi, which were both famous and eminent Legalists, and aborted these practical learning into forming his own thought in the further time. Duke Xiao of state Qin (秦孝公) issued decrees calling for persons of wisdom to help him to reform and

---

11 Zheng Liangshu (鄭良樹)：《商鞅評傳》，Nanjing (南京), 南京大學出版社, 2001.

12 Li Cunshan (李存山)：《商鞅評傳——為秦開帝業的改革家》，Nanning (南寧), 廣西教育出版社，1997，p.5.

enhance the state power. Shang Yang was attracted and moved to Qin state, and eventually, Duke Xiao of state Qin appreciated the intelligent of Shang Yang and appointed him to launch the reform of Qin. With the full support of the duke, Shang Yang able to implement a series of reforms that resulted in fundamental changes in the social and political institutions of the Qin state. Like all Legalist reform programs, these were designed to strengthen the power of the state and to enhance the authority of the sovereign.

Two stages were divided in the reform of Shang Yang. Firstly stage was started in 356 B.C. when Shang Yang was officially became a powerful governor named Zuo Shu Zhang (左庶長).[13]　The main policies included:

1. Encouragement of agriculture and suppression of commerce. (重農抑商)
2. Rewarding military merits. (獎勵軍功)
3. Banding for fight in private. (禁止私鬥)
4. Reform of social structure. (Especially reform the official system) (二十等爵)

The first reform achieved an immediate success. And later he continued to launch the second reform. In 350 B.C., the chaotic warring situation among states was temporally stopped; Shang Yang kept on continuing his reform in both economic way and political way.[14] The second reform was based on the first reform and was advanced further.

13　Yang Kuan (楊寬)：《商鞅變法》，Shanghai (上海)，上海人民出版社, 1973, pp. 25-34.

14　Yang Kuan (楊寬)：《商鞅變法》，Shanghai (上海)，上海人民出版社, 1973, pp. 35-42.

With a more fundamental reform and more systematic policies than first reform, the second reform was including:

1. The promotion of the cultivation of wasteland. (開阡陌)

2. Establishment of the "Prefecture-County System", and elimination of the feudal fiefdom system. (行郡縣制)

3. Prohibition and division of big families. (小家庭為賦稅單位)

4. Unification of weights and measures. (統一度量衡)

5. Burning the *Shi* (《詩》) and the *Shu* (《書》) to clarify the Law.[15] (焚《詩》《書》明法令)

His reform included the institution of collective guilt, which imposed mutual informing among the populace; inducements for the enhancement of agricultural production and discrimination against merchants; prohibition of classical learning; abolishment of feudal fiefs; and establishment of the country bureaucracy under the direct supervision of the central government, which replaced local feudal power. After the two reforms by Shang Yang, the effects were remarkable: the Qin state became wealthy and powerful. The number of farmers, the area of arable land and the agriculture production all increased; the power of levying taxes became centralized, and the financial revenue increased; the customs and morals of the people improved; people became brave in fight and more cowardly in feuds for private interests, and the military strength of the state increased. All in all, as a result of these political reforms, the

---

15 *Han Fei Zi* (《韓非子》), translated in to English by W.K.Liao, translated in to modern Chinese by Zhang Jue (張覺), Beijing (北京), the commercial press (商務印書館), 2015, pp. 238-247. (《韓非子‧和氏篇》)。

Qin state underwent drastic socioeconomic and institutional changes and gained in strength both military and economically.

Like most legalist statist programs, the implement of reform of Shang Yang was at the expense of aristocracy, who lost many prerogatives. It was under his dedication of planning and severe implementation that Qin, a half feudal and half nomadic state, became a strong state.[16] Under his policy, Qin became strong within a few years and grew into a power state to further threaten the security of the states in the east of China. Shang Yang incurred the wrath of prominent members of the nobility and the prince regent. After the death of Duke Xiao, Shang Yang lost the protection. Those nobility and new ruler which were offended by his reform hunted him. And Shang Yang got executed by being torn to pieces by chariot pulling (五馬分屍) by the new ruler.

2.2 The doctrine of Shang Yang

One textual history named *The Book of Lord Shang* (《商君書》) was now known by the people as one of the representative of Legalist school.

The Book of Lord Shang is an anthology of the articles and sayings of Shang Yang and his disciples, and it is one of the classics of the Legalist school. The book is also called Shang Jun or Shang Zi. According to *the Bibliographical Treaties of the History of Han Dynasty*, the book Shang Jun included 29 Chapters[17], however, there are only 24 Chapters in the

---

16 Zheng Liangshu (鄭良樹)：《商鞅評傳》，Nanjing (南京), 南京大學出版社, 2001.

17 Ban Gu (班固), *Han Shu (The Bibliographical Treaties of the History of Han Dynasty)* (《漢書》), Zheng Zhou (鄭州), 中州古籍出版社, 2007, p.598.《商君》二十九篇。商鞅，姬姓，衛後也，相秦孝公，有《列傳》。

current version, which are divided in 5 volumes.[18] Chapter 16 and Chapter 21 were lost.

There is a variety of argument of the authenticity of *The Book of Lord Shang*, the starter was scholar of Huang Zhen (黃震) in Southern Song Dynasty, by saying his doubt that pointing out the structure of *The Book of Lord Shang* was different and chaotic.[19] After that, scholar Ma Duanlin (馬端臨) in the beginning of Yuan Dynasty, quoted some argument related with the authenticity of *The Book of Lord Shang* of *ZhouShiShebi* (《周氏涉筆》) in his book *WenXianTongkao* (《文獻通考》), saying Shang Yang was not the only writer of *The Book of Lord Shang*.20In modern time, the argument of the authenticity of *The Book of Lord Shang* was still continued and a number of scholars deemed that *The Book of Lord Shang*

---

18 They are: Chapter 1: The reform of the law (更法第一); Chapter 2: An order to cultivate waste lands (墾令第二); Chapter 3: Agriculture and war (農戰第三); Chapter 4: The elimination of strength (去強第四); Chapter 5: Discussion about the people (說民第五); Chapter 6: The calculation of land (算地第六); Chapter 7: Opening and debarring (開塞第七); Chapter 8: The unification of words (壹言第八); Chapter 9: Establishing laws (錯法第九); Chapter 10: The method of warfare (戰法第十); Chapter 11: The establishment of fundamentals (立本第十一); Chapter 12: Military defense (兵守第十二); Chapter 13: Making orders strict (靳令第十三); Chapter 14: The cultivation of the right standard (修權第十四); Chapter 15: The encouragement of immigration (徠民第十五); Chapter 17: Rewards of punishments (賞刑第十七); Chapter 18: Policies (畫策第十八); Chapter 19: Within the borders (境內第十九); Chapter 20: Weakening the people (弱民第二十); Chapter 22: External and internal affairs (外內地二十二); Chapter 23: Prince and minister (君臣第二十三); Chapter 24: Interdicts and encouragements (禁使第二十四); Chapter 25: Attention to law (慎法第二十五); Chapter 26: The fixing of right and duties (定分第二十六).

19 Huang Zhen (黃震),《黃氏日抄》卷五十五:「《商子》者,公孫商鞅之書也。始於《墾草》,……或疑鞅為法吏之有才者,其書不應煩亂若此,真偽殆未可知。」

20 《商君書》亦多附會後事,擬取他辭嗎,非本所論著也。其精確切要之處,《史記·商君列傳》包括已盡。

was written not just by Shang Yang but his followers were counted.[21] According to scholar Zheng Liangshu (鄭良樹), he considered that only Chapter 1: The reform of the law (更法第一); Chapter 2: An order to cultivate waste lands (墾令第二); Chapter 10: The method of warfare (戰法第十); Chapter 11: The establishment of fundamentals (立本第十一); Chapter 12: Military defense (兵守第十二) and Chapter 19: Within the borders (境內第十九) were written by Shang Yang, others were written by the followers of Shang Yang. Although *The Book of Lord Shang* was not written by one person, we also considered it as a systematic doctrine base on the content of the book, which reflected the whole concept of the thought of Shang Yang. Even more, it reflected the development and reality of the school of Shang after the death of Shang Yang in that specific society.

With the full support of Duke Xiao, the Legalist program of social engineering designed by Shang Yang was very successful. It provided the strong military and economic bases that enabled the Qin state to unify China in the later history. Undeniable, Shang Yang was a strong supporter of "encouragement of agriculture and suppression of commerce."

According to his "An order to cultivate waste lands" of *The Book of Lord Shang*, we found that he made varies of policies to encourage agriculture. To suppress the merchant, which was a policy both suppressed the commerce and encouraged agriculture, the number of famer would increase. To forbid people to buy commissariat, people have to grow their

---

21 Gao Heng (高亨),《商君書注譯》, Beijing (北京), 清華大學出版社, 2011; Chen Qitian (陳天啟),《中國法家概論》, Beijing (北京), 中華書局, 1936; Zheng Liangshu (鄭良樹),《商鞅評傳》, Nanjing (南京), 南京大學出版社, 2001.

food instead. In the meanwhile, the policies of suppression of commerce were also indirectly encouraged agriculture. Five policies related with the suppression of commerce were issued,[22] including: 1. to forbid merchant to sale commissariat; 2. increase the price of alcohol and meat; 3. no hotel; 4. increase the commodity tax and 5. The servants of merchant had to perform military service. Furthermore, with the development of army and agriculture, people were settled down and remained in their proper sphere, trying to weaken the privilege of aristocracy and changing the society from slavery to bureaucracy was in need. With the reform of the establishment of the "Prefecture-County System," the more stable society of Qin state was shaped, and Qin state was continually growing into a powerful situation. All thanks to the useful reform and the policies made by Shang Yang assisted the ruler to achieve centralization of authority in later time.

The time of Shang Yang was the time in a changing era from slavery to feudality. And the state of Qin was in center of this transformation of society. Shang Yang used the power of landlord to weaken the privilege of the aristocracy. Many cases could be analyzed; however, the most typical one related with education, was the he made the policy to burn the Confucian classics. Once the Confucian classics were the representation of the upper class, what Shang Yang did to *Shi* (《詩》) and *Shu* (《書》), was helping the ruler to foolish the people and made a way for every one follow and only follow the Law that Legalist school drawn up. The "burn

---

22 Zheng Liangshu (鄭良樹),《商鞅及其學派》, Shanghai (上海), 上海古籍出版社, 1989, pp.169-181.

books and bury Confucian scholars" of Qin dynasty was the later development of this policy.

3 Li Si 李斯

Li Si was more a practitioner than a scholar of Legalist teachings.

3.1 The biography of Li Si

Li Si (284 - 208 B.C.) was from Shangcai (上蔡) of Chu state. He was a junior official in his county when he was young.[23] After that, he started his education from the famous Confucian XunZi (荀子) learning how to rule. When he finished his education from XunZi, he found out that the opportunity to be succeed in Chu state as an official was not very optimistic, and other six states were weak, he chose to move to west and build up his political career in Qin state. Later on, Li Si became the chancellor, which was the most powerful governor among the bureaucracy. He built up his political career step by step depending on his education of ruling and his skillfulness of using tactics.

He first served as a retainer in the family of LvBuwei (呂不韋). After showing his capacity, Li Si got the chance to being a lobbyist, and then he became an official in Qin. As an official of the Qin state, he later promoted to be chancellor under Prince Yingzheng (嬴政) of Qin, and after this capable prince unified China and establish Qin Empire, later, Li

---

23 Sima Qian (司馬遷), *Shi Ji* (《史記》), Xuchang (許昌), 中州古籍出版社, 1996, pp. 714-721.《史記‧李斯列傳第二十七》。

Si became a prime minister of the first Chinese imperial dynasty.

3.2 The influence of education from Li Si

Li Si was not a prolific writer. Only three of his short essays are preserved in Shi Ji. However, one of his policies impacted a great deal of education system during that time. It was official as teacher (以吏為師).[24] This policy made an impact of the education system from the later legalist school and society. Base on this policy, it determined who people acknowledged from and what exactly people could learn. In the meanwhile, in a society during that period, this policy made by Li Si totally restrain the obligation for official, being an official not only meant you have to govern the related issue, you also had to made people acknowledgeable to related information, especially to the certain legal regulation.

When Qin was expending rapidly, it needed more and more officials to govern the land and maintain the social order. During Qin period, regardless the changing of official system, as an official with specific function, or anyone of humble origins wanted to be an official, a duration of learning to be one was unavoidable. No matter which way he chose to learn, an official should be qualified and should be able to deal with some certain issues.

---

24 Sima Qian (司馬遷), *Shi Ji* (《史記》), Xuchang (許昌), 中州古籍出版社, 1996, pp. 714-721. 《史記 · 李斯列傳第二十七》, during B.C. 213, the emperor of Qin started to burn all the books and commanded that "anyone who wants to learn, learn from the official."

4 Han Fei 韓非

"Intellectually, Han Fei was undoubtedly the greatest Legalist."[25]

4.1 The biography of Han Fei

Han Fei (280 - 233 B.C.) was an aristocracy of the Han state (韓國) in the late Warring States Period. Warring States Period was a critical turning periods in history. Everything was changing during that time. It was changing from feudal patrimonial system (分封制) to the prefecture-county system (郡縣制); it was changing from aristocracy (貴族制) to bureaucracy (官僚制); it was changing from ruling of rites (禮治) to ruling of laws (法治); it was changing from royal education (官學) to private education (私學). It was a crucial development period, and the doctrine of Han Fei actually played a part in the transformation of the society based on his thought was fitted in the fluency of history.

Han state was surrounded by the powerful Qin (秦), Wei (魏) and Chu (楚) states in the late Warring States Period. During that time, it was obvious that the weak Han state would be unified by other powerful states, and the inner domestic situation of Han state was contiguous. With the political situation corrupting, Han Fei submitted advice tried to make a reform to change this situation of Han state, however, his advice was not accepted by the sovereign. Han state sent Han Fei to Qin state as an ambassador, Qin state used the strategy of Li Si (李斯), Han Fei stayed in

---

25 Zhengyuan Fu, China's Legalists the Earliest Totalitarians and Their Art of Ruling, M.E. Sharpe, New York, 1996, p.20.

Qin State, and in the end he was dead in Yun Yang.[26]

As a proficient writer, Han Fei stammered.

His thought was appreciated by the sovereign of Qin state, Ying Zheng (嬴政), who unified China in 211 B.C., and started Qin empire. According to *the Shi Ji*, Ying Zheng even said that "if I could meet him (Han Fei) and learn from him, I would die without regrets."[27] We could tell how much appreciation Ying Zheng gave to Han Fei. In 233 B.C., Han Fei was representing Han state to visit to Qin state as an envoy to ease the pressure of the military attack of Qin state. Ying Zheng was pleased to meet Han Fei. The admiration of Ying Zheng for Han Fei caused the envy of Li Si (李斯), which both Han Fei and Li Si were both studied from their teacher Master XunZi (荀子). Li Si was the minister of Qin court, he concinced Ying Zheng that Han Fei was only loyal to his state and would not truly mean to give good advice to make Qin state better, so Han Fei was not trusted worthy. Later on, Han Fei was arrested and put into prison. At the end, Han Fei was poisoned to death in the prison.[28]

Han Fei found a way to combine the three most useful political philosophy of Legalist's school including Laws (法), statecrafts (術) and positions (勢). It was one of the contributions that Han Fei made to the political philosophy. The unification of these elements is the core of the system of his thought. It was a great contribution to the Legalist's school

---

26 Sima Qian (司馬遷), *Shi Ji* (《史記》), Xuchang (許昌), 中州古籍出版社, 1996, p.35。
《史記·秦始皇本紀》:「韓非使秦,秦用李斯謀,留非,非死雲陽。」

27 Sima Qian (司馬遷), *Shi Ji* (《史記》), Xuchang (許昌), 中州古籍出版社, 1996, pp. 611-613.《史記·老子韓非列傳》.

28 Sima Qian 司馬遷, *Shi Ji* (《史記》), Xuchang (許昌), 中州古籍出版社, 1996, pp. 611-613.《史記·老子韓非列傳》.

in Chinese education system. As a scholar well knowing how to rule, the work of Han Fei represented the most complete and comprehensive body of Legalist doctrines.[29] Han Fei built a systematic structural doctrine of his thought. He found that to use only one of them (Laws, statecrafts and positions) did not governance the society well, compared to use one of them at each time, why not use them in an effective way to avoid the disadvantage and increase the effect of the advantage? These three elements in a certain way did compensate among each other. Han Fei considered that Laws can be used to make a country both strong and rich but cannot prohibit the viciousness of wicked ministers[30]; Statecrafts can be used to prohibit the viciousness of wicked minister[31] but cannot strengthen a country.[32] Laws and Statecrafts cannot be carried out unless a sovereign owns his throne and held his power firmly. And only when the sovereign knew well enough in suing Laws and Statecrafts can keep his

---

29 Zhengyuan Fu, China's Legalists the Earliest Totalitarians and Their Art of Ruling, M.E. Sharpe, New York, 1996, p.21.

30 *Han Fei Zi* (《韓非子》), translated in to English by W.K.Liao, translated in to modern Chinese by Zhang Jue (張覺), Beijing (北京), the commercial press (商務印書館), 2015, pp. 1672-1689.《韓非子·定法》：術者，因任而授官，循名而責實，操殺生之柄，課群臣之能者也。此人主之所執也。

31 *Han Fei Zi* (《韓非子》), translated in to English by W.K.Liao, translated in to modern Chinese by Zhang Jue (張覺), Beijing (北京), the commercial press (商務印書館), 2015, pp. 1770-1803.《韓非子·八說》：明主之國，官不敢枉法，吏不敢為私利，貨略不行，是境內之事盡如衡石也。此其臣有奸者必知，知者必誅。是以有道之主，不求清潔之吏，而務必知之術也。

32 *Han Fei Zi* (《韓非子》), translated in to English by W.K.Liao, translated in to modern Chinese by Zhang Jue (張覺), Beijing (北京), the commercial press (商務印書館), 2015, pp. 1672-1689.《韓非子·定法》：君無術則弊於上，臣無法則亂於下，此不可一無，皆帝王之具也。

throne secure and country peaceful and prosperous.

4.2 The work of Han Fei

According to *the Bibliographical Treaties of the History of Han Dynasty*, there were 55 chapters of the Book Han Zi, which was also named the Book Han FeiZi.[33]

---

33 They are: Chapter 1: The First Interview with the King of Qin: A Memorial (初見秦第一); Chapter 2: On the Preservation of Han (存韓第二); Chapter 3: On the Difficulty in Speaking (難言第三); Chapter 4: On Favorite Vassals (愛臣第四); Chapter 5: The Dao of the Sovereign (主道第五); Chapter 6: Having Regulation (有度第六); Chapter 7: The Two Handles (二柄第七); Chapter 8: Wielding the Scepter (揚權第八); Chapter 9: Eight Villains (八奸第九); Chapter 10: Ten Faults (十過第十); Chapter 11: Solitary Indignation (孤憤第十一); Chapter 12: Difficulties in the Way of Persuasion (說難第十二); Chapter 13: He Shi (和氏第十三); Chapter 14: Betray, Molest, or Murder the Ruler (奸劫弒臣第十四); Chapter 15: Portents of Ruin (亡征第十五); Chapter 16: Three Precautions (三守第十六); Chapter 17: Guarding Against the Interior (備內第十七); Chapter 18: Facing the South (面南第十八); Chapter 19: On Pretensions and Heresies (飾邪第十九); Chapter 20: Commentaries on Lao Zi's Teaching (解老第二十); Chapter 21: Illustrations of Lao Zi's Teaching (喻老第二十一); Chapter 22: Collected Persuasions, the Upper Series (說林上第二十二);); Chapter 23: Collected Persuasions, the Lower Series (說林下第二十三); Chapter 24: Observing Deeds (觀行第二十四); Chapter 25: Safety and Danger (安危第二十五); Chapter 26: The Way to Maintain the State (守道第二十六)); Chapter 27: How to Use Men (用人第二十七) ; Chapter 28: Achievement and Reputation (功名第二十八); Chapter 29: The Principal Features of Legalism (大體第二十九); Chapter 30: Inner Congeries of Saying, the Upper Series: Seven Tacts (內儲說上七術第三十); Chapter 31: Inner Congeries of Saying, the Lower Series: Six Minutiae (內儲說下六微第三十一); Chapter 32: Outer Congeries of Saying, the Upper Left Series (外儲說左上第三十二); Chapter 33: Outer Congeries of Saying, the Lower Left Series (外儲說左下第三十三); Chapter 34: Outer Congeries of Saying, the Upper Right Series (外儲說右上第三十四); Chapter 35: Outer Congeries of Saying, the Lower Right Series (外儲說右下第三十五); Chapter 36: Criticism Series One (難一第三十六); Chapter 37: Criticism Series Two (難二第三十七); Chapter 38: Criticism Series Three (難三第三十八); Chapter 39: Criticism Series Four (難四第三十九); Chapter 40: A Critique of the Doctrine of Position (難勢第

In accordance with *the Bibliographical Treaties of the History of Han Dynasty* and the doctrine we have today, we do not find any evidence that Han FeiZi or any of its chapters missed.

The work of Han Fei was one of the Legalist's schools. Han FeiZi has a variety of writing styles, such as arguments, persuasions, commentaries to classics, chins of pearls and challenges.[34] The system of the construction was an indispensable achievement of the book Han FeiZi. In Han Fei's point of view, Laws, Statecrafts and Positions were not complete identical.

1. Laws (法) in Han Fei's view were those written statutes. They were recorded and categorized in documents.

2. Statecrafts (術) were a technique called Xing Ming Zhi Shu (形名之術). It could be divided into two parts. One was to appoint a suitable person as an official on a position according to his merits and capability. The merits and capability were called Xing (形) and the position and duties were called Ming (名). Statecrafts were actually

---

四十); Chapter 41: Inquiring into the Origin of Dialectic (問辯第四十一); Chapter 42: Asking Tian (問田第四十二); Chapter 43: Deciding Legalistic Doctrines (定法第四十三); Chapter 44: On Assumers (說疑第四十四); Chapter 45: Absurd Encouragements (詭使第四十五); Chapter 46: Six Contrarieties (六反第四十六); Chapter 47: Eight Fallacies (八說第四十七); Chapter 48: Eight Canons (八經第四十八); Chapter 49: Five Vermin (五蠹第四十九); Chapter 50: Learn Celebrities (顯學第五十); Chapter 51: Loyalty and Filial Piety (忠孝第五十一); Chapter 52: The Lord of Men (人主第五十二); Chapter 53: Making Orders Trim (飭令第五十三); Chapter 54: Surmising the Mentality of the People: A Psychological Analysis of Politics (心度第五十四); Chapter 55: Regulations and Distinctions (制分第五十五).

34 *Han FeiZi*《韓非子》, translated in to English by W.K.Liao, translated in to modern Chinese by Zhang Jue 張覺, Beijing 北京, the commercial press 商務印書館, 2015, p.28.

the technique of Xing and Ming. Other part of statecrafts was test the capability of the officer to see if he did his work properly and to see if he was fit into his position. It means the other part of statecrafts was to test if Ming fitted the Xing.

3. Positions (勢) were not given definite description by Han Fei. But we could tell from his work about what were positions.[3536] Positions were the power of the throne.

Laws, statecrafts and positions were all serving for the sovereign. Each of them had different emphasis and functions. Laws were used to rule commonplace, statecrafts govern officials, and positions defend throne. The methods were different. With the laws should be public to the people and the statecrafts should be used among ruling the officers and remained secret, positions were based on the nature power given to the throne, it should be used base on the combination of laws and statecrafts. The combination of Laws, statecrafts and positions were not simply adding them up together, Han Fei made it through the conclusion of previous Legalists, and it was a development of the theory of Legalist school.[37]

---

35 https://zhidao.baidu.com/question/568908478.html?qbl=relate_question_0&word=%BA% AB%B7%C7%B7%A8%CA%F5%CA%C6

36 *Han Fei Zi* (《韓非子》), translated in to English by W.K.Liao, translated in to modern Chinese by Zhang Jue (張覺), Beijing (北京), the commercial press (商務印書館), 2015. 《韓非子‧難三》：凡明主之治國也，任其勢；《韓非子‧八經》：君執柄以處勢，故令行禁止。柄者，殺生之制也；勢者，勝眾之資也；《韓非子‧功名》：聖人德若堯、舜，行若伯夷，而位不載於勢，則功不立，名不遂；《韓非子‧難勢》：無慶賞之勸，刑罰之威，釋勢委法，堯舜戶說而人辨之，不能治三家。夫勢之足用亦明矣。

37 Sun Kaitai (孫開泰), (《法家史話》),Taipei (臺北), 國家出版社, 2004, p.138.

The ruling of laws was a direct crush of aristocracy. In the slavery system, the punishment did not reach to the high officials because high officials are exempt from the penalties prescribed by the law.[38] The thought of Han Fei made a new path for bureaucracy of the centralization of authority; it was totally ruptured from the slavery system of aristocracy during that time.[39]

Han Fei had an important theory to unify the laws, statecrafts and positions. It was the nature of human. Han Fei considered the human nature was egoistic (性惡論). In his point of view, human beings were selfish and were all trying to make profit of them and trying to not being harmed by others (趨利避害), so, all the doctrines of Legalist's school he made were based on this opinion. No matter laws, statecrafts or positions, they all made to use the egoism nature of human being to control the society. Laws were about punishment and reward, statecrafts were about scheme and stratagem, and positions were about ruling and domination. He used his doctrine to educate the ruler to make use of the egoistic of human nature and use laws to educate the people to obey the laws or consequence would come. In the doctrine of Han Fei, only the thrones make fully use of the egoism of human nature can the law, statecrafts and positions could organically implement. In his doctrine, Han Fei repeatedly emphasized the ruling of laws (法治), the importance of agriculture and encouraging of military (耕戰) and weakening the power of aristocracy and empowering the throne. He was sensitive of the float of the history

---

38 《禮記・曲禮》：刑不上大夫禮不下庶人。
39 Ren Jiyu (任繼愈), *Han Fei* (《韓非》), Shanghai (上海), 上海人民出版社, 1964.

and accurately pointed out the conditions to shape the rulers and educate the society in his time.

Not too many things related with education were mentioned in Han Fei's doctrine, but we can tell his attitude about education from his thought.

In his book *Han Fei Zi* of Chapter 50 Learn Celebrities, he wrote: The intelligence of the people, like that of the infant, is useless... (民智之不可用，猶嬰兒之心也), we could tell that, in the view of legalist, the intelligence of common people were no more than infants who were never smart enough to be useful and were never capable of understanding their true interests. So education for that was not necessary and the only knowledge they should know was law, so that the people would know what not to do in case that they got punishment from the state. In the same book *Han Fei Zi* of Chapter 49 Five Vermin, he wrote: ...So, in the state ruled by the wise ruler, there was no classical literature, using Law as teaching education. It meant under the influence of legalist's school, law was for the common people learnt and only law should be learnt by people and other classical literature should be prohibited.

It was no doubt that *Han Fei Zi* can be rank as one of the masterpieces in the world for its genuinely maintaining the sincere thought of a greatest Legalist thinker.[40]

---

40 *Han Fei Zi* (《韓非子》), translated in to English by W.K.Liao, translated in to modern Chinese by Zhang Jue (張覺), Beijing (北京), the commercial press (商務印書館), 2015, p.35.

5 The influence of Legalist school

It was Legalist School helped the sovereign to build up Qin Empire and to unify China. And the educational influence of legalist school: for common people, legalist school made policy for them to learn nothing but law. For general officer, because the policy of Li Kui of official as teacher, the general officer has to maintain a certain knowledge including characters, so that they can read the laws and teach them to the common people and other skills to suit in his position, which fits in the legalist thought of the technique of statecrafts. The education influence of legalist school for the rulers was suit in the purpose of legalist school, to teach the ruler some knowledge so it can develop the revenue of the state, reinforce the power of the army, raise the output value of agriculture and help the implementation of the rigid policies.

The Chinese imperial political tradition is described by most Chinese historians as "outside Confucian, inside Legalists (儒表法裏)", Chinese traditional official orthodox Confucianism was actually a mixture of classical Confucian rhetoric and legalist reinterpretation. Although the Chinese imperial dynastic era ended in 1911, the influence of the legalist tradition on Chinese development last more than 2300 years and can still be felt today.

A preliminary study of Teaching Materials of Legalist' School

Wen Rujia

China is a country with marvel history and its education system was well developed and leading from other countries in ancient time. To study ancient education history of China, we have to do a systematic and in-depth research of teaching materials.

In ancient China, deliberation and development on politics began to flourish in the sixth century B.C.. Lots of schools flourished during the period of the Hundred Contending Schools (百家爭鳴, 551-233 B.C.), Legalist school was included. This epic period, overlapped with the Spring and Autumn periods (春秋時期, 772-481 B.C.) and the Warring States period (戰國時期, 480-221 B.C.), was the key moment for the blooming of the thoughts of the Chinese philosophers. Most of the major tenets of the Legalists were fully developed and formulated between 380 and 230 B.C., during the late Warring States period. Legalist school was developed and reached its peak on the unification of China by the Qin Empire. After Qin Empire, Han dynasty was ruling, Legalist school was no longer in the dominant position of the society and started declining. So, the historical period of this article would be set of Pre-Han according to the historical process of legalist school. Since we knew "Hundreds ousted, the dominant Confucianism" was the feudal policy implemented by the emperor Wudi in Han, the researches of Confucian were blooming and countless. The studies of it covered different angles and aspects. And before Confucian was dominated, it was Legalist's School that taken the dominant position in Qin dynasty. The domination of Legalist's School was not very long and ceased abruptly, yet it still impacted China greatly after time. Even the studies of legalist were varied, few of them was researched under the perspective of education history of teaching materials.

The impact of the Legalist school is big, even after thousands of years till now. There are lots of books and articles focusing on the newly excavated documents of Pre-Han, the academic areas including legality, philology, history, archaeology or even sociology. Some scholars use the newly excavated documents to analyze the education system of Pre-Han under the perspective of intellectual history, however, not too many analyze the education system of Qin under the perspective of teaching materials. The Legalists advocated the total subordination of the common people to the ruler and the domination of the state over society, which leaded the rulers to take Legalists' idea and made policy of *law as education* and *official as teacher*. The common people learn from no one but the official for nothing but law. If people want to be an official, they must meet certain educational level. So what an official of Qin should learn, how they learn and how they teach the people and what they teach to the people become questions for us to figure out. And As far as the writer concerned, using the newly excavated documents of Qin and the materials handed down from ancient times to try to better resort to the original condition of teaching materials of Qin could deepen the understanding of the education system of that period, which can deepen the understanding of history of education and broaden the impact of history of teaching materials.

Bamboo and wood were the earliest materials used for books and documents in China and had a strong and far-reaching impact on Chinese culture.[1] In the recent decades, a huge number of newly excavated documents were discovered, including bamboo, silk, wooden and so on. Lots of historical relics were excavated and most of them are related with early Chinese culture. Once some documents were found in the ancient tomb, our understanding of ancient China was deepened or changed. They largely supplement for the materials handed down from ancient times. The academic area in this filed at present, can be literally called the time of *Double evidence method* (《雙重證據法》), using the new materials underground "地下之新材料" to supply the material on paper "紙上之新材料".[2] Up to now, there are several newly excavated document of Qin, including: Qin bamboo slips of Yunmeng Shuihudi (雲夢睡虎地秦簡), Qin bamboo slips of Longgang (龍崗秦簡), Qin wooden tablets of Qingchuanhaojiaping (青川郝家坪秦牘), Qin bamboo slips of Liye (里耶秦簡) and Qin bamboo slips of Yuelu (岳麓秦簡), Qin bamboo slips of Beijing University (北大藏秦簡). All these can enrich the materials handed down from ancient times.

1　Tsuen-Hsuin Tsien, *Written on Bamboo & Silk*, second edition, the University of Chicago Press, Chicago, 2004, p.96.

2　Wang Guowei (王國維), *Gu Shi Xin Zheng* (《古史新證》), Changsha (長沙), 湖南人民出版社, 2010.

In the meanwhile, they are playing key roles to restore the historical facts. The content of the newly excavated documents of Qin is varied, some have more content of legal historical data some have less or scattered. More than half of the content is directly or indirectly related with legal system. The central theme of the Legalist's political philosophy is the supremacy of authority and centralization of power in the sovereign. The Legalist tented of governance probably constitute the earliest theory of totalitarianism, their ideas exerted an important impact on the institution building and state building of the Chinese bureaucratic empire and on Chinese political practice throughout the imperial era. "The Legalists conceived of law primarily as a penal tool the ruler uses to maintain his governance over his subjects and propounded the rule by law, not the rule of law."[3]   That made "law" unique teaching materials in Qin. When Qin was expending rapidly, it needed more and more officials to govern the land and maintain the social order. During Qin period, regardless the changing of official system, as an official with specific function, or anyone of humble origins wanted to be an official, a duration of learning to be one was unavoidable.   No matter which way he chose to learn, an official should be qualified and should be able to deal with some certain issues. So, the teaching materials we talk about in this research, is mainly surrounded with the teaching materials for officials. In the meanwhile, the education policies of Qin were *law as education* (以法為教)and *official as teacher* (以吏為師), meant law was the common people

---

3 Zhengyuan Fu, *China's Legalists the Earliest Totalitarians and Their Art of Ruling*, M.E. Sharpe, New York, 1996, p.12.

learnt under the influence of legalist's school. The understanding of the newly excavated documents as teaching materials could better help us to resort the original condition of education history of Qin.

The exited newly excavated documents of Pre-Han are numbered. Variety studies of these newly excavated documents of Pre-Han are published. All the related studies are helpful to the academic file; we can categorize them in general idea:

1. The most common type of study of newly excavated documents of Qin is the textual research and explains. The most significant finding of excavated documents of Qin since the 1970s is the discovered in Shuihudi, Yunmeng, Hubei in 1974. The finding from Shuihudi of 1100 bamboo tablets, containing mostly legal and historical materials, dated to 306-217 B.C., are considered rather important as these documents are the laws and statutes of the Qin dynasty, which were not know before.[4] There are lots of textual research and explain of Qin bamboo slips of Shuihudi. 《雲夢秦簡研究》[5]、《戰國楚簡 與秦簡之思想研究》[6]、《岳麓書院藏秦簡的整理與研究》[7]、《散 見戰國秦漢簡帛法律文獻整理與研究》[8]、《雲夢秦簡中思想與制

---

4   Tsuen-HsuinTsien (錢存訓), *Written on Bamboo & Silk*, second edition, the university of Chicago Press, Chicago, 2004, p.103.

5   中華書局編輯部：《雲夢秦簡研究》, Beijing 北京, 中華書局, 1981.

6   〔日〕湯淺邦弘：《戰國楚簡與秦簡之思想研究》, Taipei (臺北市), 萬卷樓, 2006.

7   Chen Songchang etc. (陳松長等),《岳麓書院藏秦簡的整理與研究》, Shanghai (上海), 中西書局, 2014.

8   Li Mingxiao (李明曉)、Zhao jiuxiang (趙久湘),《散見戰國秦漢簡帛法律文獻整理與 研究》, Chongqing (重慶), 西南師範大學出版社, 2011.

度鉤摭》[9]、《張家山漢墓竹簡【二四七號墓】》[10]、《中國古代法制從抄》[11]、《里耶秦簡牘校釋》[12]、《包山楚簡初探》[13]、《里耶秦簡校詁》[14]、《郭店楚簡校讀記》[15]、《郭店楚簡先秦儒學宏微觀》[16] and some other books are the books of researches and explains of the newly excavated documents. One example is that scholar Gao Min distinguishes the differences between Qin Law (秦律) of Shangyang and Qin Law of Qin bamboo slips of Yunmeng in his book named the first exploration of Qin bamboo slips of Yunmeng (雲夢秦簡初探).[17] As an important part of the materials handed down from ancient times of Legalist school, Qin Law of Shangyang is directly related with the law as education of Qin and it was a major teaching material for the people of Qin. He pointed out that there were three differences: 1. some articles of Qin Law of Shangyang could not be found in the Qin bamboo slips of Yunmeng; 2. the classification of these two were different; 3. He confirmed that some content of the Qin bamboo slips of Yunmeng were not composed by

---

9 Yu Zongfa (余宗發),《雲夢秦簡中思想與制度鉤摭》,臺北：文津出版社,1992.

10 張家山二四七號漢墓之間整理小組,《張家山漢墓竹簡〔二四七號墓〕》,Beijing (北京), 文物出版社,2006。

11 Pu Jian (蒲堅),《中國古代法制叢抄》,Beijing (北京), 光明日報出版社,2001.

12 Chen Wei (陳偉),《里耶秦簡牘校釋》,Wuhan (武漢), 武漢大學出版社,2012.

13 Chen Wei (陳偉),《包山楚簡初探》,Wuhan (武漢), 武漢大學出版社,1996.

14 Wang Huanlin (王煥林),《里耶秦簡校詁》,Beijing (北京), 中國文聯出版社,2007.

15 Li Ling (李零),《郭店楚簡校讀記》,Beijing (北京),中國人民大學出版社,2007.

16 GuShikao (顧史考),《郭店楚簡先秦儒學宏微觀》,Shanghai (上海), 上海古籍出版社,2012.

17 Gao Min (高敏), The first exploration of Qin bamboo slips (《雲夢秦簡初探》), Henan Renmin Press, Xinzheng, 1979.

Qin Law of Shangyang. It better resorts the understanding of the core work of Legalist School and clears the accuracy of the content of Qin Law using newly excavated documents of Qin. As we know that the education policy Qin was "law as education" (以法為教) and "official as teacher"[18] (以吏為師), knowing the textual research and explain of Qin is actually helping us to understand the meaning of the teaching materials of Qin.

2. The philology of Pre-Han is a deeply researched topic. China is a country of characters, a country of recording, so it could be called a country of literature.[19] In the book of Chinese writing 《文字學概要》, written by scholar QiuXigui (裘錫圭), some philology issues related with Qin were mentioned. Stone inscriptions, bronze inscriptions, seals and sealing-clay inscriptions, pottery inscriptions, lacquer-ware inscriptions and bamboo slip, wooden tablet and silk manuscript texts were discussed of Chinese characters.[20] People of Qin had to literate 9000 characters to become an official ("諷書九千字"),[21] those materials that officials needed to learn from were teaching materials. From the handed down materials of ancient China,

---

18 Sima Qian (司馬遷), *Shi Ji* (《史記》), Xuchang 許昌, 中州古籍出版社, 1996, pp. 714-721.《史記‧李斯列傳第二十七》;〔日〕瀧川資言《史記會注考證》, New World Press 新世界出版社, Beijing, 2009, p.3939.

19 〔日〕稻畑耕一郎:《中國古代領域中的傳世典籍與出土資料》, Proceedings of the Inaugural International Conference on New Philology and the study of Early China.

20 Qui Xigui (裘錫圭), Chinese Writing 文字學概要, Birdtrack Press, New Haven, 2000.

21 Ban Gu (班固), *Han Shu (The Bibliographical Treaties of the History of Han Dynasty)* (《漢書》), Zheng Zhou (鄭州), 中州古籍出版社, 2007, p.598.《漢書‧藝文志》: 能諷書九千字以上,乃得為史。

Lord Li Si wrote *Cang Jie Pian* (《倉頡篇》), we consider it was the learning material for characters. We can learn from some the scholars[22] that did research of the philology of Qin, in case we can get a glimpse of what characters, as qualified a Qin official from, should learn. The books of 《急就篇》[23]、《中國古代語文教育史》[24]、《秦文字通論》[25]、《中國出土古文獻十講》[26]、《中國古文字學導論》[27]、《出土文獻與秦國文學》[28] are all related with the philology of Qin.

3 In some studies of the history of mathematics in China, we can find that mathematics is a curriculum in ancient China.[29][30][31] Also,

---

22 Boltz, William G. The Origin an Early Development of the Chinese Writing System. American Oriental Series, vol. 78. New Haven, Conn.: American Oriental Society, 1994; Kern, Martin, The Stele Inscriptions of Ch'in Shih-huang: Text and Ritual in Early Chinese Imperial Representation. New Haven, CT: American Oriental Society, 2000; Lewis, Mark Edward. Writing and Authority in Early China. Albany: State University of New York Press. 1999.

23 Shi You (史游):《急就篇》, Chang Sha (長沙), 岳麓書院出版社, 1989.

24 Zhang Longhua (張隆華), Zeng Zhongshan (曾仲珊).《中國古代語文教育史》, Chengdu (成都), 四川教育出版社, 2003.

25 Wang Hui (王輝), Chen Shaorong (陳紹榮), Wang Wei (王偉),《秦文字通論》, Beijing (北京), 中華書局, 2016.

26 QiuXigui (裘錫圭),《中國出土古文獻十講》, Shanghai (上海), 復旦大學出版社, 2004.

27 Edward L. Shaughnessy (夏含夷),《中國古文字學導論》, Shanghai (上海), 中西書局, 2013.

28 Ni Jinbo (倪晉波),《出土文獻與秦國文學》, Beijing (北京), 文物出版社, 2015.

29 GuoShuchun (郭書春), *Translation and Annotation of JiuzhangSuanshu or the Nine Chatpters on Mathematical Procedures* (《九章算術譯注》), Shanghai, 上海古籍出版社, 2009.

30 Wang Yusheng (王渝生), *History of Chinese Mathematics* (《中國算學史》), Shanghai, 上海人民出版社, 2006.

31 Zou Dahan (鄒大海), *the Rising of Chinese Mathematics and the Mathematics of Pre-Qin*, Hebei science technology Press, 2001.

Mathematics was a curriculum for the official of Qin. In Qin, the government had a group of officers in charge of accounting. We call these officers Ji (計), Kuai (會), Jishu (計數), Kuaiji (會計), Zhiji (職計), Fasuan (法算). We can find solid evidence according to the Qin bamboo slips collected by Peking University and the Qin bamboo slips collected by Yuelu College. Some conversational issues of mathematics of Chinese history were sorted out by the newly excavated documents of Qin. The formula of corresponding problem, such as: bamboo slips of No. 0458 (十六兩一斤。三十斤一鈞。四鈞一石。) is the matrixing of weigh;[32] taxation problem, such as: bamboo slips of No. 0537 (取程，八步一斗。今乾之九升。述〔術〕曰：十田八步者，以為實。以九升為法。如法一步。不盈步，以法命之。) is the way to calculate area, and other kinds of mathematics problems are analyzed.[33] With these research studies of mathematics of Qin, it would be helpful for us trying to resort the original teaching material within the education system in Pre-Han.

4 Law School Study of Qin (秦律令學) is a well-studied topic; these studies are valuable for this topic. Since Qin followed the rule of "Law as education," learning the law of Qin is in a certain level learning the teaching materials of Qin. The newly excavated documents provide to us the precise materials. For the perspective of the completeness and quantity of the legal documents of Qin, Qin

---

32 The content of bamboo slips of No. 0458/0303/0646 in Qin bamboo slips of Yuelu.

33 Xiao Can (蕭燦), *The research of Mathematics of Qin bamboo slips collected by Yulu College*, Social Sciences Academic Press (China), Beijing, 2015.

bamboo slips of Yunmeng Shuihudi are very impressive. The Eighteen Qin Statutes (秦律十八篇), the statutes concerning Checking (效律), Miscellaneous Excerpts from Qin Statutes (秦律雜抄), Answers to Questions concerning Qin Statutes (法律答問) and Models for sealing and Investigating (封診式) of Qin Law caused more concerns form the scholars of Law school study of Qin. Different versions of translation of Qin Law of Qin bamboo slips of Yunmeng Shuihudi, such as the Remnants of Ch'in Law,[34] were published. Other than translation, the analysis and research of Law School Study of Qin were published as well. Scholars tried different ways to analysis law school study of Qin. Some scientifically organized the original excavated documents into the way that other people who has no background of paleography could read.[35] Some combined Qin Law and Legalist's School to do the research, trying to systematically describe the general theoretical principle of legalist through Qin Law and the legal practice of Qin.[36] Some separated the Qin Law into topic to topic for further discussion of Law school study of Qin, trying to find out the relationship among Qin Law and its society, the punishment of Qin Law.[37] As the thesis mentioned above, Qin Law

---

34 A.F.P. Huleswe, Remnants of Ch'in Law, E. J. Brill Publisher, 1985.

35 Organization team of bamboo slips of Qin tomb of Shuihudi (睡虎地秦墓竹簡整理小組), *Bamboo slips of Qin tomb of Shuihudi* (《睡虎地秦墓竹簡》), Wenwu Press, Beijing, 1978.

36 Li Jin (栗勁), *The general theory of Qin Law* (《秦律通論》), Shangdong Renmin publisher, Jinan, 1985.

37 Cao Lvning (曹旅甯), *New discovery of Qin Law* (《秦律新探》), China Social Sciences Press, Beijing, 2002.

would be an important of our study of teaching material of Qin, so, the research of Law School Study of Qin would valuable.

In the meanwhile, except Law School Study of Qin, Law School Study of Han could be draw lessons from. In Han dynasty, the chancellor Xiao He make Han Law based on Qin Law. Even the Han Law failed to be handed down from past generations, in 1983, more than 500 pieces of bamboo slips were found in the Han tomb of Zhangjiashan, Hubei (湖北張家山漢墓). These Han bamboo slips were titled as Two Year Laws (二年律令). The explanation of Two Year Law was studied.[38]　The relationship between Qin Law and Han Law was studied.[39]

From document analytic angle combed the fundamental sequence of ideas that the teaching material of Legalist's School developed greatly. The teaching materials of Legalist' school are important to the history of education.

---

38 Zhu Honglin（朱紅林）, *The Explanation Collection on the Two Year Laws of Zhangjiashan Bamboo Slips* (張家山漢簡《二年律令》集釋), Social Sciences Academic Press (China), Beijing, 2005.

39 Wang Yanhui (王彥輝), 張家山漢簡《二年律令》與漢代社會研究, Beijing, Zhonghua Book Company, 2010. pp.1-4.

A preliminary study on "Official-learn-to-be" and "Official as Teacher" of the Qin Bamboo Slips of Yunmeng Shuihudi

Wen Rujia, Cheung Wai Po

Most of the major tenets of the Legalists were fully developed and formulated between 380 and 230 B.C., during the late Warring States period. The central theme of the legalists' political philosophy is the supremacy of authority and the centralization of power in the sovereign. According to *the Bibliographical Treaties of the History of Han Dynasty*, Legalist school remains 217 chapters. [1] They advocated the total subordination of the common people to the ruler and the domination of the state over society. The Legalist tented of governance probably constitute the earliest theory of totalitarianism, their ideas exerted an important impact on the institution building and state building of the Chinese bureaucratic empire and on Chinese political practice throughout the

---

[1] Ban Gu (班固), *Han Shu (The Bibliographical Treaties of the History of Han Dynasty)* (《漢書》), Zheng Zhou (鄭州), 中州古籍出版社, 2007, p.598.《漢書·藝文志》卷三十，藝文志第十 (右法十家，二百一十七篇)。

imperial era. The legalists conceived of law primarily as a penal tool the ruler uses to maintain his governance over his subjects and propounded the rule by law, not the rule of law.[2] The works of the Legalists school are mainly about the maintenance and consolidation of the power of the ruler (君主集權). There were several famous and eminent Legalists known during pre-Qin China, and the writings of them comprised a set of consistent themes and doctrines of Legalists' school. The famous and eminent Legalists were including Guan Zhong (管仲), Li Kui (李悝), Wu Qi (吳起), Shen Dao (慎到), Shen Buhai (申不害), Shang Yang (商鞅), Li Si (李斯) and Han Fei (韓非). Ban Gu (班固) listed 10 Legalists, which include Li Kui, Shang Yang, Shen Buhai, Shen Dao, Han Fei and others.[3] The pre-Qin Legalists were incumbents of prominently positioned political offices; many of them were chancellors (such as Shang Yang) and chief ministers. They fulfilled the needs of the rules admirably by making political reform from the bottom level of the society to the aristocracy under the condition of China was a war of all against all among the various states. The Legalist school gave great impact to the education, policy making and social formation. It was a key to those states for survival and striving for supremacy among other states.

The education system of official-learn-to-be (學吏制度) of Qin was developed under this circumstance and first brought up in the book of the philosophers of the warring states. According to the difficulty of Bian He

---

2 Zhengyuan Fu, China's Legalists the Earliest Totalitarians and Their Art of Ruling, New York, M.E. Sharpe, 1996.

3 Ban Gu (班固), *Han Shu (The Bibliographical Treaties of the History of Han Dynasty)* (《漢書》), Zheng Zhou (鄭州), 中州古籍出版社, 2007, p.598.

of Han Fei Zi《韓非子‧和氏》,[4] it was written that, Shang Yang taught Duke Xiao of Qin to burn the book of poetry and history and thereby make laws and orders clear.[5] The officials were those understand laws and orders and taught the meaning of the laws and orders to the public. That made official as teacher in a certain way. Furthermore, according to the fixing of rights and duties of the book of Lord Shang,[6] it was written that, therefore did the sages set up officers and officials for the laws and mandates, who should be authoritative in the empire, in order to define everyone's rights and duties, so that these being definite.[7] To set up the officials of laws as the teachers of the world was in order to clarify the rights and duties. Not only Lord Shang considered officials should be the teachers of the public, in the opinion of Han Fei, he viewed affirmation of *law as education* and *official as teacher*.

All above are the views of the philosophers, however, if the thoughts were brought into practice, we did not sure about it, due to the lack of documentary records. In the past, scholars usually took the *Shi Ji* as the authorized document and pointed out that the *officials as teacher* was started on 213 B.C., which was the 34th years of the first emperor of Qin.

---

4 *Han Fei Zi* (《韓非子》), translated in to English by W.K.Liao, translated in to modern Chinese by Zhang Jue, Beijing (北京), the commercial press (商務印書館), 2015, pp. 238-247.《韓非子‧和氏》：……商君教秦孝公以連什伍，設告坐之過，燔《詩》、《書》而明法令，……

5 *Han Fei Zi* (《韓非子》), translated in to English by W.K.Liao, translated in to modern Chinese by Zhang Jue 張覺, Beijing 北京, the commercial press 商務印書館, 2015, p.245.

6 《商君書‧定分》：……故聖人必為法令置官也，置吏也，為天下師，……

7 Duyvendak J. J. L.; Trans. into modern Chinese, Gao. Heng. *The Book of Lord Shang*. Guilin: Guangxi Normal University Press, 2006. p.354.

During that year, Qin government took the policy which brought by the chancellor Li Si and promulgated by the empire about *official as teacher*. From then on, *official as teacher* was officially became the education system of official-learn-to-be. Due to the newly excavated documents were found in recent years, especially, *the Qin bamboo slips of Yunmeng Shuihudi* (雲夢睡虎地秦簡) which was made after the reforms of Shang Yang and before the unification of Qin empire, they supplemented the related document, and we found from these newly excavated documents that the beginning of the *official as teacher* was way before 213 B.C.

The newly excavated documents provide to us the precise materials. For the perspective of the completeness and quantity of the legal documents of Qin, Qin bamboo slips of Yunmeng Shuihudi are very impressive. *The Eighteen Qin Statutes* (《秦律十八篇》), *The statutes concerning Checking* (《效律》), *The Miscellaneous Excerpts from Qin Statutes* (《秦律雜抄》), *The Answers to Questions concerning Qin Statutes* (《法律答問》) and *The Models for sealing and Investigating* (《封診式》) of Qin Law caused more concerns form the scholars of Law school study of Qin. Different versions of translation of Qin Law of Qin bamboo slips of Yunmeng Shuihudi, such as the Remnants of Ch'in Law,[8] were published. Other than translation, the analysis and research of Law School Study of Qin were published as well. Scholars tried different ways to analysis law school study of Qin. Some scientifically organized the original excavated documents into the way that other people who has

---

8 A.F.P. Huleswe, Remnants of Ch'in Law, E. J. Brill Publisher, 1985.

no background of paleography could read.[9]   Some combined Qin Law
and Legalist's School to do the research, trying to systematically describe
the general theoretical principle of legalist through Qin Law and the legal
practice of Qin.[10]   Some separated the Qin Law into topic to topic for
further discussion of Law school study of Qin, trying to find out the
relationship among Qin Law and its society, the punishment of Qin Law.[11]
As the thesis mentioned above, Qin Law would be an important of our
study of teaching material of Qin, so, the research of Law School Study of
Qin would valuable.

Thanks to the newly excavated documents, we could have a more
complete picture of the education system of *official as teacher*.

It was needed to develop a group of qualified officials to deal with
the daily management base on the fact of the huge number of
miscellaneous affairs during the expansion of Qin state. To raise proper
officials became an issue and it was popular to learn to be an official
during that time.

Before the unification of Qin Empire, there was public education (學
室) set up by government; after the unification of Qin Empire, there was
"Anyone who wants to learn, learn from the official." (「有欲學者,以吏

---

9   Organization team of bamboo slips of Qin tomb of Shuihudi (睡虎地秦墓竹簡整理小組),
    Bamboo slips of Qin tomb of Shuihudi (睡虎地秦墓竹簡), Wenwu Press (文物出版社),
    Beijing (北京), 1978.

10 Li Jin (栗勁), The general theory of Qin Law (《秦律通論》), Shangdong Renmin
    publisher, Jinan, 1985.

11 Cao Lvning (曹旅甯), New discovery of Qin Law (《秦律新探》), China Social
    Sciences Press, Beijing, 2002.

為師。」). [12]   This was a policy made by the chancellor of Qin, Li Si. However, in the newly excavated document of *the Qin bamboo slips of Yunmeng Shuihudi*, before the unification of Qin Empire, there was some policy related with "*official as teacher.*" One is in *the Statutes Concerning the Miscellaneous* (《內雜史》), of *the Eighteen Qin Statutes* (《秦律十八篇》), it says: "if (persons) are not sons / students of clerks, they must not venture to study in the study-room. Those who transgress this ordinance will have committed a crime." (「非史子也，毋敢學學室。」)[13] We can tell from this newly excavated document that, there was specialized study-room to train officials. The clerks were the officials who doing paperwork, archives work and engrossment in government agencies at all levels.   In the meanwhile, clerks also did the training work to develop disciples in this area. The archaeologist found varies funeral objects in the grave of Xi (喜) and *the Qin bamboo slips of Yunmeng Shuihudi*. And scholars believe that Xi was a Qin official who copied these large quantities of bamboo slips of Yunmeng Shuihudi.

   Xi was a typical case to tell what a civil official should learn and do. In the materials of *the Chronological Record* (《編年紀》) of *the bamboo slips of Yunmeng Shuihudi*, we could see that Xi was actually a civil official doing legal education. He started his official position in the third year of Zheng (政), the ruler of Qin.[14]   After one year, in the fourth year

---

12 Sima Qian (司馬遷), *Shi Ji* (《史記》), Xuchang (許昌), 中州古籍出版社, 1996, pp. 714-721.《史記・李斯列傳第二十七》。

13 Hulsewé, A. F. P. *Remnants of Ch'in Law*. Leiden: E.J. Brill, 1985, p.87.

14 雲夢睡虎地十一號墓，《編年記》：「三年，卷軍。八月，喜揄史。」(揄：引，出。這裡「揄史」為引進為史官，史是從事文書事務的小官吏。)

of ruler Qin Zheng, Xi was a low level official named Yu Shi (御史).[15] And at the sixth year of ruler Qin Zheng, Xi became an official of Ling in Anlu (安陸令史), which was a position as a subordinate of county magistrate in charge of paperwork.[16] Then next year, he was an official in Yang (鄢令史).[17] At the twelfth year of ruler Qin Zheng, Xi was transferred to a position to rule the prison by judging cases in Yang.[18] In this whole process, Xi was doing civil works related with document and cases hearing. That might be the main reason Xi copied these great amounts of legal related documents and buried with himself.

The clerks of *the Statutes Concerning the Miscellaneous* of *the Eighteen Qin Statutes* were part of the members of officials in the *official as teacher*. The meaning of this bamboo slips was that only the sons / disciples of clerks could learn in the study-room. The teaching in the study-room mentioned above, was charged with tale in hand of those qualified officials, which had the professional proficiency and did what they teach in the study-room as routine work. The students, who studied in the study-room, could begin their work as an assistant official after a certain time of learning and pass the qualifying examination.

Even more, not everyone could enter into the education system of official-learn-to-be and become an official. Those people with criminal record were in the limitation and not allowed to be officials. We can tell this policy form *the bamboo slips of Yunmeng Shuihudi*: "persons in

---

15　雲夢睡虎地十一號墓，《編年記》:「(四年)，□軍。十一月，喜□安陸□史。」

16　雲夢睡虎地十一號墓，《編年記》:「六年，四月，為安陸令史」

17　雲夢睡虎地十一號墓，《編年記》:「七年，正月甲寅，鄢令史。」

18　雲夢睡虎地十一號墓，《編年記》:「十二年，四月癸丑，喜治獄鄢。」

detention who are able to write must not be made to engage in the work of clerks." (「下吏能書者，毋敢從史之事。」)[19]; "Hou, robber guards as well as the multitude of persons under detention one should not venture to make assistants of clerks of government storehouses, as well as guards of Forbidden Parks" (「侯。司寇及群下吏毋敢為官府佐、史及禁苑憲盜。」).[20] These policies made sure the unobstructed way of official-to-be for the students who study in the study-room and leaded people of official-want-to-be to learn in the regulatory place. And these policies made the management, training and control of the students easier. Except these regulation founded in *the bamboo slips of Yunmeng Shuihudi*, there was law specially equipped with the management of students, named *the Law of the Expel of Student* (《除弟子律》) . It was a law related with the management, development and appointment of the students. Some regulation was kept in *the Miscellaneous excepts from Qin statutes* (《秦律雜抄》) of *the bamboo slips of Yunmeng Shuihudi*. The meaning of original text[21] was discussed by varies scholars, some said the meaning of the text was "when the students finish study, his status as a student should be dismissed, he graduated but his student status did not be dismissed, the official in charge of the student status should be punished."[22] However, other scholars[23] had second opinion of the original text. The research

---

19　Hulsewé, A. F. P. *Remnants of Ch'in Law*. Leiden: E.J. Brill, 1985, p.88.

20　Hulsewé, A. F. P. *Remnants of Ch'in Law*. Leiden: E.J. Brill, 1985, p.88.

21　《睡虎地雲夢秦簡·秦律雜抄》：「當除弟子籍不得，置任不審，皆耐為侯。」

22　Zhang Jinguang (張金光),《秦制研究》, Shanghai (上海), 上海古籍出版社，2004年，p.711.

23　Including the Organization team of bamboo slips of Qin tomb of Shuihudi (睡虎地秦墓竹簡整理小組)，Hulsewé, A. F. P.,Li Qin Tong (李勤通), Zhou Dong Ping (周東平) and so on.

team of the bamboo slips of Yunmeng Shuihudi and scholar Hulsewé, A. F. P. considers the meaning of the original text was "when (a person) is warranted to appoint retainers (but) the population register does not allow this, (or) when appointments are made carelessly, (such case) are all punished by shaving off the beard and being made a *hou* (侯)." Even there were disagreement of the explanation of the original text; we could find in both explanations that there was registration / student status of the education system of official-learn-to-be in Qin.

One thing could be pointed out in the education system of official-learn-to-be in Qin. Following the original text, it was said, "employment of one's retainers in excess (of the norms established by) the statutes, as well as beating them, is fined one suit of armour; if the skin is broken (the fine is) two suits of armour."[24] Which means that, during that time, the retainers/officials could employ and even beat the students in the range of the law.

If a student could not finish his course, consequence would be initiated. It was said that "when a coachman has been appointed in the past four years and he is unable to drive, the person who taught him is fined one shield, he is dismissed and he has to make good four years' statute labor and military service."[25] We know that before the unification of Qin Empire, all states were in a chaotic situation of drastic wars, the military service was rigorous and rigid. In this document, we can tell that being a student could have an important advantage than other people. They could

---

24 Hulsewé, A. F. P. *Remnants of Ch'in Law*. Leiden: E.J. Brill, 1985, p.105.

25 《睡虎地雲夢秦簡・秦律雜抄》:「駕騶除四歲，不能駕御，貲教者一盾；免，賞（償還）四歲（徭）戍。」

avoid military service. Only if the student did not achieve his goal of the course in a certain time, there would be consequence. The coachman in the text mentioned above was a typical example. That should be an important reason for people to enter in the education system of official-learn-to-be.

There were civil and military officials during the period of Qin and Han dynasties. Different kinds of officials had to learn different skills to approach their position.

The main task for civil officials was to deal with related paperwork so that the daily management could be run systematically and smoothly. Writing documents, hearing cases, making records, training students and educating the public and other works were all belonged to civil officials. The standards were at least the following three: firstly, based on "Persons in detention who are able to write must not be made to engage in the work of clerks,"[26] the official had to know how to write. This was the basic requirement. Secondly, civil official had to be capable to deal with the civil affairs, and thirdly was to understand the legal document. One was the position requirement of dealing with cases; other was to educate the public to make them understand the meaning of the legal statutes.

At the view of the ruling class, the education system of official-learn-to-be was not only for the control of training officials and the passing on knowledge of the laws to the public, but also for the autocratic government to have a full control of the culture education.

---

26 《秦律十八種・內史雜》：下吏能書者，毋敢從史之事。

黃老學說與司馬遷的經濟思想[*]

趙善軒

一　前言

　　《漢書‧司馬遷列傳》載有一段班固（西元 32-92 年）批評司馬遷（西元前 145-前 90？年）的言論，其云：「（太史公）……又其是非頗繆於聖人，論大道則先黃老而後六經，序遊俠則退處士而進姦雄，述貨殖則見崇勢利而羞賤貧，是其所蔽也。」[1]引文中的重點是，班固指出司馬遷重視黃老多於儒學，進而影響到司馬遷的經濟思想，使其「崇勢利而羞賤貧」，班固對司馬遷的評價對後世有很深的影響，司馬遷也因此被視為漢代前期黃老學派的一員。《史記‧貨殖列傳》中，處處表現司馬遷肯定追求財富、改善生活、享受奢樂的渴望。從經濟思想史的觀點來看，對人性欲望的肯定是釋放生產力的前提，而司馬遷的觀點是具有劃時代性的。司馬遷的自由經濟思想，早已為中外學人所認知。[2]然而，司馬遷在史書中多次推崇黃老，但漢

---

[*] 本文是根據拙作《司馬遷的經濟史與經濟思想》（臺北市：萬卷樓圖書股份有限公司，2017年1月）部分章節改寫而成。

[1] 《漢書‧司馬遷列傳》，頁2738。

[2] 關於司馬遷的自由主義傾向，宋敘五已作了深入的討論，並初步指出司馬遷與西方經濟學家阿當史密相似之處。經濟學家Leslie Young也提出類似的觀點，並從經濟學理論作了比較深入的分析，此引起Y. Stephen Chiu, Ryh-Song Yeh等學者的興趣，觸發起一場國際期刊上的學術爭論，其重點在於司馬遷是否真的比阿當史密早一千多年，提出超前的自由主義經濟思想。此後，這個課題在美國學術界引起了廣泛的討

初的黃老學說的內涵是什麼？它又是如何影響司馬遷的經濟思想？這
是本文所關注的問題。同時，本文是為了日後深入討論司馬遷經濟思
想提供基礎背景。

　　由於本文將涉及討論司馬遷的經濟思想，而經濟學是西方的學術
產物，故不得不借助英譯《史記》，其中漢學家 B.Watson 在哥倫比亞
大學出版社的版本是最廣為人知，也是目前最權威的版本之一[3]，譯
者對於漢初黃老學說的分析如下：

　　　"Only three continued to be of any real importance in the Han
　　　period; the Confucian, the legalist, and the Taoist, the last often
　　　referred to as 'the teaching of yellow Emperor and Laozi'......
　　　Taoism. First was the Taoist quietism, with its philosophy of "non-
　　　action". For the empire as a whole Taoism advocated a policy of
　　　lasses-faire allowing the people to follow their desires and
　　　instincts without interference from the government. (*The Records
　　　of the Grand Historian*, translated by Watson,1993 Han Dynasty I,
　　　pp. 259-260）

論。趙善軒的《司馬遷的經濟史與經濟思想》也對司馬遷與西方古典學派作了比
較。可參見宋敘五，〈從司馬遷到班固：論中國經濟思想的轉折〉，宣讀於中國經濟
思想史學會第十屆年會，2002年9月20日-23日於西財經大學；Leslie Young, The TAO
of Markets: SIMA QIAN And The Invisible Hand, *Pacific Econo*mic Review, Volume 1,
Issue 2, 1996, pp.137-145; Y. Stephen Chiu, Ryh-Song Yeh, Adam Smith versus Sima
Qian: Comment on the Tao of markets, *Pacific Economic Review*, Volume 4, 1999, Issue
1, pp.79-84; Ken McCormic, Sima Qian and Adam Smith, *Pacific Economic Review*,
Volume 4, Issue 1, pp.85-87, Blackwell Publishers Ltd. 1999.

3　William H. Nienhauser另有一版本*The Grand Scribe's Record*，並有詳細注解，由印第
　安出版社出版，擬另文再作討論。

B. Watson 把黃老學說譯成 "the teaching of yellow Emperor and Laozi policy"，又把其核心理論「無為」譯成 "non-action"，並歸類為道家的一支，其所根據的很可能是司馬談（？-西元前 110 年）所說：「道家無為，又曰無不為……其術以虛無為本，以因循為用。無成執，無常形，故能究萬物之情。不為物先，不為物後，故能為萬物主。有法無法，因時為業；有度無度，因物與合。……」[4] B. Watson 又指黃老學說是主張容許人民追求其本性之所好者，更以古典經濟學所主張的 lasses-faire（自由放任）類比，而 lasses-faire 是自由主義的重要概念。然而，經濟學上的自由放任也有許多不同的層次，即使是當代自由主義的代表人物海耶克（Von Hayek），他在不同時期對此也有不同的解釋，海耶克中年之時對於政府的經濟行為仍然有一定的容忍，到了晚年，則完全敵視政府的干預行為。那麼司馬遷的黃老學說是哪一種的自由放任，則值得進一步探討。

二　黃老學說與漢初政治

　　林劍鳴在《秦漢史》一書說：「從惠帝開始『黃老政治』成為統治階級有意識地自覺地推行的統治術，在此後的半個多世紀內，『黃老治術』成為一個時代精神，或作一個時代的趨勢。」[5]「黃老」一詞，除新近的出土文獻外，最早是出自《史記》一書[6]，而書中至少二十六次載有黃老一詞，《漢書》也有十八次之多。漢初的黃老學派實有別於先秦的道家，這從一九七三年出土的馬王堆三號墓的《黃老

4　《史記‧太史公自序》，頁3289-3292。
5　林劍鳴：《秦漢史》（上海市：上海人民出版社，2003年3月），頁267。
6　陳佩君：《先秦道家的心術與主術——以《老子》、《莊子》、《管子》四篇為核心》，頁3。

帛書》中，可窺知一二，書中的黃老學說是以老子為基礎，託黃帝之言，再混合各派而成的新學說。

　　陳鼓應認為《黃老帛書》中的《黃帝四經》，最遲出於戰國中晚期的齊國稷下學人[7]，而楊芳華指出黃老之學既不完全屬於「黃學」，又不完全屬於「老學」，而是自成一派的學說。[8]黃老之學吸收各家各派的精要，也包括法家學說，故有指黃老是「溫和的法家」，更有人直接稱呼為「道法家」或「法道家」[9]，信奉黃老之術的漢文帝也「本好刑名之言」。[10]黃老學說主張「道生法」，為刑名之法提供了理論基礎。[11]所以，刑名非是法家的專利，它也是黃老學說的主要工具，故有部分學者把「齊（國）法家」與黃老之學劃上等號。[12]在司馬遷眼中，慎到（西元前 395-前 315 年）、申不害（西元前 385～前 337 年）、韓非（西元前 281-前 233 年）等法家學者，也與黃老之學

7　陳鼓應：《黃帝四經今注今譯》（臺北市：臺灣商務印書館，1995年），頁36-38。

8　楊芳華：《漢初黃老學說的經世觀及其實踐》（高雄市：國立中山大學中國文學系碩士論文，2006年），頁9。

9　楊芳華：〈漢初黃老學說的經世觀及其實踐〉，頁12-13。

10　《史記・儒林列傳》，頁3122；「西漢人所謂的「黃老」，因為思想必須因應政治現況而趨向落實，致使學術思想因內容傾向「明確化」而導致範圍上縮小。西漢人所謂的「黃老」已經由先秦籠統的「天道大格局」的思維經由發展而落實為基本上以「道、法、刑名」為主要範圍的「黃老」思想。」見劉榮賢：〈先秦兩漢所謂「黃老」思想的名與實〉，《逢甲人文社會學報》第18期（2009年6月），頁11。

11　「（黃老帛書〈經法〉認為）人主國君作為「執道者」，一方面，面對形而下的政治生活世界，而有生法、立法、執法、立刑、定名、度量、循理、建政等實踐。另一方面，作為天下最高的立法者，執政者亦須體察天地之道根源於「道」，而且此「道」亦是「人事之理」，天道可在天下實現。換言之，統治者乃「道生法」的樞紐，是自然理則化為人事法則的樞紐，「執道者」即應用形上道理作形下政治的實踐者。」謝君直，〈治國與治身——馬王堆黃老帛書〈經法〉的道論〉，《揭諦》30：145-179（2016年1月），頁172。

12　黃漢光：《黃老之學析論》（臺北市：鵝湖出版社，2000年5月），頁126-127。

有密切的關係。[13]陳鼓應指出，一般認為屬於法家的代表作《管子》一書的部分篇章，也是戰國晚期齊國稷下學者的作品，與管仲其人的思想並非完全一致，書中內容很大程度上是屬於道家取向，並且主張道法結合，由老莊的理想主義走入現實社會，對後來的黃老思想有深遠影響。[14]由此可見，「道法家」之說絕非無中生有。劉笑敢也認為，黃老之學與先秦道家的分別，是在於後者傾向現實應用，它比之先秦《老子》抽象的理論更為理性。[15]簡言之，漢初的黃老學說是一種較具彈性的哲學思想，它以道家哲學為本，同時重視刑名之法的一面[16]，同時也主張盡量較少的政府干預行為，在此背景下，形成了漢初管治的基本格局。

　　一九八三年於江陵出土的西漢墓中，藏有大量的張家山漢簡（書寫時間為西元前 187-前 179 年左右）[17]，簡文載有漢代初年頒行的法

---

13 「申子之學本於黃老而主刑名。著書二篇，號曰申子。」「韓非者，韓之諸公子也。喜刑名法術之學，而其歸本於黃老。〔索隱〕按：劉氏云「黃老之法不尚繁華，清簡無為，君臣自正。韓非之論詆駁浮淫，法制無私，而名實相稱。故曰『歸於黃老』。」斯未為得其本旨。今按：韓子書有〈解老〉、〈喻老〉二篇，是大抵亦崇黃老之學耳。」（《史記‧老子韓非列傳》，頁2146）。「慎到，趙人。田駢、接子，齊人。環淵，楚人。皆學黃老道德之術，因發明序其指意。」（《史記‧孟子荀卿列傳》，頁2347）。

14 陳鼓應：《管子四篇詮釋——稷下道家代表作解析》（北京市：商務印書館，2009年），頁3-27；參見陳佩君：《先秦道家的心術與主術——以《老子》、《莊子》、《管子》四篇為核心》，頁245。

15 劉笑敢：《老子古今》（北京市：中國社會科學出版社，2006年5月），頁370。

16 依據陳麗桂教授分析黃老道家思想之政治哲學意涵，具有以下四大理論特色：（一）黃老之學是一種以「無為」為政治手段，無不為為目的，虛無因循、執簡馭繁、高效不敗的政術。（二）為了與時俱進，順應萬方，黃老之學兼採各家，以成其說，並強化老子的雌柔守後為順時應變，靈活萬端之術。（三）黃老之學堅信治身、治國一體互牽，故論統御，也重養生。（四）黃老政術以虛靜因任與刑名為政治思想主要內容。見廖書賢：〈由道到術：西漢黃老政治思想的演變〉，《育達科大學報》第44期（2017年4月），頁64。

17 李零：《簡帛古書與學術源流》（北京市：讀書‧生活‧新知三聯書店，2009年），頁99、117。

律文書,是研究漢代社會經濟史的重要文獻,此屬於法律條文,沒有經過史學家與知識分子的人工修飾,一般認為是呂后(西元前 241-前 180 年)二年時發布的律令,名為《二年律令》。漢承秦律,簡文處處反映漢初奉行黃老的呂后時代,刑名仍然是政府的主要管治哲學。曾加認為,當中的一些法律,處處表現「事統尚法」的傾向。[18] 朱紅林也指出漢初政府(高、惠、呂之時)對經濟活動諸多規範,尤其是對貨幣有嚴格的規範,一反我們對漢初完全自由放任的理解。[19] 由此可見,黃老學說治下的刑法嚴明,並不等於完全放任。

另一方面,戰國晚期,齊國的稷下已成為學術重鎮,黃老學說也在此地異軍突起,成為當世顯學。[20] 漢初的丞相曹參(西元前?-前 190 年)長居齊國之地,受到當地社會風氣感染,漸漸成為了黃老學說的信徒,實在理所當然,誠如全漢昇先生所指:「蕭何死後,曹參繼其為中央政府之相,將其在齊國九年來所推行清靜無為的辦法用之全國,使人民均安定而增產。」[21] 又,《史記‧樂毅列傳》載:

> 「河上丈人教安期生,安期生教毛翕公,毛翕公教樂瑕公,樂瑕公教樂臣公,樂臣公教蓋公。蓋公教於齊高密、膠西,為曹相國師。」[22]

《史記‧曹相國世家》,頁二〇二九:

18 曾加:《張家山漢簡法律思想研究》(北京市:商務印書館,2008年2月),頁14。

19 朱紅林:《張家山漢簡《二年律令》研究》(黑龍江:黑龍江人民出版社,2008年),頁200-201。

20 「田叔者,趙陘城人也。其先,齊田氏苗裔也。叔喜劍,學黃老術於樂臣公所。」《史記‧田叔列傳》,頁2775。

21 全漢昇:《中國社會經濟史》(北京市:北京聯合出版社,2016年5月),頁54。

22 《史記‧樂毅列傳》,頁2436。

「孝惠帝元年，除諸侯相國法，更以參為齊丞相。……聞膠西有蓋公，善治黃老言，使人厚幣請之。既見蓋公，蓋公為言治道貴清靜而民自定，推此類具言之。參於是避正堂，舍蓋公焉。其治要用黃老術，故相齊九年，齊國安集，大稱賢相。」[23]

《史記・曹丞相世家》，頁二〇三〇：

「惠帝怪相國不治事，以為『豈少朕與』？乃謂窋曰：『若歸，試私從容問而父曰：高帝新棄群臣，帝富於春秋，君為相，日飲，無所請事，何以憂天下乎？然無言吾告若也。』窋既洗沐歸，窋侍，自從其所諫參。參怒，而笞窋二百，曰：『趣入侍，天下事非若所當言也。』至朝時，惠帝讓參曰：『與窋胡治乎？乃者我使諫君也。』參免冠謝曰：『陛下自察聖武孰與高帝？』上曰：『朕乃安敢望先帝乎！』曰：『陛下觀臣能孰與蕭何賢？』上曰：『君似不及也。』參曰：『陛下言之是也。且高帝與蕭何定天下，法令既明，今陛下垂拱，參等守職，遵而勿失，不亦可乎？』惠帝曰：『善。君休矣！』」

上述幾條引文，明確地點明了漢代的管治者的哲學根源為黃老學說。[24]同時，漢初的幾位丞相，始終堅持地把黃老之學具體地實踐出

23　《史記・曹相國世家》，頁2029。

24　司馬遷認為因漢初政府奉行「無為」而治，寬減了秦代的嚴刑峻法，故對漢初政府的評價甚高，他認為此一政策增加了商人投資的意欲，使得虞農工商百業並興，人民生活水平上升，人民富足、社會繁榮安定，其描寫出來的景象，實在是人類生活最幸福的模式，政府連刑罰也不常用，就是代表人民懂得自律。懂得自律的原因是當時社會經濟已相當富足，即司馬遷不下一次說「倉廩實而知禮節，衣食足而知榮辱」。東漢時位列三公的張純，也聲言要學習曹氏的「無為」，范曄：《後漢書・張

來。[25]《史記·曹相國世家》又指出：「（曹）參為漢相國，清靜極言合道。然百姓離秦之酷後，參與休息『無為』，故天下俱稱其美矣。」（頁 2031）司馬遷道出了黃老學說在漢初受到重視的根本原因，就是面對戰後社會復原的處理，並考慮到秦代政府過於「有為」而使百姓受苦，再加上在社會資源極有限的情況下，寬鬆的管治與積極的不干預政策，司馬遷也認為如此對於社會發展最為有利。以下史料說明了黃老學說的在漢初社會的具體實踐，《史記·平準書》，頁一四一七載：

> 「漢興，海內為一，開關梁，弛山澤之禁，是以富商大賈周流天下，交易之物莫不通，得其所欲，而徙豪傑諸侯彊族於京師。」

《史記·呂太后本紀》，頁四一二：

> 「太史公曰：孝惠皇帝、高后之時，黎民得離戰國之苦，君民俱欲休息乎『無為』。故惠帝垂拱，高后女主稱制，政不出房戶，天下晏然，刑罰罕用，罪人是希。民務稼穡，衣食滋殖。」

相反，原本推行的《二年律令·金布律》對經濟活動處處限制，不利社會自由發展，簡文載：

曹鄭列傳》，頁1193：「在位慕曹參之迹，務於『無為』，選辟掾史，皆知名大儒。明年，上穿陽渠，引洛水為漕，百姓得其利。」

25 除了曹參以外，蕭何、陳平、文景二帝，推也是漢初行黃老的代表性人物。「陳丞相平少時，本好黃帝、老子之術。」（《史記·陳丞相世家》，頁2062）

1. 「有鬻買其親者，以為庶人，勿得奴婢。諸私為鹽，煮濟、漢，及有私鹽井鹽者，稅之，縣官取一，主取五。采銀租之，縣官給櫜，436（F75）」

2. 「□十三斗為一石，□石縣官稅□□三斤。其□也，牢櫜，石三錢。租其出金，稅二錢。租賣穴者，十錢稅一。采鐵者五稅一；其鼓銷以 437（F68）」

3. 「為成器，有五稅一。采鉛者十稅一。採金者租之，人日十五分銖二。民私采丹者租之，男子月六斤九兩，女子四斤六兩。438（F67）」[26]「盜鑄錢及佐者，棄市。同居不告，贖耐。正典、田典、伍人不告，罰金四兩。或頗告，皆相除。尉、尉史、鄉部官 201（C252）

4. 「智人盜鑄錢，為買銅、炭，及為行其新錢，若為通之，與同罪。203（C251）捕盜鑄錢及佐者死罪一人，予爵一級。其欲以免除罪人者，許之。捕一人，免除死罪一人，若城旦舂、鬼薪白粲二人，隸臣妾、收人、204（C267）」

漢承秦律，對於關梁山澤以及課稅有嚴密的控制，從上引《二年律令》所見，採鐵稅為百分之二十五，而採丹者則按人頭、按月收費，而男姓的收費又高於女姓，此是考慮到男姓採丹的能力相對較高，而數量較多，即是說屬於累進徵稅；律令又規定擴大居宅時，不許與原來的屋宅相連。[27]在文帝開放山林池澤之前，漢初一直徵收開發稅，煮鹽稅為六分之一；採鉛稅為十分之一；採金稅為每人十五分銖二等

---

26 朱紅林：《張家山漢簡二年律令集釋》（北京市：社會科學文獻出版社，2005年1月），頁255。

27 高敏：〈從《張家山漢簡二年律令》看西漢前期土地制度〉收於《秦漢魏晉南北朝史考論》，頁134。

等。[28]漢文帝（西元前 203 年-前 157 年，西元前 180-前 157 年在位）即位後，宣布「令諸侯毋入貢，弛山澤」[29]、「崇仁義，省刑罰，通關梁」[30]，並下令開放秦代以來實行的關梁山澤之禁，使經濟得以自由發展。「弛山澤」是指把採礦業私營，等於將貨幣的發行權開放與諸侯與民間。[31]更重要的是，漢文帝五年四月，正式「除錢律」使到「民得鑄錢」[32]，漢初的「錢律」最重要的一條，是對非法鑄造錢幣者，實行嚴刑懲治[33]，即文帝廢除錢律，意味任由王公、商人、一般人民合法地鑄錢，以增加貨幣的供應量，即《鹽鐵論‧錯幣第四》所說的「文帝之時，縱民得鑄錢、冶鐵、煮鹽。」[34]這代表文帝把不干預的政策具體地執行，開創了無為而治的經濟政策的時代。錢穆先生指出，周官是規定山林是政府所有，但春秋以來政府無力干預，農民、商人擅自開發，做成既定事實[35]，秦以及漢初政府雖有嚴律禁止，但執行成本太大，又不利於經濟發展，漢文帝將人民開發的權利合法化，是為黃老學說在貨幣、鹽鐵等方面的具體實踐，所以說，文帝比起高祖、呂后更加信奉黃老學說，並將其推向高峰。另方面，英

---

28 高敏：〈關於漢代有戶賦、貲錭及各種礦產稅新證〉收於《秦漢魏晉南北朝史考論》，頁162。

29 《史記‧文帝本紀》，頁270。

30 《漢書‧賈鄒枚路傳》，頁2367。

31 臧知非：〈張家山漢簡所見西漢礦稅制度試析〉收於《張家山漢簡二年律令研究文集》（廣西市：廣西師範大學出版社，2007年6月），頁126。

32 《史記‧漢興以來將相名臣年表》，頁1126。

33 朱紅林，《張家山漢簡二年律令集釋》：「智人盜鑄錢，為買銅、炭，及為行其新錢，若為通之，與同罪。203（C251）捕盜鑄錢及佐者死罪一人，予爵一級。其欲以免除罪人者，許之。捕一人，免除死罪一人，若城旦舂、鬼薪白粲二人，隸臣妾、收人、204（C267）諸謀盜鑄錢，頗有其器具未鑄者，皆黥以為城旦舂。智為及買鑄錢具者，與同罪。208（F140）」

34 《鹽鐵論校注》，頁57。

35 錢穆：《國史大綱》（香港：商務印書局，1996年6月），頁90-91。

譯《史記‧平準書》有關漢文帝時的貨幣政策的譯文如下：

> "In the time of emperor Wen, because the "elm-pod" coins, minted earlier, had grown to numerous and light in weight, new coins were weighting four Shu and inscribed with the words *banliang* or "half-tael", the people were allowed to mint at will." (Han Dynasty II, p.62).《史記‧平準書》載：「至孝文時，莢錢益多，輕，乃更鑄四銖錢，其文為半兩，令民縱得自鑄錢。」

B. Watson 把漢文帝的放鑄政策譯為 "the people were allowed to mint at will"，比起許多中文著作更清楚明白地為此下了定義，其意即是容許人民鑄錢，容許者，是一種由上而下的取態，權在國家，非在人民，此與古典經濟學派強調自由是與生俱來的權利完全不同，它不視自由的經濟活動為人民的天賦權利，相對於邊沁（Jeremy Bentham），其認為法律是對自由的一種侵害[36]，漢初的黃老學派則把刑法看作必須的手段，只不過是主張把限制減到最少，而把放鑄視為一種對社會有益的政策而已。由此觀之，漢文帝的黃老之術與完全的自由放任並不能視作等同，它既不是無政府主義（Anarchism），也不是主張干預萬惡的自由人主義（Libertarianism）。本文認為，漢初的黃老學說更類近於當代哲家諾齊克（Robert Nozick）主張的有限政府（minimal state）學說，他在 *Anarchy, State and Utopia* 一書中，從哲學的層面上提出政府應集中地積極防止犯罪、保障財產、維持穩定以及為經濟活動提供道德的基礎，在其他的職能上，政府不能完全「無為」而是當擔當「守夜人」的角色（night-watchman state）。諾齊克認為在經濟活動上，政府應盡量尊重人民的選擇與經濟上的自由分配，此與司馬遷

---

36 石元康：〈海耶克論自由與法治〉《廿一世紀》第56期（1999年12月），頁82。

把黃老學說的「無為」發展為「善者因之」不謀而合，司馬遷等黃老學者也不是要求政府什麼也不要做，而要順應（allowed）人的本性去追求欲望，使人民自由發展。當然，比起諾齊克而言，黃老學說更多地認為「無為」是一種手段，而非目的。

三　司馬遷時代與黃老學說

在司馬遷少壯之年，黃老學說是社會的主流價值，它仍然深深影響到這個時代。《史記・武帝本紀》，頁四五二：

> 元年，漢興已六十餘歲矣，天下乂安，薦紳之屬皆望天子封禪改正度也。而上鄉儒術，招賢良，趙綰、王臧等以文學為公卿，欲議古立明堂城南，以朝諸侯。草巡狩封禪改歷服色事未就。會竇太后治黃老言，不好儒術，使人微得趙綰等姦利事，召案綰、臧，綰、臧自殺，諸所興為者皆廢。

《史記・魏其武安侯列傳》，頁二八四三：

> 「時諸外家為列侯，列侯多尚公主，皆不欲就國，以故毀日至竇太后。太后好黃老之言，而魏其、武安、趙綰、王臧等務隆推儒術，貶道家言，是以竇太后滋不說魏其等。」

《漢書・禮樂志》，頁一○三一：

> 「至武帝即位，進用英雋，議立明堂，制禮服，以興太平。會竇太后好黃老言，不說儒術，其事又廢。」

《漢書・武帝紀》，頁一五七：

> 「二年冬十月，御史大夫趙綰坐請毋奏事太皇太后，及郎中令
> 王臧皆下獄，自殺。」（引者按：顏師古注引應劭曰：『禮，婦
> 人不豫政事，時帝已自躬省萬機。王臧儒者，欲立明堂辟雍。
> 太后素好黃老術，非薄《五經》。因欲絕奏事太后，太后怒，
> 故殺之。』）

從上引文所見，漢武帝初年實際掌權的竇太后（？-前 135），也是黃
老學說的忠實信徒，她要求皇帝、太子及外戚大臣都要讀黃老之書[37]，
而黃老之學是當世顯學，竇太后曾經因為儒生譏諷黃老學說而差點殺
人。[38]司馬遷在此背景下成長，其所學多受先秦諸子影響，他既自認
是繼承周公、孔子，一方面又在書中大力推崇黃老學說，在引用父親
司馬談的〈論六家要旨〉時[39]，其餘五家學說多少都有一些批評，只
對於道家一派沒有作出任何負面評價。對於諸子百家，司馬談父子主
張既批評，又肯定的做法，而各家各派的學說都有所吸收，此反映了
司馬遷與黃老學說一樣，也是極具彈性，其中充分反映在司馬遷主張
「善者因之」之中。[40]簡言之，在司馬遷眼中，他也不完全反對政府

---

37 「竇太后好黃帝、老子言，帝及太子諸竇不得不讀黃帝、老子，尊其術。」（《史
記・外戚世家》，頁1975）漢景帝重用法家學者晁錯，在放鑄政策上，他廢除了文
帝的民得放鑄，把民間的鑄錢權回收，只剩下諸侯的權利，令放鑄政策失效，由此
也說明了他並不如文帝般信奉黃老，但他仍受到竇太后的影響，此時期尚可視為黃
老之治的時期，但其實已正在褪色。

38 竇太后好老子書，召轅固生問老子書。固曰：「此是家人言耳。」太后怒曰：「安得
司空城旦書乎？」乃使固入圈刺豕。（《史記・儒林列傳》，頁3123。）

39 《史記・太史公自序》，頁3289-3292。

40 「太史公曰：夫神農以前，吾不知已。至若詩書所述虞夏以來，耳目欲極聲色之
好，口欲窮芻豢之味，身安逸樂，而心誇矜勢能之榮使。俗之漸民久矣，雖戶說以
眇論，終不能化。故善者因之，其次利道之，其次教誨之，其次整齊之，最下者與

的經濟行為，只是認為一般情況下，認為「無為」比起「有為」更「善」而已，他反對的，只有與民爭利的「最下」手段。

司馬遷壯年之時，漢武帝一改黃老學說指導的管治風格，從「無為」變到積極的「有為」，並直接與百姓爭奪利益，無所不用其極，此更進一步牴觸他的經濟思想，故他在《史記・平準書》（頁 1142-1143）批評當時政策，其云：「然各隨時而輕重無常。於是外攘夷狄，內興功業，海內之士力耕不足糧饟，女子紡績不足衣服。古者嘗竭天下之資財以奉其上，猶自以為不足也。無異故云，事勢之流，相激使然，曷足怪焉。」漢武帝「有為」地追求功業，導致百姓受苦，民不聊生。除了軍事擴張，漢武帝的「有為」主要體現在他的新經濟政策。同時，新經濟政策大幅增加了國庫的收入[41]，使得國富民窮，而令政府有足夠的資源再作「有為」之事。《漢書・武帝紀》，頁一七八載：

之爭」。（《史記・貨殖列傳》，頁3253）英譯的解說更加明白和準確，其云："The Grand Historian remarks：I know nothing about the times of Shen Nong and before but, judging by what is recorded in the odes and Documents, from the ages of Emperor Shun and the Xia dynasty down to the present, ears and eyes have always longed for the ultimate in beautiful sounds and forms, mounts have desired to taste the best in grass-fed and grain-fed animals, bodies have delighted in ease and comfort, and hearts have swelled with pride at the glories of power and ability. So long have these habits been allowed to permeate the lives of the people that, though one were to go from door to door preaching the subtle argument of the Taoists, he could never succeed in changing them. The highest type of ruler accepts the nature of the people, the next best leads the people to what is beneficial, the next gives them moral instruction, the next forces them to be orderly, and the very worst kind enters into competition with them." (Shi ji 129, Han II, pp. 433-434) Watson, B. (1993) Sima Qian：Records of the Grand Historian in 3 volumes (Han II) (New York：Columbia University Press) 案：司馬遷把因之、利道之、教誨之、整齊之分了等級，因之是最善，利道之為next best，其餘均是可行之法，唯獨爭之是不能接受的。

41 《鹽鐵論校注・非鞅》，頁93：「鹽、鐵之利，所以佐百姓之急，足軍旅之費，務蓄積以備乏絕，」

> 有司言關東貧民徙隴西、北地、西河、上郡、會稽凡七十二萬
> 五千口，縣官衣食振業，用度不足，請收銀錫造白金及皮幣以
> 足用。初算緡錢。

《史記・平準書》，頁一四二五又載：

> 異時算軺車賈人緡錢皆有差，請算如故。諸賈人末作貰貸賣
> 買，居邑稽諸物，及商以取利者，雖無市籍，各以其物自占，
> 率緡錢二千而一算。諸作有租及鑄，率緡錢四千一算。非吏比
> 者三老、北邊騎士，軺車以一算；商賈人軺車二算；船五丈以
> 上一算。……匿不自占，占不悉，戍邊一歲，沒入緡錢。有能
> 告者，以其半畀之。賈人有市籍者，及其家屬，皆無得籍名
> 田，以便農。敢犯令，沒入田僮。

漢武帝採用了楊可告緡之策，以律法來搶奪商人的權益，並鼓勵了人
與人之間的背叛與出賣，結果使得「中家以上大抵皆遇告。」武帝任
用酷吏主掌司法，造成了大批冤獄，大批中產階級因此而破產[42]，再
加上鹽鐵、平準、均輸等與民爭利的政策，一方面令國庫充實，同時
又令到漢初經濟多元而繁華之情境不再，商人失去了自由的經營環
境。[43]同時，一如許多獨裁者般，積極有為的漢武帝又對反對新經濟
政策的異見者加以打壓，《漢書・酷吏傳・義縱》載：

---

42 《史記・平準書》，頁1435：「卜式相齊，而楊可告緡徧天下，中家以上大抵皆遇告。
杜周治之，獄少反者。乃分遣御史廷尉正監分曹往，即治郡國緡錢，得民財物以億
計，奴婢以千萬數，田大縣數百頃，小縣百餘頃，宅亦如之。於是商賈中家以上大
率破，民偷甘食好衣，不事畜藏之產業，而縣官有鹽鐵緡錢之故，用益饒矣。」

43 班固的〈貨殖傳〉抄錄了司馬遷記錄的商人後，就再無出眾的人物可寫了，直至西
漢晚期，才有商人值得書寫幾句，此反映政策對當代社會所造成的災難性影響。

義縱，河東人也……後會更五銖錢白金起，民為姦，京師尤甚，乃以縱為右內史，王溫舒為中尉。溫舒至惡，所為弗先言縱，縱必以氣陵之，敗壞其功。其治，所誅殺甚多，然取為小治，姦益不勝，直指始出矣。吏之治以斬殺縛束為務，閻奉以惡用矣。縱廉，其治效郅都。上幸鼎湖，病久，已而卒起幸甘泉，道不治。上怒曰：「縱以我為不行此道乎？」銜之。至冬，楊可方受告緡，縱以為此亂民，部吏捕其為可使者。天子聞，使杜式治，以為廢格沮事，棄縱市。[44]

《史記·平準書》，頁一四四〇：

式既在位，見郡國多不便縣官作鹽鐵，鐵器苦惡，賈貴，或彊令民賣買之。而船有算，商者少，物貴，乃因孔僅言船算事。上由是不悅卜式。

《漢書·公孫弘卜式兒寬傳》，頁二六八二：

元鼎中，徵式代石慶為御史大夫。式既在位，言郡國不便鹽鐵而船有算，可罷。上由是不說式。明年當封禪，式又不習文章，貶秩為太子太傅，以兒寬代之。式以壽終。

武帝的新經濟政策推出以後，國家的收入自此大幅增加，[45]進一步令

---

44 《漢書·酷吏傳》，頁3654-3655。

45 「及楊可告緡錢，上林財物眾，乃令水衡主上林。上林既充滿，益廣。是時越欲與漢用船戰逐，乃大修昆明池，列觀環之。治樓船，高十餘丈，旗幟加其上，甚壯。於是天子感之，乃作柏梁臺，高數十丈。宮室之修，由此日麗。乃分緡錢諸官，而

到政府追求更加的「有為」，遂與漢初的黃老學說背向，走得愈來愈遠，而官吏在推行經濟政策之時，有機可乘，侵吞利益，令百姓利益進一步受到損害，使百姓不安，民不聊生。鹽鐵政策以排富商大賈，最後形成國富民窮之局面。對此，司馬遷直斥其非：

> 會渾邪等降，漢大興兵伐匈奴，山東水旱，貧民流徙，皆仰給縣官，縣官空虛。於是丞上指，請造白金及五銖錢，籠天下鹽鐵，排富商大賈，出告緡令，鉏豪彊并兼之家，舞文巧詆以輔法。湯每朝奏事，語國家用，日晏，天子忘食。丞相取充位，天下事皆決於湯。百姓不安其生，騷動，縣官所興，未獲其利，姦吏並侵漁，於是痛繩以罪。[46]

凡此種種，皆與司馬遷信奉的黃老學說所不容，也是任何抱持自由化傾向的知識分子所不能接受，戰國晚期的黃老學派就已經提倡「賦斂有度則民富，民富則有佴（恥）」。[47]相反，法家要追求富國強兵，要實現國家強大則必須「有為」，而有為則要以高稅率來支持，那麼就必然會損害人民的利益，而黃老學說主張「無為」，那麼政府也不應有太大的財政需要，故藏富於民，則民有恥，從此天下大治。故此，文景二帝以低稅、免租來作為黃老之治的具體實踐，武帝卻反其道而行。為此，司馬遷引用借關內侯之言：「縣官當食租衣稅而已，今弘

水衡、少府、大農、太僕各置農官，往往即郡縣比沒入田之。其沒入奴婢，分諸苑養狗馬禽獸，及與諸官。諸官益雜置多，徒奴婢眾，而下河漕度四百萬石，及官自糴乃足。」（《史記・平準書》，頁1436。）「於是天子北至朔方，東到太山，巡海上，並北邊以歸。所過賞賜，用帛百餘萬匹，錢金以巨萬計，皆取足大農。」（《史記・平準書》，頁1441。）

46 《史記・酷吏列傳》，頁3140。
47 陳鼓應：《黃帝四經今註今釋》，〈經法・君正〉，頁119。

羊令吏坐市列肆，販物求利。亨（烹）弘羊，天乃雨。」[48]並以此語為〈平準書〉的結語，藉此表達時人對於新經濟政策的嚴重不滿，足見司馬遷的著作充滿諷刺文學的特色，而非單純的史學作品。之後，他補充說：

> 太史公曰：……及至秦，中一國之幣為三〔二〕等，……於是外攘夷狄，內興功業，海內之士力耕不足糧饟，女子紡績不足衣服。古者嘗竭天下之資財以奉其上，猶自以為不足也。無異故云，事勢之流，相激使然，曷足怪焉。[49]

此案語反映了司馬遷對於「外攘夷狄，內興功業」的極度不滿，從字裏行間，也感受到司馬遷的憤怒。漢武後死後，夏侯勝（生卒不詳）指出：「武帝雖有攘四夷廣土斥境之功，然多殺士眾，竭民財力，奢泰亡度，天下虛耗，百姓流離，物故者（過）半。蝗蟲大起，赤地數千里，或人民相食，畜積至今未復。亡德澤於民，不宜為立廟樂。」[50]夏侯勝犯死敢言，直斥武帝「有為」的管治，造成史無前例的困境，而武帝的「有為」令戶口減半，實在是極為嚴重的人道災難，向來保守的班固於〈昭帝紀〉的贊語中也間接地批評漢武帝，他說：

> 承孝武奢侈餘敝師旅之後，海內虛耗，戶口減半，光知時務之要，輕繇薄賦，與民休息。至始元、元鳳之間，匈奴和親，百姓充實。舉賢良文學，問民所疾苦，議鹽鐵而罷榷酤，尊號曰

---

48 《史記‧平準書》，頁1422。
49 《史記‧平準書》，頁1422。
50 《漢書‧眭兩夏侯京翼李傳》，頁3156。

「昭」，不亦宜乎！[51]

昭帝時（西元前 94-前 74 年），在大將軍霍光（？-前 68 年）推動下，舉行了一場鹽鐵會議，討論新經濟政策的存廢，賢良文學力主廢除與大夫爭鋒相對，其理據也是漢初「無為」下能使社會富足，國家才得以大治，其云：

> 昔文帝之時，無鹽、鐵之利而民富今有之而百姓困乏，未見利之所利也，而見其害也。且利不從天來，不從地出，一取之民間，謂之百倍，此計之失者也。[52]

誠如李埏《史記‧貨殖列傳研究》所說：「司馬遷的這一經濟思想主要是針對武帝時期實行的鹽鐵官營、酒榷[53]、平準、均輸[54]等政策，而司馬遷是極力反對這些政策的。」[55]當然，面對漢武帝的所作所為，司馬遷的經濟思想主要表現在他的史書裏的微言大義之中，而非理論性

---

51 《漢書‧昭帝紀》，頁223。

52 《鹽鐵論校注‧非鞅第七》，頁93。

53 「竊聞治人之道，防淫佚之原，廣道德之端，抑末利而開仁義，毋示以利，然後教化可興，而風俗可移也。今郡國有鹽、鐵、酒榷，均輸，與民爭利。散敦厚之樸，成貪鄙之化。是以百姓就本者寡，趨末者眾。夫文繁則質衰，末盛則質虧。末修則民淫，本修則民愨。民愨則財用足，民侈則饑寒生。願罷鹽、鐵、酒榷、均輸，所以進本退末，廣利農業，便也。」（《鹽鐵論校注‧本議第一》，頁5。）

54 「……今釋其所有，責其所無。百姓賤賣貨物，以便上求。間者，郡國或令民作布絮，吏恣留難，與之為市。吏之所入，非獨齊、阿之縑，蜀、漢之布也，亦民間之所為耳。行姦賣平，農民重苦，女工再稅，未見輸之均也。縣官猥發，闔門擅市，則萬物并收。萬物并收，則物騰躍。騰躍，則商賈侔利。自市，則吏容姦。豪吏富商積貨儲物以待其急，輕賈姦吏收賤以取貴，未見準之平也。蓋古之均輸，所以齊勞逸而便貢輸，非以為利而賈萬物也。」（《鹽鐵論校注‧本議第一》，頁5。）

55 李埏，《史記‧貨殖列傳研究》（昆明：雲南大學出版社，2002年），頁177。

地提出來。後來，昭帝最終聽取賢良文學之言，暫緩了許多漢武帝時「國進民退」的新經濟政策，並以「無為」取代「有為」，再一次奉行與民休息政策，社會才得以漸漸恢復，重回正軌。事情的發展，說明了司馬遷與黃老學說皆反對過分「有為」實屬先見之明。[56]

三 總結

本文主要目的是在於疏理司馬遷經濟思想的背景，指出他早年生活在黃老主導的時代，也受到父親司馬談的影響，成為了黃老學說的忠實信徒，而在司馬遷的經濟思想中，主要是承繼了「無為」的訓示，並在《史記》中處處表達對漢武帝新經濟政策的不滿，反對新經濟政策與民爭之，由此發展成「善者因之」的哲學觀，他偏好於有限作為的「小政府」，否定與民爭利的「大政府」，但也與漢初的黃老學說一樣，並不完全反對政府的經濟行為，所以在「善者因之」之後，還有「其次利導之」，和「再次教誨之」等不同層次。[57]另方面，司馬遷也在黃老學說的基礎上發展出肯定人性追求富貴的欲望的經濟思想，司馬遷認為人類為了滿足追求富貴的欲望，可以甘於勞動筋骨、忍受嗜欲、冒著風險，甚至赴湯蹈火。[58]他又指出人性本來就有享樂的本能，本來就是人類為求精神或肉體的滿足，如權力、口腹、耳目之慾等等。為了達到目的，人類往往不惜一切，勇往直前[59]，又說

---

56 趙善軒，《司馬遷的經濟史與經濟思想》（臺北市：萬卷樓，2017年）。

57 《史記·貨殖列傳》，頁3253。

58 《史記·貨殖列傳》：「能薄飲食，忍嗜欲，節衣服，與用事僮僕同苦樂，趨時若猛獸摯鳥之發。」

59 「太史公曰：夫神農以前，吾不知已。至若詩書所述虞夏以來，耳目欲極聲色之好，口欲窮芻豢之味，身安逸樂，而心誇矜埶能之榮使⋯⋯」（《史記·貨殖列傳》，頁3253。）

「夫千乘之王，萬家之侯，百室之君，尚猶患貧，而況匹夫編戶之民乎？」[60]上述意見，也與黃老學說講求「順應自然」有關，但卻又有異於「清靜」的原則，可見司馬遷既有繼承，又有革新，他可列入黃老學派的人物，但與戰國至漢初的黃老學派不能完全等同，可算是自成一家，此方面，可參考作者專門探討司馬遷經濟思想的文章。

---

60 司馬遷：《史記·貨殖列傳》，頁3256。

從英譯《史記》看司馬遷「善者因之」[*]

趙善軒

一　前言

The Grand Historian remarks: I know nothing about the times of
Shen Nong and before but, judging by what is recorded in the odes
and Documents, from the ages of Emperor Shun and the Xia dynasty
down to the present, ears and eyes have always longed for the
ultimate in beautiful sounds and forms, mounts have desired to
taste the best in grass-fed and grain-fed animals, bodies have
delighted in ease and comfort, and hearts have swelled with pride
at the glories of power and ability. So long have these habits been
allowed to permeate the lives of the people that, though one were
to go from door to door preaching the subtle argument of the
Taoists, he could never succeed in changing them. The highest
type of ruler accepts the nature of the people, the next best leads
the people to what is beneficial, the next gives them moral

---

[*]　本文是在《司馬遷的經濟史與經濟思想》（臺北市：萬卷樓圖書公司，2017年1月）
一書部分章節作大規模修改、伸延而成。

instruction, the next forces them to be orderly, and the very worst kind enters into competition with them. (Shi ji 129, Han II, pp. 433-434) Watson, B. (1993) Sima Qian: Records of the Grand Historian in 3 volumes (Han II) (New York: Columbia University Press)

以上是美國漢學家 Burton D. Watson（1925-2017）對司馬遷「善者因之」的譯文，此書在上世紀六十年代美國哥倫比亞大學出版社首度出版，而此版本是當今流通最廣、影響最大的《史記》英文譯本之一。譯者 Watson 自上世紀五十年代碩士論文起，一直深研《史記》等中文古籍，功力甚深，值得研究中國古代史者注意。本文認為，目前各種中文書籍對司馬遷經濟思想核心的「善者因之」的解釋十分跳躍，也有不少是語意不清，反而不及 Watson 譯本之準確，本文寫作之目的，是希望借助 Watson 的譯本以及各種古籍，再加上出土文獻，了解司馬遷經濟思想核心的意義。

二 析論

在展開討論以前，先閱讀《史記・貨殖列傳》的原文：

太史公曰：夫神農以前，吾不知已。至若詩書所述虞夏以來，耳目欲極聲色之好，口欲窮芻豢之味，身安逸樂，而心誇矜埶能之榮使。俗之漸民久矣，雖戶說以眇論，終不能化。故善者因之，其次利道之，其次教誨之，其次整齊之，最下者與之爭。[1]

1　〈貨殖列傳〉，《史記》，頁3253。

《史記正義》解釋為：

> 言其善政者，因循清淨隨俗而誘之，其次以利引之，其次設化變改之，整齊不貪之，最下者與眾爭利及夸矜也。[2]

日本學者瀧川資言《史記會注考證》云：

> 因，從自然也，利，順利之。利，非利益之利。道，讀為導。最下者與之爭，譏武帝興利。[3]

再看現代學者的分析，胡寄窗：

> 善者因之的意思是指不主張人為的干涉。[4]

趙靖指出：

> （司馬遷）提出了以放任為主的善因論，反對封建政府對社會經濟生活過多干預。[5]

宋敘五：

---

2 同上註。

3 〔日〕瀧川資言：《史記會注考證》（新校本）（臺北市：天工書局，1993年），頁1354。

4 胡寄窗：《中國經濟思想史》（上海市：上海財經大學出版社，1998年），中冊，頁53-55；《司馬遷思想研究》（北京市：華文出版社，2005年），頁258。

5 趙靖主編：《中國經濟思想通史》修訂本（北京市：北京大學出版社，2002年12月），第1冊，頁603。

政府經濟政策的最善者，是順其自然，對人民的經濟生活不加
干涉。其次是因勢利導。再次是用教育的方法說服人民，再次
是用刑罰規限（他認為是法律）人民，最差的方法是與民爭
利。[6]

汪錫鵬：

司馬遷「善者因之」的思想是對工商業不加限制、聽其自然發
展的一種政策措施，文景時期，封建統治者對工商業實行的也
不是什麼「因之」政策，司馬遷對於工商業的態度前後相互矛
盾。[7]

楊芳華：

上引《史記正義》的解釋，認同「因之」是指「因循之術」。[8]

不難發現，上述學者的解釋並未能令「善者因之」的定義更加清楚明
白，下文將以 Watson 的譯本進一步分析。

（一）釋「善者因之」

司馬遷原文用了善者、其次、最下的排列，本文認為歷來中文的
注解多數語意不明，含混不清，「因循之術」到底又是所指何物，也

6　宋敘五：〈從司馬遷到班固──論中國經濟思想的轉折〉，「中國經濟思想史學會第
　十屆年會」論文（太原市：中國經濟思想史學會主辦，2002年9月20-23日），頁4。
7　王明信、俞樟華：《司馬遷思想研究》（北京市：華文出版社，2005年），頁259。
8　楊芳華：《漢初黃老學說的經世觀及其實踐》（高雄市：國立中山大學中國文學系研
　究所碩士論文，2006年），頁195。

沒有更明確的解釋，Watson 卻具體地說明，司馬遷的原意是指統治者應接受人欲望，並順應此讓其自由發展，而善者因之的前文為「太史公曰：夫神農以前，吾不知已。至若詩書所述虞夏以來，耳目欲極聲色之好，口欲窮芻豢之味，身安逸樂，而心誇矜埶能之榮使。俗之漸民久矣，雖戶說以眇論，終不能化。」[9]

英譯為 The Grand Historian remarks: I know nothing about the times of Shen Nong and before but, judging by what is recorded in the odes and Documents, from the ages of Emperor Shun and the Xia dynasty down to the present, ears and eyes have always longed for the ultimate in beautiful sounds and forms, mounts have desired to taste the best in grass-fed and grain-fed animals, bodies have delighted in ease and comfort, and hearts have swelled with pride at the glories of power and ability. So long have these habits been allowed to permeate the lives of the people that, though one were to go from door to door preaching the subtle argument of the Taoists, he could never succeed in changing them. (p.434) Watson 以 never 一詞來譯「終不能化」，帶有強烈的絕對性，以肯定的語氣來說明為政者的無能為力。由此可見，司馬遷先指出人性之種種欲望，包括享樂、安逸、誇榮等種種自我中心的行為，無論執政者如何教化百姓，終不能化解人性的根本，司馬遷認為與其徒然為之，何不接受人性本來如此，並讓其自由發展。這是西周以來，儒家高舉人性本善，強調抑制慾望的反面。

司馬遷《史記‧貨殖列傳》一開首便說：「老子曰：『至治之極，鄰國相望，雞狗之聲相聞，民各甘其食，美其服，安其俗，樂其業，至老死不相往來。』必用此為務，輓近世塗民耳目，則幾無行矣。」

9　〈貨殖列傳〉，《史記》，頁3253。

（頁3253）英譯為 Lao Zi has said the under the idea form of government, "thought states exist side by side, so close that they can hear the crowing of each other's cocks and the barking of each other's dogs…" it is doubtful that one would have much chance of success! (p.433)

上段引文指出老子的理想境界，在近代社會已不能達到，Watson 以 doubtful 來表示司馬遷對老子理想境界的懷疑，這是因為統治者都不懂順應人性的發展，而是想盡辦法把欲望打壓。他認為接受人性的陰暗面，才能釋放出人類的動力，社會才能進步，故 Watson 把「善者因之」意譯為 The highest type of ruler accepts the nature of the people，是比起《史記正義》解釋為「因循之術」合理得多，也比起歷來認為順應自然更為生動。漢興以來至武帝初年竇太后主事之時，一直奉行「黃老治術」[10]，如林劍鳴所言：「從惠帝開始『黃老政治』成為統治階級有意識地、自覺地推行的統治術，在此後的半個多世紀內，『黃老治術』成為一個時代精神，或作一個時代的趨勢。」[11]司馬遷對此評價極高，其在《史記‧呂太后本紀》云：

---

10 《史記‧孝武本紀》：「元年，漢興已六十餘歲矣，天下乂安，薦紳之屬皆望天子封禪改正度也。而上鄉儒術，招賢良，趙綰、王臧等以文學為公卿，欲議古立明堂城南，以朝諸侯。草巡狩封禪改歷服色事未就。會竇太后治黃老言，不好儒術，使人微得趙綰等姦利事，召案綰、臧，綰、臧自殺，諸所興為者皆廢。」（頁452）《史記‧魏其武安侯列傳》：「時諸外家為列侯，列侯多尚公主，皆不欲就國，以故毀日至竇太后。太后好黃老之言，而魏其、武安、趙綰、王臧等務隆推儒術，貶道家言，是以竇太后滋不說魏其等。」（頁2843）《漢書‧禮樂志》：「至武帝即位，進用英雋，議立明堂，制禮服，以興太平。會竇太后好黃老言，不說儒術，其事又廢。」（頁1031）《漢書‧武帝紀》：「二年冬十月，御史大夫趙綰坐請毋奏事太皇太后，及郎中令王臧皆下獄，自殺。」顏師古引應劭曰：「禮，婦人不豫政事，時帝已自躬省萬機。王臧儒者，欲立明堂辟雍。太后素好黃老術，非薄五經。因欲絕奏事太后，太后怒，故殺之。」（頁157）

11 林劍鳴：《秦漢史》（上海市：上海人民出版社，2003年4月），頁267。

太史公曰：孝惠皇帝、高后之時，黎民得離戰國之苦，君民俱欲休息乎無為。故惠帝垂拱，高后女主稱制，政不出房戶，天下晏然，刑罰罕用，罪人是希。民務稼穡，衣食滋殖。[12]

又《史記・樂毅列傳》：

河上丈人教安期生，安期生教毛翕公，毛翕公教樂瑕公，樂瑕公教樂臣公，樂臣公教蓋公。蓋公教於齊高密、膠西，為曹相國師。[13]

《史記・曹相國世家》：

太史公曰：……參為漢相國，清靜極言合道。然百姓離秦之酷後，參與休息無為，故天下俱稱其美矣。[14]

〈曹相國世家〉：

惠帝怪相國不治事，以為「豈少朕與」？乃謂窋曰：「若歸，試私從容問而父曰：『高帝新棄群臣，帝富於春秋，君為相，日飲，無所請事，何以憂天下乎？』然無言吾告若也。」窋既洗沐歸，窋侍，自從其所諫參。參怒，而笞窋二百，曰：「趣入侍，天下事非若所當言也。」至朝時，惠帝讓參曰：「與窋胡治乎？乃者我使諫君也。」參免冠謝曰：「陛下自察聖武孰

---

12 司馬遷：《史記》，頁412。
13 司馬遷：《史記》，頁2436。
14 司馬遷：《史記》，頁2031。

與高帝？」上曰：「朕乃安敢望先帝乎！」曰：「陛下觀臣能孰
與蕭何賢？」上曰：「君似不及也。」參曰：「陛下言之是也。
且高帝與蕭何定天下，法令既明，今陛下垂拱，參等守職，遵
而勿失，不亦可乎？」惠帝曰：「善。君休矣！」[15]

上述種種，均可視作比較接近「善者因之」境界的具體實踐[16]，就是政
府盡量減少對百姓追求欲望的干預、減少官員在社會經濟發少所擔任
的角色，而曹參的「無為而治」，也成了後世的典範。[17]同時，漢初政
府取消了關查制度，[18]再加上漢文帝五年四月「除錢律」，廢除呂后時
代統一的貨幣制度，包括取消私鑄、藏鑄錢器具者死的條例[19]，使得
「民得鑄錢」[20]，放任的貨幣政策導致貨幣供應及流通量增加，促使貨
財流通不絕，社會財富也同時增加，以上政策竟達到意想不到的效果：

漢興，海內為一、開關梁，弛山澤之禁。是以富商大賈，周遊
天下，交易之物莫不通得其所欲。[21]

---

15 同上註，頁2030。

16 趙靖解釋「善者因之」時所引的「道之所符」和「自然之驗」是一致的。見《司馬遷思想研究》，頁261。

17 范曄《後漢書‧張曹鄭列傳》：「在位慕曹參之迹，務於無為，選辟掾史，皆知名大儒。明年，上穿陽渠，引洛水為漕，百姓得其利。」（頁1193）

18 高敏：〈論漢文帝〉，《秦漢魏晉南北朝史論考》（北京市：中國社會科學出版社，2004年7月），頁6。

19 《二年律令‧錢律》：「智人盜鑄錢，為買銅、炭，及為行其新錢，若為通之，與同罪。203（C251）捕盜鑄錢及佐者死罪一人，予爵一級。其欲以免除罪人者，許之。捕一人，免除死罪一人，若城旦舂、鬼薪白粲二人，隸臣妾、收人、204（C267）諸謀盜鑄錢，頗有其器具未鑄者，皆黥以為城旦舂。智為及買鑄錢具者，與同罪。208（F140）。」

20 司馬遷：〈漢興以來將相名臣年表〉，《史記》，頁1126。

21 司馬遷：〈平準書〉，《史記》，頁1420。

又：

> 至今上即位數歲，漢興七十餘年之間，國家無事，非遇水旱之
> 災，民則人給家足，都鄙廩庾皆滿，而府庫餘貨財。京師之錢
> 累巨萬，貫朽而不可校。太倉之粟陳陳相因，充溢露積於外，
> 至腐敗不可食。……故人人自愛而重犯法，先行義而後絀恥辱
> 焉。[22]

當然，釋放人性欲望在推動經濟的同時，也有一定的副作用，包括社
會風氣變得奢侈[23]與物質化[24]，而且社會人士爭相競逐[25]，並出現了市
場經濟的常見現象，即「富者奢侈羨溢，貧者窮急愁苦」的情況。[26]

---

22 司馬遷：〈平準書〉，《史記》，頁1420。

23 《史記·司馬相如列傳》：「無是公聽然而笑曰：『楚則失矣，齊亦未為得也。夫使
諸侯納貢者，非為財幣，所以述職也；封疆畫界者，非為守禦，所以禁淫也。今齊
列為東藩，而外私肅慎，捐國踰限，越海而田，其於義故未可也。且二君之論，不
務明君臣之義而正諸侯之禮，徒事爭游獵之樂，苑囿之大，欲以奢侈相勝，荒淫相
越，此不可以揚名發譽，而適足以貶君自損也。且夫齊楚之事又焉足道邪！君未睹
夫巨麗也，獨不聞天子之上林乎？』」（頁3041）

24 《鹽鐵論校注·國疾第二十八》：「僕雖不生長京師，才駑下愚，不足與大議，竊以
所聞閭里長老之言，往者，常民衣服溫暖而不靡，器質樸牢而致用，衣足以蔽體，
器足以便事，馬足以易步，車足以自載，酒足以合歡而不湛，樂足以理心而不淫，
入無宴樂之聞，出無佚游之觀，行即負贏，止則鋤耘，用約而財饒，本修而民富，
送死哀而不華，養生適而不奢，大臣正而無欲，執政寬而不苛；故黎民寧其性，百
吏保其官。建元之始，崇文修德，天下義安。」（頁332-334）又〈散不足第二十
九〉：「古者，衣服不中制，器械不中用，不粥於市。今民間雕琢不中之物，刻畫玩
好無用之器。玄黃雜青，五色繡衣，戲弄蒲人雜婦，百獸馬戲鬥虎，唐銻追人，奇
蟲胡妲。」（頁349）

25 《史記·平準書》：「宗室有土公卿大夫以下，爭于奢侈，室廬輿服僭于上，無限
度。物盛而衰，固其變也。」（頁1410）

26 班固：〈董仲舒傳〉，《漢書》，頁2521。

在此風氣下，官員既是制定者，又是龐大的利益集團，實難免謀利自肥，把自身的利益最大化，《史記・蕭相國世家》：

> 民所上書皆以與相國，曰：「君自謝民。」相國因為民請曰：「長安地狹，上林中多空地，棄，願令民得入田，毋收稿為禽獸食。」上大怒曰：「相國多受賈人財物，乃為請吾苑！」……高帝曰：「相國休矣！相國為民請苑，吾不許，我不過為桀紂主，而相國為賢相。吾故繫相國，欲令百姓聞吾過也。」
>
> 《索隱》謂：「相國取人田宅以為利，故云『乃利人』也。所以令相國自謝之。」（頁2018）

可喜的是，漢高祖及漢初諸帝尚且有節制能力，沒有像蕭何般「取人田宅以為利」。一般擁有權力者，卻會更容易受到誘惑，《二年律令・戶律》所載：「為吏及宦皇帝，得買賣舍室。」三二〇簡，這條法律容許官吏、宦者自由買賣土地，而他們擁有公權力，容易以權謀私，最後造成了嚴重的土地兼併，我們可從一九七三年出土的《鳳凰山漢簡》十號墓中有關漢景帝二年（西元前155年）的《南郡江陵縣鄭里廩簿》，該批簡文反證了當時社會低下階層生活的苦況[27]，此與漢初文景之治美好的景象形成強烈對比。

---

27 寧可：「鄭里廩簿是政府貸種食的登記本。貸種食的當時多屬貧民。這二十五戶當為貧民，其中僅二人為二十等爵中最低的『公士』，其他人未注，多半是無爵級，這也說明了他們社會地位的低下。則他們佔有土地比一般農戶要少，是很自然的。」見氏著：〈有關漢代農業生產的幾個數字〉，《北京師範學院學報》1980年第3期，後收於《寧可史學論集》（北京市：中國社會科學出版社，1999年）。

（二）釋「其次」

Watson 下筆明朗，一矢中的，其以 The highest type of ruler accepts the nature of the people 對譯「善者因之」，而 next best, next gives, next forces 分別對譯三個不同層次的「其次」，而每個「其次」均有層遞之意，最下則譯為 very worst kind，具有明顯貶抑之意。「其次」是「利道」，本文認為這是指疏導經濟，以政策吸引市場發展，故「因之」與「利道」是有一定的區別。再次是「教誨」，這裏顯然是指通過教育來改變社會風氣，上引瀧川資言則認為「教誨」是要改變人民的行為。最後，「與之爭」顯然是指直接的經濟干預，在西方自由經濟主義下，過多的干預被認為是不合理，司馬遷似乎有此傾向，故稱之為「最下」。

最後，「與之爭」顯然是指直接的經濟干預，自由經濟主義者認為，過多的干預被認為是不合理，當代西方的海耶克主義更認為干預會使政府的權力過大，導致獨裁出現，司馬遷似乎有此傾向，故稱之為「最下」，可見 Watson 以 the worst kind 來描述，是頗合中西經濟思想史之原理。

司馬遷用了「其次」二字，雖有等次之分，卻不具有排他性，可見他不一定反對「其次」的做法，而「其次」很可能是指按不同情形來處理的手法，大有因事制宜的哲學思維。從「最下」可以反推出「善者因之」是最上佳的做法，「最下」則是最不可取，則具有明顯的貶義。我們不應用「非黑即白」的思維去理解，以為太史公推崇「善者」，就必然是否定「其次」，本文卻認為司馬遷慣用多元思維，其次、再次只有序列之別，它有優次，但非否定後者。畢竟他在〈太史公自序〉指出：「民倍本多巧，姦軌弄法，善人不能化，唯一切嚴

削為能齊之。」[28]可見,他根本不完全排斥「齊之」。所以 Watson 使用 the best, the next best, the next gives, the next focuses 等詞,也能反映出原文對「因之」及「利道」有推崇之意,而「教誨」、「整齊」則只用中性字眼表達。由此可見,司馬遷並不完全反對整齊之法,只是他認為不得已而用之,但最好排在「因之」、「利道」、「教誨」之後,但「與之爭」卻是萬惡的行為,會損害人性,也會破壞社會經濟的規律,必不能用。由此可見,Watson 之譯法,實是高明。

　　〈貨殖列傳〉又云:「是故本富為上,末富次之,姦富最下。」這裏的本富是指農業,而末富是指商業,這裏的「上」也可以譯成 the best,末富也可譯成 the next,前者屬肯定之詞,後者則是中性之詞。「本末」雖有主次的意思,表面來看來,似乎仍略帶有「重農抑商」的意味,但若細閱〈貨殖列傳〉則會發覺不然,農業、商業皆受司馬遷的重視,故這裏的「其次」,也沒有排斥之意。退一步說,即使本末真的具有歧視性質,但從本文看來,也不見次之是有完全否定商業的意味,甚至有表揚正當商人之意。不過最下是配以「姦富」,「姦」當然是嚴重的指摘,故可絕對用 the worst 來形容。

　　眾所周知,司馬遷最為推崇的文景之治,也非毫無管制,故以往學者往往以「放任」(laissez-faire)一詞來概括,未免太過簡單,亦不太恰當。司馬遷對漢興七十年以來的評價極高,此可說明他並非盲目相信「放任主義」。故此,司馬遷認識到接受人性之欲,則能夠推動人類的積極性,而積極性的提升,則能夠推動生產力,故政府若能順應自然,大大有利於經濟的發展,但面對市場失靈之時,他也認為政府可以在必要時對市場進行管理,包括利導、教誨、整齊,但與之

28　《史記》〈太史公自序〉:「民倍本多巧,姦軌弄法,善人不能化,唯一切嚴削為能齊之。作酷吏列傳第六十二。」(頁3318)

爭必然會扼殺市場發展，故認為這是「最下」（the worst）的做法。

（三）釋「利道之」

根據史實，漢初政府也有奉行「利道之」的經濟政策，即是英譯的 the next best leads the people to what is beneficial，beneficial 可解為好處、利民、為人民謀福祉，前引日本學者指「利，順利之。利，非利益之利」，以現代經濟學的解釋是減低市場的經營成本，從而提升投資者進入市場的誘因，不過此恐怕會像梁啟超這一代學人為了要從傳統中國中找出與西方國家富國強兵抗衡的文化基因，[29]往往對歷史有過度的解釋。以往不少人把「因之」與「利道之」模糊化，而Watson 之譯法，卻比較保守而穩妥。

漢文帝二年推行的「入粟受爵」政策，完全符合 Watson 譯法背後的思想。當時，政府面對邊境的威脅，財政負擔沉重，為了增加收入，容許富人以捐送糧食予國家來換取爵位，即是著名的「入粟受爵」政策。根據宋敘五先生的分析，漢初的富人大多不是地主，而是商人。當時，有錢人通過爵位來換取社會地位，爵位可用作刑罰豁免，有保護人身安全的作用，故商人會向農民收購糧食，再轉政府輸

---

29 黃春興說：「早在一八九七年寫〈史記貨殖列傳今義〉時，梁啟超便特別注意西方國家富民強國的手段。當他論及西方正蓬勃發展的生計學（經濟學）時，曾感慨『彼族之富強，洵有由哉！』在他看來，一隊隊的西方商人來到中國開拓市場，雖然仰仗帝國的軍力，但真正的武器則是其強大的商品生產能力。要對抗西方的民族帝國主義，中國必須提升商品的生產能力，並培養出一隊隊的精練商人。他接受亞當斯密的主張，認為『經濟自由』是提升生產能力的最佳策略。著眼於此，梁啟超將司馬遷的『善者因之』解釋成經濟自由下的分工利益。」見氏著：〈梁啟超對抗帝國主義策略的轉變〉（新竹市：國立清華大學經濟系 working paper，1997年），頁10；周美雅：《梁啟超經濟思想之研究》（高雄市：國立中山大學中山學術研究所碩士論文，2005年），頁67。

粟換爵,如此,農產的需求上升,農民也藉此政策獲得了好處。[30]

其時,晁錯在〈論貴粟疏〉云:

> 方今之務,莫若使民務農而已矣。欲民務農,在於貴粟;貴粟
> 之道,在於使民以粟為賞罰。今募天下入粟縣官,得以拜爵,
> 得以除罪。如此,富人有爵,農民有錢,粟有所渫。……順於
> 民心,所補者三:一曰主用足,二曰民賦少,三曰勸農功……
> 爵者,上之所擅,出於口而亡窮;粟者,民之所種,生於地而
> 不乏。……[31]

據上文所述,「入粟受爵」之原意是為了增加國家的財政收入,也可
以減輕向農民徵收田稅的壓力。實際上,擴大市場對粟的需求量,糧
價因而上升,增加了生產者的收入,也促使農業趨向市場化,促進經
濟發展。本文認為此絕對符合司馬遷「利道之」的理論,利用政府手
段促進社會經濟發展。

> 《鹽鐵論·錯幣第四》:「大夫曰:文帝之時,縱民得鑄錢、冶
> 鐵、煮鹽。」[32]

> 《鹽鐵論·非鞅第七》:「文學曰:昔文帝之時,無鹽、鐵之利
> 而民富。」[33]

---

30 宋敘五:〈漢文帝時期入粟受爵政策之探討〉,《新亞書院學術年刊》第12期(1970
　 年9月),頁93-114。

31 《漢書》〈食貨志〉,頁1133-1134。

32 《鹽鐵論校注》,頁57。

33 《鹽鐵論校注》,頁93。

漢初容許百姓自由地發展冶鐵、煮鹽等行業，以致百業興旺，大大刺激商業發展[34]，即是自由放任，其實是「善者因之」的表現方法，也是藉此來釋放人性追求財富的天性。同時，政府又推行為人民謀取好處的「入粟受爵」，這可視為因之、利導並行。由此可見，文帝時代政策的多元性，當時既奉行「利道」，亦有傾向較為放任「因之」的一面。

秦代官府授田予百姓，不論田地好壞，無視田地的生產能力，一律授予人民，此見《睡虎墓地竹簡・秦律十八種・田律》：

> 入頃芻稾，以其受田之數，無狼（墾）不狼（墾），頃入芻三石、稾二石。芻自黃稾及稾束以上皆受之。入芻稾，相輸度，可稾（也）。[35]

漢初政府則不然，張家山漢簡《二年律令・田律》載：

> 田不可田者，毋行；當受田者欲受，許之。（239 簡）[36]

> 田不可狼（墾）而欲歸，毋受償者，許之。（244 簡）[37]

百姓獲得分配好田，其勞動力的投入會與收入成正比關係，必會令生產積極性大大提高，如此，《二年律令・戶律》就是政府有意為之地為人民謀求好處，改善生活的政策，是 leads the people to what is

---

34 高敏：〈從《張家山漢簡二年律令》看西漢前期土地制度〉，《秦漢魏晉南北朝史論考》，頁134。

35 朱紅林：《張家山漢簡二年律令集釋》，頁157。

36 朱紅林：《張家山漢簡二年律令集釋》，頁617。

37 朱紅林：《張家山漢簡二年律令集釋》，頁160。

beneficial 的德政。

（四）釋「教誨之」

司馬遷的經濟思想，主要是從觀察歷史發展、社會現象而來，而非依賴個人感性上的偏好，即所謂「論從史出」。他亦非現代經濟學者以創造理論模型，他與西方古典經濟學家一樣，大多數敘述也是據史而論，以事論事。欲了解西漢初年的史實，不能不參考近年出土的地下材料。

漢孝文帝時曾多番下詔，鼓勵人民發展農業，在現代經濟學的角度，是政府「選擇」某一行業，加以扶植。這應是司馬遷口中的「其次教誨之」的階段，英譯就沒有了 best 的意思，反而用了中性的 the next gives them moral instruction，而譯者用道德與教誨掛勾也頗合情理，因為中國人常講民以食為天，而漢代的天子把鼓勵農業視為愛民的根本。〈孝文本紀〉載：

> 農，天下之本，其開籍田，朕親率耕，以給宗廟粢盛。[38]

又：

> 農，天下之本，務莫大焉。今勤身從事而有租稅之賦，是為本末者毋以異，其於勸農之道未備。其除田之租稅。[39]

若以「善因論」來看，文帝此等舉措是屬於「教誨之」一類，政府利用身教言行和政策鼓勵、教育人民務農。儒家也同樣主張教誨，不過

---

38 司馬遷：〈孝文本紀〉，《史記》，頁423。
39 司馬遷：〈孝文本紀〉，《史記》，頁428。

司馬遷卻視之為「因之」、「利道」之後，效用不大的對策，即使歷來執政者都大力鼓勵農桑，但背本趨末之勢多年未改，即《漢書‧食貨志》所說「文帝即位，躬修節儉，思安百姓。時，民近戰國，皆背本而趨末。」（頁 1127）另方面，政府為了保護山林的持續發展，以及基於中國文化中對天地萬物有情的態度，漢文帝又下詔「教誨」人民，對山林資源要取之有道，不過成效也不顯著，所以又於文帝十二年再次下詔，《漢書‧文帝紀》：「吾詔書數下，歲勸民種樹，而功未興，是吏奉吾詔不勤，而勸民不明也。」（頁 124）

（五）釋「整齊之」

事實上，鼓勵的方法效用不明，那麼政府便不得不藉法律加以規管，此在文帝言更是明顯。[40]呂后在位之時，就有多條法令保護山林。江陵西漢墓出土的張家山漢簡（約西元前 187-前 179 左右）[41]《二年律令‧田律》記載：

> 禁諸民吏徒隸，春夏毋敢伐材山林，及進（壅）隄水泉，燔草為灰，取產*（麛）卵*（毃）；毋殺其繩重者，毋毒魚。（249簡）

漢承秦律，此也非漢代發明的條文，再查《睡虎地秦墓竹簡‧秦律十八種‧田律》（約西元前 217 年）[42]：

---

40 朱紅林：《張家山漢簡《二年律令》研究》（哈爾濱市：黑龍江人民出版社，2008年6月），頁200-201。

41 李零：《簡帛古書與學術源流》（北京市：生活‧讀書‧新知三聯書店，2008年1月），頁99、117。

42 李零：《簡帛古書與學術源流》，頁99。

春二月，毋敢伐材木山林及雍（壅）隄水。不夏月，毋敢夜草
為灰，取生荔、麛（卵）鷇，毋☐☐☐☐☐☐毒魚鱉，置罔
（網），到七月而縱之。唯不幸死而伐縮（棺）享（槨）者，
是不用時。邑之（近）皂及它禁苑者，麛時毋敢將犬以之田。
百姓犬入禁苑中而不追獸及捕獸者，勿敢殺；其追獸及捕獸
者，殺之。河（呵）禁所殺犬，皆完入公；其它禁苑殺者，食
其肉而入皮。[43]

反映西漢中期邊地史事的甲渠侯官遺址《塞上烽火品約》（《居延新
簡》）也有相似的記載，足見漢初的法律是有相當長時期的延續性：

吏民不得伐樹木（EPF22.49）；
☐山林，燔草為灰，縣鄉秉☐☐☐☐（EPT5.100）；
甲渠言部吏毋犯四時禁者（EPF22）[44]

漢初政府一方面奉行黃老之術的「無為而治」，但漢初諸帝也好「刑
名之言」。據《二年律令》明文規定，一般人在擴大居宅之時，不許
與原來的屋宅相連，藉此防止地方家族力量過分集中[45]，Watson 以
forces 來表示「整齊之」是非常貼切，英文的 forces，有強而有力之
含意，有 give no choice 的意味，而是以「刑名」加諸人民身上，此
與「因之」、「利道」、「教誨」大有不同，是最接近 the worst 的境界。

---

43 見朱紅林：《張家山漢簡二年律令集釋》，頁164-165。
44 以上引文均見朱紅林：《張家山漢簡二年律令集釋》，頁164-165。
45 高敏：〈從《張家山漢簡二年律令》看西漢前期土地制度〉，《秦漢魏晉南北朝史論
考》，頁134。

（六）釋「與之爭」

歷史學者李埏指出：「司馬遷的這一經濟思想主要是針對武帝時期實行的鹽鐵官營、酒榷、平準、均輸等政策，而司馬遷是極力反對這些政策的。」[46]然而，本文對此說法並不完全同意。今檢《史記‧平準書》：

> 大農之諸官盡籠天下之貨物，貴即賣之，賤則買之。如此，富商大賈無所牟大利，則反本，而萬物不得騰踊。故抑天下物，名曰「平準」。[47]

又云：

> 而孔僅之使天下鑄作器，三年中拜為大農，列於九卿。而桑弘羊為大農丞，筦諸會計事，稍稍置均輸以通貨物矣。[48]

《史記集解》孟康曰：

> 謂諸當所輸於官者，皆令輸其土地所饒，平其所在時價，官更於他處賣之。輸者既便而官有利。漢書百官表大司農屬官有均輸令。

同書同頁，瀧川資言考證說：

---

46 李埏等：《史記‧貨殖列傳研究》（昆明市：雲南大學出版社，2002年），頁177。

47 司馬遷：《史記》，頁1141。

48 司馬遷：〈平準書〉，見《史記會注考證》（新校本），頁531。

鹽鐵論本議篇，大夫曰：往者郡國諸侯，各以其物貢輸，往來煩雜，物多苦惡，或不償其費，故郡置輸官以相給運，而便遠方之貢，故曰均輸，均輸則民離勞逸。九章術，以御遠近勞費。[49]

從上可知，司馬遷指出平準之法令富商無法獲取暴（大）利，這也是他心目中的理想環境，他在〈貨殖列傳〉指出：「封者食租稅，歲率戶二百。千戶之君則二十萬，朝覲聘享出其中。庶民農工商賈，率亦歲萬息二千，百萬之家則二十萬，而更徭租賦出其中。」（頁 3272）他認為各行業合理的平均年利率（average profit rate）為百分之二十，足見他是主張取之有道，並反對過高的投資回報。在理論上，平準之法可使平抑物價，其也可納入「利道之」的範圍。至於均輸之法，司馬遷又說：「邊餘穀諸物均輸帛五百萬匹。民不益賦而天下用饒。」[50]司馬遷是承認均輸法增加了政府收入，即使在國家開支上升周期時，也不用增加正賦，減輕人民的壓力。本文認為，司馬遷最反對的，其實是鹽鐵專賣以及告緡之法，至於平準、均輸卻不一定完全反對。司馬遷大概與昭帝時鹽鐵會議中的文學賢良一樣，所反對的是因官吏的「權力尋租」（power rent seeking）而導致種種弊處，即是變質的平準、均輸政策，而非古之均輸。海耶克主義者普遍相信，凡是官僚直接主管經濟事務，則易於濫用權力，當時就有官員強迫人民購買鹽鐵器物，官員不是為求功績，就是要從中取利，此有漢代的文獻可作支持。

　　《鹽鐵論・本議第一》記載於漢昭帝之時的鹽鐵會議中，文學賢良指出其弊端：

---

49 司馬遷：〈平準書〉，見《史記會注考證》（新校本），頁531。
50 司馬遷：《史記》，頁1441。

> 文學曰：……今釋其所有，責其所無。百姓賤賣貨物，以便上求。間者，郡國或令民作布絮，吏恣留難，與之為市。吏之所入，非獨齊、阿之縑，蜀、漢之布也，亦民間之所為耳。行姦賣平，農民重苦，女工再稅，未見輸之均也。縣官猥發，闔門擅市，則萬物並收。萬物並收，則物騰躍。騰躍，則商賈侔利。自市，則吏容姦。豪吏富商積貨儲物以待其急，輕賈姦吏收賤以取貴，未見準之平也。蓋古之均輸，所以齊勞逸而便貢輸，非以為利而賈萬物也。[51]

同章又曰：

> 文學對曰：竊聞治人之道，防淫佚之原，廣道德之端，抑末利而開仁義，毋示以利，然後教化可興，而風俗可移也。今郡國有鹽、鐵、酒榷，均輸，與民爭利。散敦厚之樸，成貪鄙之化。是以百姓就本者寡，趨末者眾。夫文繁則質衰，末盛則質虧。末修則民淫，本修則民慤。民慤則財用足，民侈則饑寒生。願罷鹽、鐵、酒榷、均輸，所以進本退末，廣利農業，便也。[52]

鹽鐵會上的文學賢良指出了均輸、平準之法，在執行上引起的種種問題，新的均輸法實在不如「蓋古之均輸，所以齊勞逸而便貢輸，非以為利而賈萬物也。」[53]在漢武帝的新經濟政策以後，官員的權力不斷擴大，他們便濫用權力，擴張至「萬物並收」，因為在收物的過程

---

51 《鹽鐵論校注》，頁5。
52 《鹽鐵論校注》，頁5。
53 《鹽鐵論校注》，頁5。

中，他們利用權力之手以獲得私利。最後，更使得物價飛漲，民不聊生，政策同時又在與民爭利。[54]此即是經濟學上的「權力尋租」的現象，長遠而言，在沒有足夠的權力制衡下，政府的干涉行最終必然會導致權力腐化，而利益最大化是人之本性，官員也不能例外，他們為了擴大權力，必會濫權，而對民生造成損害，這些新自由主義經濟思想的分析，已非司馬遷可以預見。儘管官方一再為其辯護[55]，但鹽鐵會議是發生在司馬遷死去多年之後，制度或許已經變質，已不再是當年這般。然而，目前沒有足夠的材料可以證明，太史公是反對平準、均輸，本文推測，若司馬遷能預見「萬物並收」的情況，已非是他所能接受的「其次」，而是已到了「最下」的階段，故他一定會反對這種擾民的制度。

簡言之，均輸不是 the best 的選項，但 Watson 英譯的用中性詞 the next forces them to be orderly 來描述是恰到好處，但到了武帝手中，平準、均輸便變了質，最終成為司馬遷心中 the worst 之法了。

另外面，《史記‧平準書》載：「然各隨時而輕重無常。於是外攘夷狄，內興功業，海內之士力耕不足糧饟，女子紡績不足衣服。事勢之流，相激使然，曷足怪焉。」（頁 1442-1443）漢武帝為了泰山封禪、南征北伐，必然籌謀軍費[56]，所以他聽取桑弘羊之建議，推行專賣制度，不惜與民爭利。[57]然而，此是司馬遷的「善因論」中最不能

---

54 《鹽鐵論校注》，頁5。

55 《鹽鐵論校注》〈水旱第六十三〉：「議者貴其辭約而指明，可於眾人之聽，不至繁文稠辭，多言害有司化俗之計，而家人語。陶朱為生，本末異徑，一家數事，而治生之道乃備。今縣官鑄農器，使民務本，不營於末，則無飢寒之累。鹽、鐵何害而罷？」（頁429）

56 《鹽鐵論校注‧非鞅第七》：「鹽、鐵之利，所以佐百姓之急，足軍旅之費，務蓄積以備乏絕，所給甚眾，有益於國，無害於人。」（頁93）

57 許倬雲：《漢代農業》（桂林市：廣西師範大學出版社，2005年8月），頁37。《鹽鐵

允許的措施，此不單扼殺了有關行業的生存空間（〈貨殖列傳〉所記載的商人幾乎全是鹽鐵商，而司馬遷對他們推崇備至），迫使鹽鐵商無利可圖，大大不利社會經濟的發展，加上因政府介入會導致成本增加，政府不像商人為了在競爭中勝出，而必須要提升生產水平以降低成本。食鹽、鐵器是必須品，需求彈性低，無論如何百姓也不能減少對其的依賴[58]，故專賣制度實在是大大加重人民的經濟負擔，對於商人、農民也是百害而無一利。總而言之，漢武帝的新經濟政策實在是Watson 所指的 enters into competition with them，即政府粗暴地與人民爭奪利益的最下之法。

漢武帝的專賣制度，結束了漢文帝以來自由開發林池澤的政策[59]，這都是司馬遷認為「最下與之爭」的模式。再加上，漢武帝採用楊可告緡之計，《漢書・武帝紀》載：「十一月，令民告緡者以其半與之。」顏師古引孟康曰：「有不輸稅，令民得告言，以半與之。」（頁183）武帝不遺餘力地打擊商人和商業，對社會經濟造成了史無前例的傷害，把春秋戰國以來商品經濟累積的成果一下子掃除，立即使大量的商人因而破產，造成了「於是商賈中家以上大率破，民偷甘食好衣，不事畜藏之產業，而縣官有鹽鐵緡錢之故，用益饒矣。」的局面（《史記・平準書》，頁 1435）司馬遷〈平準書〉引用卜式對新經濟政策的指控，其云：「縣官當食租衣稅而已，今弘羊令吏坐市列肆，

論校注・非鞅第七〉：文學曰：「昔文帝之時，無鹽、鐵之利而民富，今有之而百姓困乏，未見利之所利也，而見其害也。且利不從天來，不從地出，一取之民間，謂之百倍，此計之失者也。」（頁93）

58 《鹽鐵論校注・禁耕第五》：「山海者，財用之寶路也。鐵器者，農夫之死士也。死士用，則仇讎滅，仇讎滅，則田野闢，田野闢而五穀熟。寶路開，則百姓贍而民用給，民用給則國富。國富而教之以禮，則行道有讓，而工商不相豫，人懷敦樸以相接，而莫相利。」（頁68）

59 《史記・平準書》：「漢興，海內為一，開關梁，弛山澤之禁，是以富商大賈周流天下，交易之物莫不通，得其所欲，而徙豪傑諸侯彊族於京師。」（頁1417）

販物求利。亨（烹）弘羊，天乃雨。」[60]由此可見，太史公在〈貨殖列傳〉的「善因論」，並非只於單純地記述歷史，而具有深層的現實意義與文學敘述的特色，Watson 英譯的 the worst，是完全合乎司馬遷的春秋筆法，微言大義，藉此來批評漢武帝的新政。

三　結語

司馬談本人生於漢文帝登位前一年[61]，其見證了無為之下的文景盛世，他說：

> 道家無為，又曰無不為……其術以虛無為本，以因循為用。無成埶，無常形，故能究萬物之情。不為物先，不為物後，故能為萬物主。有法無法，因時為業；有度無度，因物與合。……[62]

司馬遷的思想是講求因時制宜，物極必反，即「無成埶，無常形」，他認為對於不同的社會階段，當有不同的對策，其謂：

> 當此之時，網疏而民富，役財驕溢，或至兼併豪黨之徒，以武斷於鄉曲。宗室有土公卿大夫以下，爭於奢侈，室廬輿服僭於上，無限度。物盛而衰，固其變也。[63]

---

60 司馬遷：〈平準書〉，《史記》，頁1442。

61 何炳棣：〈司馬談、遷與老子年代〉，《有關《孫子》《老子》的三篇考證》（臺北市：中央研究院近代史研究所，2002年8月），頁73。

62 見司馬遷：〈太史公自序〉，《史記》，頁3292。

63 司馬遷：〈平準書〉，《史記》，頁1420。

又云：

> 是以物盛則衰，時極而轉，一質一文，終始之變也。[64]

另外，太史公對於管仲相齊予以極高的評價，而管仲的治國之法也包涵了「利道」（通魚鹽）、「教誨」（勸其女功）、「整齊」（設輕重九府）等不同層面的經濟手段，如果他是完全反對干預行為，又豈會如此評價管仲？其云：

> 故太公望封於營邱，地潟鹵，人民寡；於是太公勸其女功，極技巧，通魚鹽，則人物歸之，繦至而輻湊。故齊冠帶衣履天下，海岱之間，斂袂而往朝焉。其後齊中衰，管子修之，設輕重九府，則桓公以霸，九合諸侯，一匡天下；而管氏亦有三歸，位在陪臣，富於列國之君。是以齊富彊至於威、宣也。故曰：「倉廩實而知禮節，衣食足而知榮辱。」[65]

〈管晏列傳〉又云：

> 管仲既任政相齊，以區區之齊，在海濱，通貨積財，富國彊兵，與俗同好惡，故其稱曰：倉廩實而知禮節，衣食足而知榮辱。上服度，則六親固。四維不張，國乃滅亡。下令如流水之原，令順民心。[66]

---

64 司馬遷：〈平準書〉，《史記》，頁1442。
65 司馬遷：〈貨殖列傳〉，《史記》，頁3255。
66 司馬遷：《史記》，頁2132。

〈平準書〉說：

> 齊桓公用管仲之謀，通輕重之權，徼山海之業，以朝諸侯，用
> 區區之齊顯成霸名。魏用李克，盡地力，為彊君。[67]

〈管晏列傳〉：

> 太史公曰：吾讀管氏牧民、山高、乘馬、輕重、九府，及晏子
> 春秋，詳哉其言之也。既見其著書，欲觀其行事，故次其傳。
> 至其書，世多有之，是以不論，論其軼事。管仲世所謂賢臣，
> 然孔子小之。豈以為周道衰微，桓公既賢，而不勉之至王，乃
> 稱霸哉？語曰：將順其美，匡救其惡，故上下能相親也。豈管
> 仲之謂乎？[68]

司馬貞在《史記索隱》指出：「太史公之羨慕仰企平仲之行，假令晏
生在世，己雖與之為僕隸，為之執鞭，亦所忻慕。其好賢樂善如此。
賢哉良史，可以示人臣之炯戒也。」[69]由此觀之，司馬遷的思想是具
有彈性，按不同的問題，而採用不同之法，沒有固定的常態，「故能
究萬物之情」，此即是司馬談所說的「以虛無為本，以因循為用」。歷
來注者未有為「因循」下更清楚明白的定義。雖然 Watson 的譯本點
出了承認人性欲望一點，卻也未有運用史料作出解釋，也未有說明司
馬遷的彈性思維，這是本文對 Watson 的一大補充。

　　總而言之，Watson 的英譯本下筆嚴謹，比起許多中文的研究

---

67 司馬遷：〈平準書〉，《史記》，頁1442。
68 司馬遷：〈管晏列傳〉，《史記》，頁2136。
69 司馬遷：《史記‧管晏列傳》，頁12137。

者,更清楚明白地表述「善者因之」的核心思想,是值得我們研究漢代經濟史和思想史者再三參考的。

從路徑依賴看漢武帝新政[*]
——以司馬遷為中心

趙善軒、張偉保

一 前言

　　近代以來，中國學者開始注意到司馬遷的經濟史論述中，帶有類近於西方古典學派的自由經濟主義的主張。其後陸陸續續有一些歷史學者、經濟學家試圖比較司馬遷與經濟學的奠基者亞當·斯密（Adam Smith, 1723-1790）的異同，而司馬遷的經濟思想也成為了史學、經濟學家的研究熱點。根據張文華統計，單是由一九九四年至二〇〇五年，已有一百三十多篇論文討論他的經濟思想，換言之，近年關於此課題的論文，已佔了歷來在大陸地區發表論文整體的七成，而其中重點大概歸納為以下幾點。第一、字句解釋；第二、體例研究；第三、經濟地理學；第四、商業倫理學；第五、工商經濟思想；第六、司馬遷與西方學人之比較等不同的研究方向。[1]

　　上世紀六十年代，宋敘五教授已對司馬遷的社會經濟思想作深入

---

* 本文為趙善軒：《司馬遷的經濟史與經濟思想》的導論改寫而成，之後增加修訂，收〈專賣、選士與路徑依賴下的司馬遷經記思想〉在《新亞論叢》第十八期（2017年12月）發表。是再次做了大篇幅的修訂。

1 參見張文華：《近十年來史記貨殖列傳研究綜述》載於《淮陰師範學院學報（哲學社會科學版）》，2005年4期，頁530。

的討論,並初步指出司馬遷與西方經濟學家亞當·斯密相似之處。[2]
二十年前,經濟學家 Leslie Young 也提出類似的觀點,並從經濟學理
論作了比較深入的分析、比較,他認為司馬遷的經濟思想可以與斯密
的理論一爭長短,並指經由歐洲的漢學家引入,中國的哲學有可能影
響到法國重農學說的主張,而重農學派也影響到斯密的學說,故他認
為司馬遷和斯密之間有相當的類同,是有一定的原因[3],此文章發表
以後,引起 Y. Stephen Chiu 以及 Ryh-Song Yeh 等學者的興趣,由此
觸發起一場國際期刊上的爭論,其重點在於司馬遷到底是否真的比亞
當·斯密早一千多年,提出超前的自由主義經濟思想。[4]此後,這個
課題在歐美學術界引起了廣泛的討論,[5]而爭論的重點是司馬遷的思
想,是否已達到相當於西方古典經濟學的水平。不過,由於上述學者
都是經濟學家,對中國傳統古典文獻的理解不足,只能以譯本為基
礎,故其結論未必真的與司馬遷的原意相符,仍然有不少爭議。本文
作者認為,在此題目上,仍有不少值得討論的空間。

眾所周知,漢武帝時代社會漸漸由多元走向一元化,尤其集中漢
武帝新政中的選仕制度和新經濟政策之上,本文將從路徑依賴的角度
加以分析當時社會形態走向一元化的影響,並以司馬遷的經濟思想為
中心,由宏觀的政治經濟方向切入,探討司馬遷經濟思想形成前後社
會環境的分野。

---

2 參見宋敘五:〈從司馬遷到班固:論中國經濟思想的轉折〉,宣讀於中國經濟思想史
   學會第十屆年會,2002年9月20日-23日於西財經大學。

3 Leslie Young, The TAO of Markets: SIMA QIAN And The Invisible Hand, *Pacific
   Economic Review*, Volume 1, Issue 2, 1996, pp.137-145.

4 Y. Stephen Chiu, Ryh-Song Yeh, Adam Smith versus Sima Qian: Comment on the Tao of
   markets, *Pacific Economic Review*, Volume 4, 1999, Issue 1, pp.79-84.

5 Ken McCormic, Sima Qian and Adam Smith, *Pacific Economic Review*, Volume 4, Issue 1,
   pp. 85-87, Blackwell Publishers Ltd., 1999.

二 選仕制度的一元化

一切存在，皆有其合理性。千百年來，司馬遷的經濟主張，不受傳統中國的主流學者重視，是有其歷史原因。司馬遷著書立說之時，中國正值邁向大統一的初期，「超穩定結構」[6]尚在組建中，而司馬遷博覽群書，在他閱讀的書單中，絕大部分也是成書於四分五裂的春秋戰國，是在百家爭鳴的多元時代所寫成，他深受各種學派的理論影響，並對他產生造成巨大的思想衝擊。學術自由是創造學問的根本，歷史上的學術盛世，往往是在大分裂的時代，諸如先秦時代、魏晉時期、清末民初等等。然而，中古時期佛學東傳，加上社會進入自然經濟階段，士人多關注玄學，而非經濟發展；民國之時，知識分子也把精力放在救亡國家的意識形態之上，此與先秦之時，士人不斷思考如何富國強兵，促使百姓生活豐足，自然有很大的不同。司馬遷就是吸收了諸子的學說，透過描寫先秦以來的經濟發展，來表達他個人的主張，以塑造心目中理想的世界。[7]

司馬遷深受他父親司馬談的影響，他們父子即身處西漢前期七十年，即漢武帝親政以前，「漢興七十餘年之間，國家無事，非遇水旱之災，民則人給家足，都鄙廩庾皆滿，而府庫餘貨財。京師之錢累巨

---

6 葉啟致：〈從「中國中心」史觀到「超穩定結構」論〉，載《廿十一世紀》總32期（1995年12月），頁39。

7 《史記》不完全是單純的歷史文學作品，否則司馬遷就不能與西方經濟學之父亞當・斯密（Adam Smith, 1723-1790）等量齊名，因為司馬遷同樣是中國史上重要的思想家，他的思想發明也不是他一人之功，而是承繼了春秋戰國數百年自由開放的學術風氣而成，先秦諸子都不是單純的理論家，而是偉大的知識分子，他們試圖為世人尋找理想的生活模式，司馬遷受到他們的影響，故他在寫作《貨殖列傳》的同時，也試圖通過他的觀察和想像，勾劃出他心目中理想的社會經濟模型，故此，司馬遷雖然是依據歷史事實寫作，但當中不免夾雜他個人的主觀願望於其中，以便向世人闡述他的經濟思想。

萬,貫朽而不可校。太倉之粟陳陳相因,充溢露積於外,至腐敗不可
食。……故人人自愛而重犯法,先行義而後絀恥辱焉。」[8]當時,黃
老之學大行其道,其論述極之適合百廢待興的社會,故劉氏建政以
來,黃老學說一直成為國家、社會的主流思想,黃老學說以道家為
本,結合先秦以來各家各派的學說,主張多元並存的發展,雖然黃老
家主導時政,但不同學派的知識分子也能成為主要官員(如儒家的賈
誼、法家的晁錯等)。漢興七十多年間,雖說黃老之學佔了上風,百
家的學問仍有很大的進展,那時代的寫下多部傳世且不朽的著作。

司馬遷入仕以後見證了漢武帝罷黜百家,獨尊儒術,自由的學術
環境發生突變,在新建立的選仕制度裏,熟讀儒學成為一般人入仕為
官必要且充分的條件,政府利用「行政吸納政治」,誠如金耀基指
出:「『行政吸納政治』是指一個過程,在這個過程中,政府把社會中
精英或精英集團所代表的政治力量,吸收進行政決策結構,因而獲致
某一層次的『精英整合』,此一過程,賦予了統治權力以合法性,從
而,一個鬆弛的、但整合的政治社會得以建立起來。」[9]漢武帝政府
以政治誘因使天下熙熙之士,令其以儒學為業,不然則難以進入政府
架構,甚至無法安身立命,這是西漢初年及以前的社會不曾發生的。
魏晉的九品中正制度、隋唐以降的科舉制度、明清的八股取士,大概
仍是循此路而走。即使後人偶有發現一元的學術世界,難以培育出優
異的治國人才,或有懷疑誦讀四書五經的士人,不具處理具體政事的
常識,也只有作無奈之惋嘆。歷史上多次的選拔人才改革,終亦離不
開以儒學本位,未有過翻天覆地之變化。受到舊有思維所限,加上壟
斷儒學的既得利益階層的興起,漢代以經學作為入仕的主要途徑,漸

---

8   《史記·平準書》,頁1420。

9   金耀基:〈行政吸納政治——香港的政治模式〉,載《中國政治與文化》(香港:牛
     津大學出版社,1997年11月),頁21-45。

漸掌握經學權威的家族成為了世家大族，累世公卿。東漢末年，有數個四世三公的家族，壟斷了政府的主要職業，家族勢力權傾朝野。到了魏晉南北朝，九品中正制鞏固了世家的權力結構，因為品位評定者本是大族出身，他們以出身論人才，漸漸便成了門閥政治，時有「上品無寒門，下品無士族」的社會現象。當儒者掌控了整個官僚架構，導致累積的「交易成本」（Transaction Cost）[10]愈來愈大，不利於一制度的改革，未能引導學術回歸多元。明清僵化的考試制度變本加厲，其時，宋儒對經典的解釋壟斷了科舉入仕之門，更排斥一切非官方指定的內容出現在試卷之中。此中情況，即所謂經濟學上新制度學派的「路徑依賴」（Path Dependence）現象，因固有的交易成本不斷上升，人們往往懼怕放棄原來已投入的成本，令大量投資變得一文不值，成為了「沉沒成本」（Sunk cost），明知改革有機會帶來更巨大的效益，也放棄了制度改革的大好機會。諾貝爾經濟學獎得主，著名經濟史學家道格拉斯‧諾思（Douglass C. North）認為，路徑依賴近於物理學中的「慣性」，若進入某路徑，即對此路徑產生依賴，因習性形成了許多既得利益以及利益團體，改變的交易成本逐漸增加，而此路徑的既定方向，會在以後發展中得到自我強化。[11]所以儒家集團壟斷的情況也不斷地自我強化，士人既掌握壟斷入仕的工具，子孫因而更容易入朝為官，他們成為了既得利益集團，自然排斥非世家以外的

---

10 交易成本又譯為交易費用，當中又分為外生交易費用、內生交易費用兩大類。外生交易費用，是指在交易過程中直接或間接，產生且客觀存在的實體費用；內生交易費用，則指任何選擇下所產生的抽象費用，如道德、機會、心理等成本，其只能以概率，以及期望值來度量。本文所指的交易費用為廣義費用，即制度費用（Institutional cost）一類。

11 David, Paul A. "Path dependence, its critics and the quest for 'historical economics'" in P. Garrouste and S. Ioannides (eds), *Evolution and Path Dependence in Economic Ideas: Past and Present*, Edward Elgar Publishing, Cheltenham, England, 2000.

人晉身廟堂，這就形成中古門閥政治，他們當然不會輕易開放多元的學術環境。

隨著科舉制度日趨成熟，社會流動看似打破了中古時代家族的寡頭壟斷，其實尚要經歷近五百年的演變過程，到北宋中葉才收到顯著效果。據學者的分析，隋唐實行科舉取士，對九品中正制下的門第制造成衝擊。但是，從中唐時期「牛李黨爭」的爆發，便可體會高門大姓仍在社會上佔有極大的勢力。以杜佑《通典》為例，二百卷的大部頭著作中，反映世家大族的「禮」門有一百卷之多，其餘食貨、選舉、職官、樂、兵、刑、州郡、邊防八門合共也是一百卷。又據兩《唐書》的統計，「中晚唐，肅宗至昭宣帝，科舉進士三百零一人，名門大族二百二十九人，中層子弟四十四人，真正屬寒族的僅有二十八人，佔百分之九點三。」[12]經歷了晚唐、五代到宋初差不多二百年的動盪日子，東漢以來的高門大姓才日漸消融。宋代統治者重文輕武，文化普及，每三年一次的科舉考試，取錄名額往往多達五、六百名，又廢除了唐代的溫卷制，設立了彌封、謄錄等防範考試作弊的措施。因此，平民百姓的仕進之路較唐代為佳。加上宋代家族制度的族田制度，對族中聰敏的子弟加以經濟上的援助，提高了貧困子弟的讀書和入仕機會。雖然如此，此時社會的多元性，跟司馬遷生活的前期及先秦時代已不可同日而語。

明代繼續實行科舉制，經長期實施，遂產生了廣大的士人階級優勢，形成分散卻龐大的利益集團。根據歷史學家何炳棣的研究，明代進士出身者為百分之五十，減至清代的百分之三七點二；明代父祖三

---

12 郭新慶，〈柳宗元說科舉取士〉，http://lib.huse.cn/lzy/news_view.asp?newsid=6206，摘錄於2016年8月25日。郭氏又指出：「唐代內外官吏不下一萬四千多人，真正由貢舉入仕的不足百分之六。」

代為生員的百分之五十，清代則為百分之六二點八。[13]何氏的研究明
顯反映了士人階級的內在強化，他們當官後想辦法培訓子孫循著相同
的道路晉身官場，既擁有公權力，又是既得利益者，當然不會輕言改
革，「慣性」使其失去不易獲得的社會地位。儒學利益集團力主重農
抑商，多元且自由的經濟思想當然被排斥在主流之外。此情況一直到
了帝國晚期，康有為、梁啟超的維新運動，仍遭受到士人階級的極大
反抗，可見從西漢至晚清大抵仍循路徑依賴而發展。

　　這確定了兩千年來常態時期的政治格局。多元的學術環境逐漸走
向一元化，也由開放轉入內向，非儒學著作成為社會的次文化，難登
大雅之堂。司馬遷以後年代的學者，難再像他般受到濃厚的學術氣氛
啟迪，寫出與主流文化相左，具有自由傾向的經濟主張。此後，士人
多以獲政府吸納為目標，例如東漢的班固，歷史學者李埏認為班固完
全是站在儒家正統的立場，宣揚「貴誼賤利」的思想。[14]當班固描述
與司馬遷相同的史事，班固高舉政府所主張的意識形態，大肆批評商
業家，也極端忽視工商業發展，甚至輕視農業副產品，更重要的是，
班固在《漢書‧司馬遷列傳》對太史公嚴詞批評，他說：「……又其
是非頗繆於聖人，論大道則先黃老而後六經，序游俠則退處士而進姦
雄，述貨殖則崇勢利而羞賤貧，是其所蔽也。」[15]當然，也不能因此
而責難班固，畢竟不是每一位學者也能像司馬遷般敢於異議，而班固
也曾身受巨大的政治壓力，更因為著述史書而一度下獄。[16]

---

13 Ho Ping-ti, *The Ladder of Success in Imperial China: Aspects of Social Mobility, 1368-1911.* New York and London: Columbia University Press, 1967.pp. 161-165.

14 參見李埏等：《史記‧貨殖列傳研究》（昆明市：雲南大學出版社，2002年），頁144。

15 班固：《漢書‧司馬遷列傳》，頁2738。

16 「父彪卒，歸鄉里。固以彪所續前史未詳，乃潛精研思，欲就其業。既而有人上書
　　顯宗，告固私改作國史者，有詔下郡，收固繫京兆獄，盡取其家書。先是扶風人蘇
　　朗偽言圖讖事，下獄死。固弟超恐固為郡所覈考，不能自明，乃馳詣闕上書，得召
　　見，具言固所著述意，而郡亦上其書。」（《後漢書‧班彪列傳》，頁1333-1334。）

司馬遷關懷商業倫理，他一直思考找出道德與經濟之間的均衡點，最終提出「素封」思想[17]，他也十分重視經濟發展與社會責任，因而撰寫《史記·貨殖列傳》，[18]在社會走向一元之後，這些題目長久以來，也不再受到社會的關注，而班固更對貨殖人物大肆批評，他說：「此其章章尤著者也。其餘郡國富民，兼業顓利，以貨賂自行，取重於鄉里者，不可勝數。」[19]班固撰寫《貨殖傳》的動機與司馬遷以表揚商人態度形成強烈的對比。

三 經濟政策的一元化

漢武帝（西元前 156 年-前 87 年）親政之後，積極用兵四夷。他好大喜功，泰山封禪又虛耗了一大筆經費，導致國家財政入不敷支，為了滿足他無窮無盡的慾望，故不得不推行新經濟政策，以增加收入，內容大抵如下：

政策	負責人	推行年份
號召募捐	眾官員	西元前一二○年
算緡錢（財產稅）	眾官員	西元前一一九年
鹽鐵專賣	孔僅、東郭咸陽	西元前一一八年
告緡錢（告發瞞稅）	楊可	西元前一一七年
平準、均輸（物流統管）	桑弘羊	西元前一一五年

---

17 《史記·貨殖列傳》，頁3272：「今有無秩祿之奉，爵邑之入，而樂與之比者。命曰「素封」。封者食租稅，歲率戶二百。千戶之君則二十萬，朝覲聘享出其中。庶民、農、工、商、賈，率亦歲萬息二千，百萬之家則二十萬，而更徭租賦出其中。衣食之欲，恣所好美矣。」

18 《史記·太史公自序》，頁3319，他說：「布衣匹夫之人，不害於政，不妨百姓，取與以時而息財富，智者有采焉。作貨殖列傳第六十九。」

19 班固：《漢書·貨殖列傳》，頁3694。

　　新經濟政策始於漢武帝元狩三年（西元前 120 年），當時「山東被水菑，民多飢乏。」故武帝下令號召商人自願募捐[20]，在欠缺經濟誘因下，反應不太理想，對於是次災害「尚不能相救」，政府只好再想其他方法開源，故第一招是擴大稅基以解決日益膨脹的政府開支，《漢書·武帝紀》，頁一七八載：「有司言關東貧民徙隴西、北地、西河、上郡、會稽凡七十二萬五千口，縣官衣食振業，用度不足，請收銀錫造白金及皮幣以足用。初算緡錢。」元狩四年（西元前 119 年）開徵新稅，類近於現代的資產稅，名為「算緡錢」，規定凡人民所有之田地、房屋、船乘、畜產及奴婢等，每值二〇〇〇錢要抽一二〇錢，謂之「一算」，即每年抽大約百分之六的資產稅。[21]元狩六年至元鼎四年（西元前 117-前 113 年）更全面推行「告緡令」[22]，鼓勵百姓主動告發「瞞稅」的商人，告發者可分得被告者一半的家產，造成告密風潮。由於沒有對私有財產的保障，商人便失去了經營生意而追求財富的動力，對商業發展產生前所未有的打擊，故司馬遷之後的班固，對於他筆下的貨殖人物，也僅聊聊數句即止。

　　此外，武帝也一改漢初以來容許民間自由買賣的做法，改為「民製官賣」的經營模式，其時人民被迫使用政府提供的製鹽工具，鹽由政府收購、運輸及出售，而私鑄鐵器煮鹽的人則會受到嚴刑懲罰。此外，鐵器全由政府壟斷，由採礦、冶煉、製作到銷售，都由官員一手包辦，中央由財政大臣（大司農）直接統領，地方則設置鹽官、鐵官，再於無礦山的縣內設小鐵官，由上而下管理全國鹽鐵事務。此對

---

20 《史記·平準書》，頁1425：「其明年，山東被水菑，民多飢乏，於是天子遣使者虛郡國倉廥以振貧民。猶不足，又募豪富人相貸假。尚不能相救，乃徙貧民於關以西，及充朔方以南新秦中，七十餘萬口，衣食皆仰給縣官。數歲，假予產業，使者分部護之，冠蓋相望。其費以億計，不可勝數。於是縣官大空。」

21 全漢昇：《中國社會經濟通史》（北京市：北京聯合出版公司，2016年5月），頁67。

22 宋敘五：〈西漢商人與商業〉（香港：新亞研究所，2011年），頁131。

技術創新有極大的阻礙，沒有人會比使用者更了解他們所需的是什麼樣的工具，政府及其指定的製造商不可能比使用者更能掌握其需求，此不利於農民、工匠改良生產技術（包括農業、煮鹽、採礦等）。鹽鐵是生活的必需品，壟斷以後，政府對礦藏的搜尋成本大大增加，政府要比市場付出更高昂的費用才能找出礦藏，但效率卻遠遠不及市場。可是，鹽鐵的需求彈性極低，官營以後，供應減少勢必使價格上升，這等於增加了間接稅收，直接加重人民的負擔，造成嚴重的經濟蕭條。

新政推出之後，人民對平準、均輸、告緡、鹽鐵專賣等政策多有不滿，政府希望多聽他們的意見，以作檢討。年僅十四歲的漢昭帝下旨召開了兩場鹽鐵會議，由郡國推舉的賢良文學，徵詢他們的意見。是次會議實由大將軍霍光在背後推動，命丞相田千秋主持「經濟會議」，由賢良文學為一方，面對漢武帝留下的輔政大臣御史大夫桑弘羊等人的政府代表，重點討論當代社會經濟發展，也旁及國家的發展方向、用兵匈奴的合理性、王道與霸道的取捨、禮治與法治的高下，以及古今人物評價等重大議題。《史記‧平準書》，頁一四二八載：「於是以東郭咸陽、孔僅為大農丞，領鹽鐵事；桑弘羊以計算用事，侍中。咸陽，齊之大煮鹽，孔僅，南陽大冶，皆致生累千金，故鄭當時進言之。弘羊，雒陽賈人子，以心計，年十三侍中。故三人言利事析秋豪矣。」東郭咸陽、孔僅本為富商，而桑弘羊也是商人之子。[23]
桑弘羊本是商人之子，理應是反對新經濟政策的最大力量，但他與孔

---

23 另參見《史記‧平準書》，頁1429：「山海，天地之藏也，皆宜屬少府，陛下不私，以屬大農佐賦。願募民自給費，因官器作煮鹽，官與牢盆。浮食奇民欲擅管山海之貨，以致富羨，役利細民。其沮事之議，不可勝聽。敢私鑄鐵器煮鹽者，釱左趾，沒入其器物。郡不出鐵者，置小鐵官，便屬在所縣。使孔僅、東郭咸陽乘傳舉行天下鹽鐵，作官府，除故鹽鐵家富者為吏。」

僅、東郭咸陽等商人卻在武帝朝先後獲引入建制核心，成了新經濟政策中的推手。[24]

鹽鐵論會議中的民間知識分子，指出了專賣政策造成了經濟嚴重萎縮，專賣制令某些必需品成為了完全壟斷行業，由於缺乏競爭，導致價格昂貴，品質下降，百姓生計受到沉重打擊。[25]據鹽鐵會議所述，專賣制推行以後，原本發達的商業境況不再，而朝廷在會議後一度廢止了新經濟政策，不過很快把專賣制度恢復過來，而東漢一朝亦嚴厲執行，並開啟了後漢直至初唐，數百年工商業蕭條的「中古自然經濟」時[26]，他們也不能像司馬遷般從食貨的發展，而觀察出經濟哲學。眾所周知，專賣制會傷害社會經濟，又影響百姓生活，主事的桑弘羊在會議後一年，因權鬥而被政敵大將軍霍光殺死，而政策在漢元帝時暫停了三年，便旋即恢復，終漢一朝也沒廢除，更成為歷代的傳統。政府為何不早早廢止它，反而一直保留，甚至不斷內在強化，一直到了現當代中國未止，成為了中國兩千年的傳統呢？

其中主要原因，大概是農業社會的賦稅以米糧為主，政府收入的彈性很少。每當政府因天災、戰爭或統治者奢侈揮霍，政府財政入不敷支援，便需要獲取額外收入來平衡收支。傳統社會的理想是輕徭薄賦，直接加農業稅自然不是政府的一個好的選項。《管子・海王》曾

---

24 《史記・平準書》，頁1429：「吏道益雜，不選，而多賈人矣。」《史記・平準書》，頁1441：「元封元年……桑弘羊為治粟都尉，領大農，盡代僅筦天下鹽鐵。弘羊以諸官各自市，相與爭，物故騰躍，而天下賦輸或不償其僦費，乃請置大農部丞數十人，分部主郡國，各往往縣置均輸鹽鐵官，令遠方各以其物貴時商賈所轉販者為賦，而相灌輸。置平準于京師，都受天下委輸。」

25 另外，當時實行專賣的物品，以鹽、鐵為主。但除了鹽、鐵，酒也是專賣品之一，叫「榷酤」。「榷」為獨木橋，轉為獨佔專賣之意。由政府開酒店，造酒高價出賣，見全漢昇《中國社會經濟通史》，頁67-68。

26 全漢昇：〈中古自然經濟〉，收於《中國經濟史研究》（臺北市：稻香出版社，1991年）。

記錄管仲與齊桓公關於專賣的對話。桓公為增加政府收入，提出「藉於臺雉」、「藉於樹木」、「藉於六畜」、「藉於人」等方案，均被管仲以危害齊國管治而否決。最後，管仲提出「官山海」，即利用自然界所出的鹽、鐵等必需品加以專賣，定價時加入適量的稅款，便可以增加政府收入，而「人無以避此者」。因此。對鹽鐵等民生必需品的專賣便成為歷代政府的唯一選項了[27]，此成為了政府的「慣性」，並一直深化下去。

自漢武帝的新經濟政策推行以來，專賣制一直支撐著政府龐大的經費，如漢武帝泰山封禪，多年來的南征北伐等非經常性開支。東漢以來，士人政府日漸成熟，官僚架構變得愈來愈龐大，士人階層更成了巨大的利益集團，令政府編制擴大，使得經常性開支大幅增加，要加上專賣制為官僚權貴貪污提供便利，又可應付沉重的軍費，東漢的第三、四位皇帝起，也恢復了經營西域，所費當然不菲，漢代政府很快便恢復「慣性」，專賣制度再一次成為支付政府開支的重要來源，在班超經營西域後數年，和帝即下詔：「昔孝武皇帝致誅胡、越，故權收鹽鐵之利，以奉師旅之費。自中興以來，匈奴未賓，永平末年，復修征伐。先帝即位，務休力役，然猶深思遠慮，安不忘危，探觀舊典，復收鹽鐵，欲以防備不虞，寧安邊境。而吏多不良，動失其便，以違上意。先帝恨之，故遺戒郡國罷鹽鐵之禁，縱民煮鑄，入稅縣官如故事。其申勑刺史、二千石，奉順聖旨，勉弘德化，布告天下，使明知朕意。」[28]《三國志‧蜀書》載：「初，先主定益州，置鹽府校尉，較鹽鐵之利，後校尉王連請义及南陽杜祺、南鄉劉幹等並為典曹都尉。」東漢在最後時期，劉備帶兵入蜀，「慣性」使他立時在當地

---

27 這是中國專賣制度的最早期材料，見於黎鳳祥《管子校注》（北京市：中華書局，2004年6月）卷22，〈海王第七十二〉，頁1246-1247、1255-1256。

28 《後漢書‧和帝紀》，頁167-8。

成立此專賣機關以作軍費之用[29]，可見專賣的收入對於政府擴張有相當重要的作用。雖然開明的知識分子與司馬遷一樣，他們屢屢提出發展工商業雖然可使百姓生活改善，而專賣必使國進民退，《鹽鐵論校注·本議第一》，頁五：

> 文學曰：……今釋其所有，責其所無。百姓賤賣貨物，以便上求。間者，郡國或令民作布絮，吏恣留難，與之為市。吏之所入，非獨齊、阿之縑，蜀、漢之布也，亦民間之所為耳。行姦賣平，農民重苦，女工再稅，未見輸之均也。縣官猥發，闔門擅市，則萬物并收。萬物并收，則物騰躍。騰躍，則商賈侔利。自市，則吏容姦。豪吏富商積貨儲物以待其急，輕賈姦吏收賤以取貴，未見準之平也。蓋古之均輸，所以齊勞逸而便貢輸，非以為利而賈萬物也。

同章又曰：

> 文學對曰：竊聞治人之道，防淫佚之原，廣道德之端，抑末利而開仁義，毋示以利，然後教化可興，而風俗可移也。今郡國有鹽、鐵、酒榷，均輸，與民爭利。散敦厚之樸，成貪鄙之化。是以百姓就本者寡，趨末者眾。夫文繁則質衰，末盛則質虧。末修則民淫，本修則民慤。民慤則財用足，民侈則饑寒生。願罷鹽、鐵、酒榷、均輸，所以進本退末，廣利農業，便也。

---

29 《三國志·蜀書·董劉馬陳董呂傳》，頁988。

鹽鐵會上的文學賢良，早就明白到開放市場又可促進市場發展，但因為要政府放棄專賣制的成本不斷增加，而政府與大般人既得利益者一般，也不願輕易放棄沉沒成本，故令專賣制度的路徑變得更堅固、更難被取消。[30]

到了唐、宋時代，由於飲茶的風氣愈來愈盛，再加上政府需要通過茶馬制度以換取國內所缺乏的優質馬匹，便把茶葉也納入專賣制之內。[31]至於專賣制度，雖間中有暫停執行，但一直延至當代中國，仍未完全廢止，成為常態。以上情形，也可以路徑依賴解釋，因政府藉專賣而產生巨大的收入。司馬遷指出：「天子以為然，許之。於是天子北至朔方，東到太山，巡海上，並北邊以歸。所過賞賜，用帛百餘萬匹，錢金以巨萬計，皆取足大農。」[32]專賣等新政的收入，使漢武帝能夠大筆揮霍。以北宋為例，宋英宗治平二年（1065 年）和宋神宗年熙寧、元豐時（1068-1085）間，政府的全國總收入平均約為六〇〇〇萬貫，而有紀錄的專賣收入分別為：「鹽利（1119 年的 2500 萬貫、酒課（1045 年的 1700 貫）、茶稅（1004 年的 569 萬貫）。」[33] 又以清代的綱鹽制度而論，專賣商人「必須向官府報效」，其中最大的一次是在乾隆三十八年（1773）征小金川，總商江廣達等一次捐銀就達四百萬兩（嘉慶《兩淮鹽法志》卷四十二《捐輸·軍需》）而在平常的日子，鹽商也要定期向各級衙門饋送「額規」，成為相關官員

---

30 關於漢代的專賣，可參看羅慶康《漢代專賣制度研究》（北京市：中國文史出版社，1991年6月）。

31 參看孫洪升：《唐宋茶業經濟》（上海市：社會科學文獻出版社，2001年1月）；林文勛、黃純艷等《中國是代專賣制度與商品經濟》（昆明市：雲南大學出版社，2003年），第四章，頁183-199、225-248。

32 《史記·平準書》，頁1441。

33 全漢昇：《中國社會經濟通史》，頁68-69。以上數字雖因史料殘缺而不是同一年的數字，但也可反映專賣佔政府財政總收入的一個主要部分。

的重要非正式的收入。[34]「慣性」能為政府及官吏帶來巨大的利益，而要他們放棄它的機會成本，就是要大力縮減政府開支，慣於花費的官僚機構不會輕易改革，即使開放市場有利於百姓生計，但為官者所考慮的是維持大統一政府的經費，而非人民的福祉，而大統一的代價，就是多元的社會經濟，司馬遷之後的長時間，專賣政策「使民務本，不營於末」[35]，漢興以來持續發展的商品經濟，從此風光不再，加上貨幣供應萎縮，中古自然經濟抬頭，後世學者再難像司馬遷般觀察商人、商業而創出偉大的經濟思想。如此，當政府壟斷性的經濟政策進入了路徑之中，而且不斷內在強化，最終扼殺多元而自由的市場發展。

國學大師錢穆於《中國文化史導論》指出：「中國社會從秦、漢以下，古代封建貴族是崩潰了，若照社會自然趨勢，任其演變，很可能成為一種商業資本富人中心的社會。這在西漢初年已有頗顯著的跡象可尋。」[36]自西漢以後，中國經濟受專賣以及政府干預的路徑依賴，使本來發展形勢大好的經濟發展，陷入長期有增長而無發展的格局，而增長往往只是受惠於人口的上升或糧食（新品種的引入）的增加，而非商業發達導致資本累積，或生產技術的革命，即是西漢以後大多數時期，經濟發展是屬於量變，而非質變。誠如歷史學家唐德剛所言：「那在西漢初年便已萌芽了的中國資本主義，乃被一個輕商的國家一竿打翻，一翻兩千年，再也萌不出芽來。」[37]司馬遷正是見證了時代的轉變。

---

34 參看郭正忠等編：《中國鹽業史》全三冊（北京市：人民出版社，1997年）；參看林文勛、黃純艷等《中國是代專賣制度與商品經濟》，頁344-345。

35 《鹽鐵論校注·水旱第六十三》，頁429：「議者貴其辭約而指明，可於眾人之聽，不至繁文稠辭，多言害有司化俗之計，而家人語。陶朱為生，本末異徑，一家數事，而治生之道乃備。今縣官鑄農器，使民務本，不營於末，則無饑寒之累。鹽、鐵何害而罷？」

36 錢穆：《中國文化史導論》（臺北市：臺灣商務印書館，1993年5月），頁128。

37 唐德剛：〈論國家強於社會〉，《開放》1999年5月號。

四 結語

　　為了維持大統一國家以及其高昂的經營成本，專賣制等與民爭利
的經濟政策，就得慣性地一直維持下去。同時，隨著國家的領土、人
口壯大，管治的交易成本亦大幅上升，為了壓低管理成本，專制政府
不容許知識分子輕易挑戰可以為政府提供大量收入的政策，政府往往
把他們邊緣化，甚至加以打壓，漢武帝時的卜式便是其中具代表性的
例子，《史記‧平準書》，頁一四四〇載：「式既在位，見郡國多不便
縣官作鹽鐵，鐵器苦惡，賈貴，或彊令民賣買之。而船有算，商者
少，物貴，乃因孔僅言船算事。上由是不悅卜式。」[38]司馬遷壯年之
後，中國已走向了威權管治的模式，而儒學也成了法家化。當國土愈
大，人口愈多，政府的威權更見明顯，尤是帝國晚期，專制傾向更明
確，形成「君尊臣卑」以及「反智」的格局。主張自由多元思想者反
而成為了「小數」，受到主流排斥，知識分子在政治壓力下，更難提
出非主流意識形態的學說。

　　司馬遷作為中國商業百花齊放的時代見證，他耳聞目睹了漢興以
來開放的商業、人文氣氛的環境，他以黃老學說為本，再吸收了先秦
的百家諸子學說，發表了許多重要的經濟見解，但隨著自由的社會，
轉入內向、壟斷、保守的路徑依賴之中，像司馬遷的創作空間也不
再，故他身後的學者亦無法像他觀察多元的經濟，並抒發胸中所想，
無怪司馬遷以後再無司馬遷。

38　另參見《漢書‧公孫弘卜式兒寬傳》，頁2682：「元鼎中，徵式代石慶為御史大夫。
　　式既在位，言郡國不便鹽鐵而船有算，可罷。上由是不說式。明年當封禪，式又不
　　習文章，貶秩為太子太傅，以兒寬代之。式以壽終。」

《史記‧貨殖列傳》中的經濟思想

鄭潤培

一　前言

　　《史記》是劃時代的鉅著，史記的內容，反映了司馬遷的思想體系，而《史記》中的〈貨殖列傳〉，更記載了司馬遷的卓越經濟觀，亦成為中國經濟思想史上的重要篇章。通過對〈貨殖列傳〉的探討，可以得知司馬遷經濟思想的核心所在，也可以了解到中國經濟思想發展過程中的重要一環。一般來說，對《史記‧貨殖列傳》中的經濟觀，現代學者大概多傾向於認為司馬遷是自由經濟主義，例如：韋葦《司馬遷經濟思想研究》指出司馬史公的經濟思想，可分為宏觀治國思想和工商業微觀經營思想等幾大部分，「而其中所體現的經濟自由主義立場，又是以他的包含樸素唯物主義與樸素辨證法的義利觀為其認識基礎的」。[1]葉世昌在《中國經濟思想簡史》說明司馬遷經濟思想具有黃老學派無為而治的特點，屬於自由放任主義。但指出司馬遷的經濟思想具有局限性，即自由放任主義政策歸根到柢有利於地主、商人、高利貸者的自由發展和對農民的兼併及沒有看到「地主階級的思想統治對維護封建秩序的重要作用」。[2]

　　不過，隨著對司馬遷思想研究的深化，學者在認同司馬遷具有自

1　韋葦：《司馬遷經濟思想研究》（北京市：人民教育出版社，1995年），頁2。
2　葉世昌：《中國經濟思想簡史》中冊（上海市：上海人民出版社，1984年），頁51。

由經濟思想之餘，對此亦作出補充，例如：趙曉雷在《中國經濟思想史》把司馬遷與亞當・斯密作一比較，認為雖然雙方所處的社會環境不同，但兩者都表現出具有自由放任的思想。他同時亦對司馬遷的自由經濟思想作出補充，指出司馬遷的經濟主張是以放任為主，但不完全否定干涉。[3]在這個問題上，大家所依據的主要是〈貨殖列傳〉內的善因論，本文的目的，是希望通過〈貨殖列傳〉對司馬遷的自由經濟思想問題作進一步闡明，並對其經濟思想作出分析。

二　民本經濟思想

　　一般稱司馬遷具有自由經濟思想的學者，多以〈貨殖列傳〉內的善因論為依據。司馬遷順著義利論的思維，反對當時新的治國思想，就是國家干涉主義。他總結了西漢前期恢復和發展經濟的實踐經驗，提出了「善因論」，即是「善者因之，其次利道之，其次教誨之，其次整齊之，最下者與之爭」的理論。他認為順應和聽任民間各種經濟活動的自由發展，是國家採取最好的國民經濟宏觀政策。其次是在這種自由放任政策的總前提下，國家對私人的經濟活動，通過減免賦役等經濟政策給予適當的「因勢利導」，以鼓勵人們從事某種為國家所需要的經濟活動。再次是國家通過教育手段，引導人們從事某種經濟活動或者告誡人們不宜從事某些有害於國的經濟活動。再其次，是國家對私人經濟活動進行一定的調節，有的支持、扶助，有的裁汰、限制。最壞的辦法是國家直接經營工商業，與民爭利。

　　一般對「善因論」的解釋，主要都是依據上文幾句來分析。文中顯示的幾個層次的管理辦法，被解釋為國家干涉主義的色彩一層比一

3　趙曉雷主編：《中國經濟思想史》（大連市：東北財經大學，2010年），頁62。

層濃厚。而司馬遷是逐次給予愈來愈多的否定，表現了他堅定不移的自由放任主義立場。不過，筆者從「善因論」的文句來看，卻有不同的理解。認為一般的看法是過分集中前句的意思，往往忽略後幾句的意義。

從文句意義來看，「善者因之，其次利道之，其次教誨之，其次整齊之，最下者與之爭」並沒有否定國家的干涉，只是指出干涉不好，最好不要使用。如果民眾的經濟活動是正常的、是良好的，國家當然不用干涉，只需要順應和聽任民間的經濟活動便可以了。如果是民眾的經濟活動並不符合國家發展的要求，國家可以用引導、調控的方法，把國民的經濟活動納入正軌。如果引導和調控的方法效果不明顯，便要進一步施行教育和告誡手段，必要時由國家直接經營工商業，與民爭利。司馬遷當然希望不用國家干涉國民經濟活動，但他也不能肯定民眾的經濟活動一定合乎國家的整體經濟利益，當兩者產生衝突的時候，國家干涉的政策便會因應情況而升級，在迫不得已的情況下，為了國家整體經濟利益，由政府包攬重要的社會經濟事務，即是「與之爭」的情況便會出現。

司馬遷認為，社會經濟的發展具有內在的動力，社會生產各方面、各地區會自發地分工合作，人們在求富、求利的本性的驅動下，會使社會經濟的運行和發展受到自發的調節。「故待農而食之，虞而出之，工而成之，商而通之。此寧有政教發徵期會哉？人各任其能，竭其力，以得所欲。故物賤之徵貴，貴之徵賤，各勸其業，樂其事，若水之趨下，日夜無休時，不召而自來，不求而民出之。豈非道之所符，而自然之驗邪？」（《史記‧貨殖列傳》）司馬遷是一位自然主義者，他說：「夫春生夏長，秋收冬藏，此天道之大經也，弗順則無以為天下綱紀，故曰：『四時之大順，不可失也。』」（《史記‧太史公自序》）自然界有它自己的規律，人們只能順應這些規律而不能違背，

社會經濟活動是不以人的意志為轉移的。這種自然觀在經濟上表現是要盡人之性，盡物之性。「夫神農以前，吾不知已，至若詩書所述，虞夏以來，耳目欲極聲色之好，口欲窮芻豢之味，身安逸樂，而心誇矜執能之榮使，俗之漸民久矣。雖戶說以眇論，終不能化。」(《史記・貨殖列傳》) 這段話強調了人性之所在，難以扭轉。司馬遷肯定了人的本性對經濟發展有決定性作用，政府的作用，最重要的是維持經濟發展的大方向，政策的實施要以百姓的本性為依據，有偏離人民意願的政策就要更改。如有少數人，做出不顧大眾利益的經濟行為，政府可分不同層次的方法來整治。筆者認為與其說這種是自由經濟思想，倒不如說是民本經濟思想更為合適。

三 商業經營思想

(一) 進行經濟預測和市場預測

鑒於對工商業社會功能的重視和經濟自由主義的主導思想，司馬遷在微觀經濟管理方面積極主張發展私人工商業，並對為了發展商品生產和流通進行積極貢獻的工商業者大加褒揚：「布衣匹夫之人，不害於政，不妨百姓，取與以時，而息財富，智者有采焉：」他在〈貨殖列傳〉中為我們再現了一個個所謂「誠賈」、「廉賈」的形象。從春秋末年的范蠡、子貢、猗頓，戰國中期的白圭到秦漢的寡婦清、卓氏、程鄭、孔氏、邴氏、刁閒、師史、任氏、橋姚等，記述他們的事蹟。也總結了這些貨殖家們的治生之術，作為「後世得以觀擇」、學習、效法的榜樣。

這是司馬遷對子貢、范蠡和白圭經驗的總結。子貢善於判斷商業行情，孔子誇他：「賜不受命而貨殖焉，臆則屢中。」司馬遷說他

「好廢舉，與時轉貨貲」，即掌握時機，買賤賣貴，進行中轉貿易，成為「結駟連騎，束帛之幣以聘享諸侯，所至，國君無不分庭與之抗禮」的大富翁，而且「使孔子名布揚於天下者，子貢先後之也」。范蠡和白圭均總結了一套「農業經濟循環論」，把天時變化與農業生產聯繫起來，企圖預測因農業豐歉引起的市場商品行情的變化。「水則資車，旱則資舟」，夏天準備毛皮，冬天準備絲綢。先行一步，以提供未來市場需要為儲備商品的出發點、著眼點。這樣，才能搶到別人前頭，獲得利潤，這叫做「待乏」和「積著之理」。白圭更是「樂觀時變」，善於掌握經營時機，「趨時若猛獸鷙鳥之發」。他自負地認為自己經營工商業，就好像「孫吳用兵，商鞅行法」一樣地智勇結合，雷厲風行。

（二）避實擊虛的經營決策

這是司馬遷對白圭英明的經營決策思想的科學概括。白圭在選擇經營方向與商品種類這樣重大決策的關鍵時刻，卻反常人之道而行之，並不和別人競爭熱門商品的營銷，而是「人棄我取，人取我與，夫歲孰取穀，予之絲漆；繭出取帛絮，予之食」。當穀物成熟時，他收進農民的糧食而向他們出售絲、漆等消費資料，當蠶繭上市時，他收進蠶業者的絲帛而向他們提供口糧。他總是在某種商品的生產旺季收購而在其淡季出售，或在其生產豐盛的地方收購，而在其短缺地出售，通過季節差價和地區差價而獲利，並且調節了旺淡季與地區之間的供求平衡。司馬遷高度評價這是於經營者有利、於消費者有益的「仁術」。

（三）著重供求與市場價格關係

司馬遷通過對范蠡經驗的總結，得出供求關係與價格互相制約互

相影響的看法。這是對價值規律的作用形式（即表現為供求關係規律）和市場機制的初步認識。他認為要根據市場供求關係來判斷商品價格的漲落，即「論其有餘不足則知貴賤」。價格與供給、需求三種因素交織，形成這樣三條扭結在一起的曲線：價貴──供給增加，需求減少──價跌──供給減少，需求增加──價漲……供給、需求和價格三條曲線的扭結與波動，周而復始，制約著商品價格，即所謂「貴上極則反賤，賤下極則反貴」，漲落總有一定極限。因此，「無敢居貴」，應當掌握住價格貴賤變化的時機「貴出如糞土」，趕緊把手中的商品趁價好而拋售出去。或者「賤取如珠玉」，趕緊搶購市場滯銷而以後有可能反賤為貴的商品，這也同於白圭的「人棄我取，人取我與」的原則。

（四）重視資金周轉

司馬遷讚賞范蠡「僅逐什一之利」，「無息幣」等加速商品與資金周轉速度（使其「行如流水」）的做法。這樣通過增加資金周轉次數，增加商品銷售總額同樣能提高年利潤率和年利潤量。白圭「欲長錢，取下穀」，這裏的下穀並非質量差、不可食的下穀，而是指普通百姓食用的糙米。他經營的商品為廣大人民生活所需的糧食和農副產品及手工業原料絲、漆、繭、帛、絮等。這些雖屬於低檔商品，但銷路廣，銷售量大，他以薄利多銷作買賣手法，通過多銷，化薄利為厚利。司馬遷還指出貪心惜售，囤積居奇的「貪賈」，反而因商品滯銷，資金周轉緩慢而只能獲年利潤百分之三十（貪賈三之），而廉價卻因薄利多銷，資金周轉快而可獲年利潤百分之五十（廉賈五之）。道出了薄利與厚利之間的關係。

他從定量分析方面說明，百萬錢的資金投資於畜牧業，只能體現五十匹馬、一六七頭牛或二五〇隻羊，而投資牲畜販賣業可體現為二

百匹馬、二五〇頭牛或兩千隻羊，以此說明商業利潤率高。因而更應注重商業資金的周轉。他提出不能讓資金積壓起來，應讓其不斷運轉，「無息幣，……貨勿留」、「財幣欲用行如流水」。

（五）司馬遷把商業與農、工、虞三業並列起來，視為能增大「衣食之原」的致富之道。

為了佐證這一觀點，司馬遷還以齊國由窮致富的例子進行了論證：「故太公望封於營丘，地瀉鹵，人民寡，於是，太公勸其女功，極技巧，通魚鹽，則人物歸之，繈至而輻湊。故齊冠帶衣履天下，海岱之間斂袂而往朝焉。」

將商業視為與農、工、虞業一樣是能增加「衣食之原」的行業，是司馬遷對商業的高度評價，在中國歷史上也是十分突出的。司馬遷對商業的流通職能是十分清楚的，明確地指出農、工、虞、商各有不同的經濟職能：「故待農而食之，虞而出之，工而成之，商而通之。」

司馬遷所講的財富包括一切勞動生產品與貨幣，他認為整體財富（衣食之原）的增加，離不開四者的共同努力：農「食之」，虞「出之」，工「成之」，商「通之」。他這種看法是有很強的針對性的，他是針對當時有人抑商、賤商，把商業與農業對立起來的觀點而直抒己見的，認為商業不會損害農業，而是與農業，工業一樣都是有利於增加社會財富的。

四　管理思想

（一）講究商品質量，以信譽、誠實專一取勝

司馬遷認為先秦幾位著名商人的成功經驗，除上述幾條經營原則外，還在於他們重視商業道德，即把義和利結合起來。首先表現在保

證商品質量、樹立商業信譽這一點上。范蠡主張「務完物」,「易腐敗而食之貨勿留」,白圭主張「取上種」,都是指出要在選擇貨源,進貨時把住質量關,以保證出售時物美質高,取信於顧客。其次,價格合理,不囤積居奇,坐賣高價。僅逐什之一利,低於市場平均利潤(什二之利)。再次是他們富而好禮。范蠡「十九年之中、三致千金」都仗義疏財,接濟了貧苦族人。司馬遷稱讚他是「富好行其德者也」。白圭經商,以「仁」自我標榜,也確如上述,他在調節商品供求、扶持人民生產、生活方面,作了有益之事。白圭的經驗是「長石斗,取上種」。他從事商品糧的販運,為了能組織開發貨源,他反過來積極扶持糧食生產,自己從別地「取上種」供應給農戶,農戶糧食豐收了,他又來收購餘糧。這種把發展糧食商品經營放在發展糧食生產的基礎之上的做法,表現了「治生之祖」白圭高尚的商業道德,也表現出他對商品流通依賴於生產,而商品流通又可促進生產,這一經濟學重要原理的獨特理解。

司馬遷在〈貨殖列傳〉中對一些經營小商品或服務業而發家致富的商賈也給予了充分的肯定,同時也總結了他們的經營之術,他寫道:「販脂,辱處也,而雍佰千金;賣漿,小業也,而張氏千遇;酒削,薄技也,而郅氏鼎食;胃脯,簡微耳,濁氏連騎;馬醫,淺方,張里擊鐘。此皆誠一所之致。」所謂「誠一」,就是表明他們的經營之術是以誠取勝、以專取勝,即專心致意經營一業,不隨意作出跨行業的經營行為,這樣才能真正掌握專業經營技術的特點、規律,不斷提高經營能力與競爭能力,在市場競爭中取勝。同時也表明他們以誠待客,以自己精湛的專業經營技術和優質的商品和服務誠心接待顧客,贏得了顧客,生意興隆。因此,儘管都是一些「簡微」、「小業」,同樣可以積斂成為巨富。

（二）卓越的人才管理藝術

司馬遷還總結了白圭及西漢時的刁間的用人之道。他們都注意調動部下的積極性，不拘身分等級而僱用人才。白圭「能薄飲食、忍嗜欲，節衣服，與用事僮僕同苦樂」。刁間仿照其行，而且敢於和善於使用「桀黠奴」（凶暴而狡猾機智的奴僕），放手讓他們經營「漁鹽商賈之利，或連車騎，交守相，然愈益任之。終得其力，起富數千萬。」即讓他們華衣駿騎，交結地方官吏，大搞公關活動，予以充分信任，終於得力於這些奴僕們的鼎力相助，獲利數千萬。可見他們在經營管理中，深諳用人之道，捨得感情投資。這種做法，已顯示具有現代管理學中的「行為科學」的思想在內。僱用數十甚至上百僮僕做生意的白圭、刁間，其經營規模可想而知。他們不可能事必躬親。具體商業事務，得靠下人去做。不調動他們的積極性、主動性、怎麼能對外營業而且取得利潤呢？雖然我們一般認為僮僕還帶有工商奴隸的殘餘性質，主僕未必人格完全平等，但從「同苦樂」可知，也絕非把他們視作「會說話的工具」，用皮鞭去驅使其從事商業經營活動的。乃至於有人說「寧爵毋刀」，意即與其出外求取官爵，不如在刁家為奴，說的就是刁間對童僕的使用與管理，不但能使童僕自身得到滿足，甚至讓他們達成追求富貴的願望，甘願為他竭盡能力。

（三）重視職業素質

司馬遷對白圭關於工商業經營者的職業素質標準，作了精闢的理論概括。白圭可謂是中國古代第一位商學教授，也是較早把軍事、政治等管理思想活用於商業微觀經營的思想家和實業家。司馬遷記載他的話說：「吾治生產，猶伊尹、呂尚之謀，孫吳用兵，商鞅行法是也。是故其智不足與權變，勇不足以決斷，仁不能以取予，強不能有

所守，雖欲學吾術，終不告之矣。」意即經商也要有智謀、有膽略，會掌握時機，猶如伊尹、姜尚運籌帷幄，孫武、吳起巧布兵陣，商鞅變法改革一樣。如果沒有權宜機變的智慧，沒有當機立斷的勇氣，沒有決定取予的氣魄和胸懷，沒有立業守財的能力和本領，雖然願意跟我學習經商之術，也是不能教給他的。在這裡，司馬遷通過白圭之口概括出了「智、勇、仁、強」是工商業經營者必備的四種職業素質。而在另一處他論述秦揚、樂成、雍伯、張氏、郅氏、濁氏等人靠種田、販運、賣油脂、賣菜、磨刀等「雕蟲小技」而發家致富的情況之後，總結其經驗說：「此皆誠壹之所致。」意即這些人都是由於心志專一而致富的。所以「誠壹」就成為司馬遷提出的工商經營者必備的第五條素質標準。所謂「誠壹」，就是進行工商業投資，認準一個行業，投入資本與心血，便不再輕易動搖。要經得起失敗與挫折的考驗，這樣方能逐漸摸清本行的行情與經營訣竅，站穩陣腳，逐漸擴大經營規模，求得穩步發展。如果小受挫折，就見異思遷，必將一事無成。所以說，「誠壹」其實質就是白圭的「強」，「強不能有所守」，缺乏立業守財的意志、毅力是不夠資格學經商的。強有所守，也就是「誠壹」，這才具備了商品經營者應有的堅毅和堅韌。

五　劃分全國的經濟區域

司馬遷把當時的中國，劃分為四大經濟區域。即北方區、江南區、西部區和東部區。在每個大區內，又有若干小區。如西部區又分為關中區、巴蜀區、隴西區三個小區。東部區又分為三河區、中山區、趙燕區、齊魯區、梁宋區和穎南區。江南區分為東楚區、西楚區、南楚區、嶺南區。北方區主要指龍門、碣石以北的廣大地區。

司馬遷劃分經濟區域，有一定的原則和標準：第一，自然地理條

件形成的天然界線。如首先是以華山、黃河（秦晉相夾的河段）為界把全國分為山西、山東兩部分。再以長江為界把江南區劃出來。每個大區的小區劃分，也首先考慮到自然地界因素。如西部區的三個小區的劃分，就是很突出的例子。關中平原，沃野千里，而南面環山、北面靠塬、東西兩大關（潼關和大散關）形成天然屏障，把這塊自古帝王之都的寶地劃隔出來。關中區以南的巴蜀區和隴西區，也均以自然地勢而自成區域。再如「自鴻溝以東，芒碭以北，此梁、宋也」。「自淮北沛、陳、汝南、南郡、此西楚也」，「彭城以東、東海、吳、廣陵；此東楚也」……

第二，相同的民風民俗是一個經濟區域突出的標誌。一個經濟區域的形成，不僅是自然地理上的原因，更重要的是社會因素，而民風民俗，是一個地區民眾心理特點、文化素質、情趣、節操、價值取向的綜合反應。俗語說：「一方水土養一方人」，便很強調水土與民風民氣的關係。民間風俗，既是一方物質文明與精神文明的體現，也是一方水土上各種社會活動（包括經濟活動）得以進行的精神紐帶和凝聚力的源泉。反過來，一方水土，一個經濟區域上的民眾經過千百年的共同勞動、共同生活、感情交流與信息交換，也必定能夠形成該地區頗具特色的民風民俗，因而把該地區與別地區分開來。

司馬遷極度重視不同地區的民風民俗，並且予以高度凝煉、準確的概括描述。如：關中地區「其民猶有先王之遺風，好稼穡，殖五穀，地重，重為邪」。三河地區「其俗纖儉習事」。趙地，「其謠俗猶有趙之風也」。齊地「其俗寬緩闊達，而足智，好議論，……」。魯地「猶有周公遺風，俗好儒，備於禮……」、梁宋「其俗猶有先王遺風，重厚多君子，好稼穡……」、「越、楚有三俗」，而這三俗就是劃分三楚的標準之一。西楚「其俗剽輕，易發怒」。東楚「其俗類徐、僮」也就是像徐、僮一帶一樣「清刻，矜己諾」。東楚的北部（胸繪

以北)「俗則齊」。南部「俗則越」。「南楚好辭,巧說少信。」夏地:
「猶有先王之遺風」。並總結說:天下物產各有多少,民俗民謠各不
相同。連吃鹽的習慣各地也不同,「山東食海鹽,山西食鹽鹵,嶺
南、沙北固往往出鹽,大體如此矣。」

　　第三,有地方特色的自然資源與有地方優勢的經濟部門,是一個
經濟地區的核心和支柱。經濟區域的形成和劃分必然是以地方的資源
條件、產業優勢為依托的。司馬遷十分突出各經濟地區的經濟特點。
如關中地區的主要產業是糧食的種植:「好稼穡,殖五穀」。但都城長
安附近,人民也從事商業:「其民益玩巧而事末也」。巴蜀地區多種
竹、木材及礦產資源豐富,因此盛產「栀、姜、丹砂、石、銅、鐵、
竹、木之器」。西部還出產馬和旄牛。隴西一帶「畜牧為天下饒」。趙
地人歡喜經商,中山一帶的人仍仗投機取巧度日謀生,男人幹些殺人
搶劫,挖墳盜墓制偽私鑄的勾當,女人也主要以出賣聲色為生。燕地
在靠近渤海的地方,「有魚鹽棗栗之饒」。「齊帶山海,膏壤千里,宜
桑麻,人民多文采布帛魚鹽。」魯地「頗有桑麻之業,無林澤之
饒」。但後來「好賈趨利,甚於周人」。梁宋「好稼穡,雖無山川之
饒,能惡衣食,致其蓄藏」。西楚「通魚鹽之貨,其民多賈」。東楚吳
地「東有海鹽之饒,章山之銅,三江、五湖之利」。南楚因南有長
江,北有淮河之利,是鮑魚、木材聚散的地方。廣大的江南地區「多
竹木。豫章出黃金,長沙出連、錫」,不過蘊藏量不大,開採成本過
高。九疑、蒼梧以南至儋耳,就是嶺南地區了,其都會番禺是「珠
璣、犀、玳瑁、果、布」的集散地。

　　第四,有一個中心城市為其經濟、政治、文化中心。中心城市是
經濟區域的靈魂。是該地區經濟交流、信息傳遞、人才會聚的中心,
也是該地區行政管理和經濟管理的樞紐。以一個中心城市為基點,呈
網狀輻射或扇面輻射,把周圍地區聯繫起來,形成經濟能量與信息的

漣漪效應，這是形成經濟區域的必由之路。沒有經濟中心的經濟地區，如無首的群龍，地方經濟是騰飛不起來的。因此，有無中心城市，亦成為一個經濟區域發育成熟與否的標誌。司馬遷也深諳此理，他所劃定的區域，都是以一個中心城市為依托的。而且這些都會都是地處交通要道承擔著凝集本區經濟力量，向四方輸送商品與信息，甚至起著聯繫各經濟小區乃至大區之間經濟交往的重要職能。如關中區的長安「四方輻湊並至而會」起著溝通巴蜀、隴西經濟交流的作用。「三河在天下之中，若鼎足，王者所更居也……都國諸侯所聚會」。「邯鄲亦漳河之間一都會也，北通燕涿，南有鄭、衛」。「夫燕亦勃、碣之間一都會也。南通齊，趙，東北邊胡。」「洛陽東賈齊魯，南賈梁、楚」。齊的「臨淄亦海岱之間一都會也。」梁宋的「陶、睢陽亦都會也」。西楚的江陵是郢都故地，「西通巫、巴，東有雲夢之饒」。東楚吳的所在地因據「海鹽之饒，章山之銅，三江五湖之利，亦江東一都會也」。南楚的「壽春」「合肥」都是南北貨物的聚散地。夏地「南陽西通武關、鄖關、東南受漢、江、淮。宛亦一都會也」。如果沒有這些都市作為經濟區的神經中樞，各經濟區域也就不成其區域了。

司馬遷劃定經濟區域的這些標準，至今仍然是現代區域經濟學關於經濟區域形成的重要理論標準。

六　結語

司馬遷全部經濟思想的進步性，在於他以歷史發展觀點去觀察社會經濟活動。在經濟問題的看法上，他肯定農業生產的首要地位，又大力強調以民為本的經濟思想，主張商品經濟的自由發展，在同時代的思想家中，像他這樣具有民本經濟思想，強調商品經濟的思想家，是很少見的。

有商業思想方面，他較同時代學者為進步的地方，除了進行經濟預測和市場預測、重視資金周轉、避實擊虛的經營決策、著重供求與市場價格關係外，他在〈貨殖列傳〉中，多處談到商品價格的貴賤問題，如：「物賤之徵貴，貴之徵賤，」……，其中更包含商品的供求關係的概念。

司馬遷在經濟管理上所取得的成就，是經濟管理學史上的一塊寶，值得我們繼承和重視」。概括來說，他管理思想主要的地方，一是重視商業信譽，二是卓越的人才管理藝術，三是重視職業素質。他的管理思想重點在認為天下熙攘皆為利，並把財富分為本富、末富、姦富。司馬遷是活用了農本商末的習慣說法，但從整個思想體系上看，是農商並重，沒有輕商觀點。並主張用貧求富「農不如工，工不如商，刺繡文不如倚市門」這個結論，反映出當時工商業發展的情況。

在中國古代史上，司馬遷第一個系統地考察當時的中國區域經濟發展，把漢朝國土劃分為四大經濟區域。即北方區、江南區、西部區和東部區。描述了各區的經濟條件、特徵及中心城市。指出各區的自然資源與有地方優勢。還考察了各區域間的經濟與政治、經濟與道德民俗的關係，提出了有系統的整套發展生產、擴大交換，富國富家的經濟理論，達到了劃時代的最高水平。司馬遷的新思想，新觀點發表在漢武帝獨尊儒術強化對思想控制的時候，實在難能可貴，是值得認真清理的、發展的一筆寶貴的文化遺產。

《漢紀》「上惠不通」釋疑

——漢代經濟史與思想史的交叉觀察[*]

趙善軒

一 前言

　　荀悅（西元 148-209 年），潁川潁陽人，是東漢晚年的學者，他主要活躍於漢靈帝（西元 156-189，168-189 年在位）至漢獻帝（西元 181-234，189-220 年在位）時期。他除了是一位歷史學家，也是一位關心社會經濟的觀察家、思想家，他曾經大力反對曹操的政權意圖——廢除五銖錢而改用實物貨幣的舉措，雖然沒有成功，但也是一次勇敢的嘗試。[1]除此以外，他更關心土地兼併的問題，他親身見證了因為土地兼併極端嚴重而觸發的動亂，全國陷入一片混亂之中。歷史學家的寫作，難免會受到時代的因素而影響其判斷，本文所關注的，是身處東漢晚年的荀悅，當他敘述西漢前期的經濟狀況，如何受到時代局限以作出錯誤的描述。本文是以經濟史的角度切入，探討荀悅對漢初社會經濟的陳述是否合理。同時，本文也涉及東漢末年思想史的討論，兼論影響荀悅經濟思想的因素。

　　在東漢將近滅亡之際，荀悅以漢秘書監待中之名義，為漢獻帝

---

[*]　本文根據乃改寫拙作〈從《二年律令》看漢初自由經濟——兼論荀悅「上惠不通」說〉而成，原文載《新亞論叢》第13期（2012年），頁78-83。

[1]　趙靖主編：《中國經濟思想史》(2)（北京市：北京大學出版社，2002年），頁818。

撰寫《前漢紀》、《後漢紀》二書，並在《兩漢紀‧漢紀‧孝文皇帝紀下》記錄了西漢的文帝十三年六月，「詔除民田租」條，作者接著說道：

> 荀悅曰：古者什一而稅，以為天下之中正也。今漢民或百一而稅，可謂鮮矣。然豪強富人，占田逾侈，輸其賦太半。官收百一之稅，民收太半之賦。官家之惠，優於三代；豪強之暴，酷於亡秦。是上惠不通，威福分於豪強也。今不正其本，而務除租稅，適足以資富強。[2]

雖然荀悅在別處對西漢初年文景盛世有很高的評價[3]，但上引文中，他把漢文帝時期最為後世稱道的減免田租政策說成是「上惠不通」，並指是不切實際，只有益於豪強，而非一般百姓。即是說，他認為漢初的十五而稅、三十而稅，甚至於漢文帝（西元前 203-157，前 180-167 年在位）二年、十二年減收半租，十三年免收全國田租的恩惠政策，也不能夠直接下達一般農民手中。反而，減除田租，只會「適以資富強」，有利於富人。荀悅解釋，這是因為「今豪民佔田，或至數百千頃」[4]之緣故。這表示，他認為早在漢初，土地兼併的情況已經極之嚴重，社會財富（土地）由一小撮「豪強」、「豪民」控制，他們成了恩惠政策與農民之間的絕緣體。簡單而言，荀悅的觀點可歸納如下：

2　《兩漢紀‧漢紀‧孝文皇帝紀下》（北京市：中華書局，2002年6月），頁114。

3　《兩漢紀‧漢紀‧孝景皇帝紀》，頁149：「本紀稱周秦之弊。密文峻法而奸不勝。漢興。埽除苛政。與民休息。至於孝文。加之恭儉。孝景遵業。五六十載之間。至於移風易俗。黎民醇厚。周云成康漢稱文景。美矣。」

4　《兩漢紀‧漢紀‧孝文皇帝紀下》，頁114。

　　1 文帝時，土地兼併嚴重；

　　2 佃農不能享受減租的好處；

　　3 土地多為豪民所擁有；

　　4 政策只對地主有益。

　　「上惠不通」說，對後世影響極大，在歷史上形成一種主流看法，時至今天仍有不少人持此論調。[5]然而，仔細觀察史實，不難發現「上惠不通」的說法，實有值得商榷之餘地，本文的問題意識在於荀悅對文帝時期的論述是否正確。若否，當時的實際情況又是如何？兼論影響荀悅判斷的背景因素？本文將從社會經濟史、經濟思想史的角度作出回答。

二　漢初的農民都是佃農嗎？

　　「上惠不通」是荀悅在《漢紀・孝文皇帝紀下》中表現的主要經濟思想，其前提是西漢初年的農民都是佃農，政府減稅只令地主受惠，故減租、免租政策未能令一般百姓受惠。根據許倬雲的推算，在漢武帝（西元前 156-前 87 年，西元前 141-前 87 年在位）時代，佃農的人數應該不會超過總人口的百分之二十。[6]西漢哀帝（西元前 27-前 1 年，西元前 7-前 1 年在位）時大臣師丹（西元？-前 3 年）謂：「孝文皇帝承亡周亂秦兵革之後，天下空虛，故務勸農桑，帥以節

5　宋敘五：《西漢的農業與土地兼併問題》（香港：新亞研究所，2011 年 8 月），頁 12-15，引用了民國以來多位中日學者的意見，其中不少也認為漢文帝的減租只對地主有益，農民沒有受惠，恐怕多數是受到荀悅的影響。

6　許倬雲：《漢代農業》（桂林市：廣西師大出版社，2005 年 8 月），頁 61。

儉。民始充實，未有併兼之害，故不為民田及奴婢為限。」[7]師丹之時，已距離文帝已經有一百多年，他的言論未必準確地反映漢初的情況，或只能反映哀帝時期時人對歷史的印象，但司馬遷在《史記‧平準書》說：「（武帝）當此之時，網疏而民富，役財驕溢，或至兼併豪黨之徒，以武斷於鄉曲。」[8]《史記‧酷吏列傳》又說：「（武帝時）漢大興兵伐匈奴，山東水旱，貧民流徙，皆仰給縣官，縣官空虛。於是丞上指，請造白金及五銖錢，籠天下鹽鐵，排富商大賈，出告緡令，鋤豪彊併兼之家，舞文巧詆以輔法。」[9]由此可見，土地兼併的問題在武帝時期才比較突出，假如武帝之時，土地兼併的指數為 X，那麼在此之前，尤其是二、三十年前的文帝時期，必然會少於 X。故此，文帝之時，土地兼併的情況必不如武帝時期般嚴重，如果許倬雲的推算合理，那麼在文帝之時，佃農的比例應該比起武帝時百分之二十為低，即是說，佃農只是總人口中的「小數」。

另外，根據一九八三年於江陵西漢墓出土的張家山漢簡（約西元前 187-前 179 年左右）[10]，一般認為是呂后時期實行的出土文獻《二年律令》中的《田律》所載：

> 田不可田者，毋行；當受田者欲受，許之。（239 簡）[11]
> 田不可狠（墾）而欲歸，毋受償者，許之。（244 簡）[12]

7　《漢書‧食貨志》，頁1142。
8　《史記‧平準書》，頁1420。
9　《史記‧酷吏列傳》，頁3140。
10　李零：《簡帛古書與學術源流》（北京市：生活‧讀書‧新知三聯書店，2009年），頁99、117。
11　朱紅林：《張家山漢簡二年律令集釋》（北京市：社會科學文獻出版社，2005年10月），頁617。
12　同上註，頁160。

再看秦代相關的律法，據《睡虎墓地竹簡・秦律十八種・田律》載：

> 入頃芻稾，以其受田之數，無狠（墾）不狠（墾），頃入芻三
> 石、稾二石。芻自黃稾及稾束以上皆受之。入芻稾，相輸度，
> 可稾（也）。[13]

比較漢代與秦代的律法，秦代是不論的好壞，皆一律授予百姓，完全不考慮受眾的實際需要。如此，獲得不適合種田的土地者，則難以維生，律法的不合理會造成農民的生活困難。漢代前期則不然，上文所引的律法，是不容許政府把不可耕種的田授予百姓，如果農民發現所獲得的土地不適合耕種，可以退還土地，比之秦代而言，比較人性化。在此條件下，漢初的農民在律法保障下，生計也較能夠受到合理的保障，而自耕農淪為佃農的機會相對也會下降。

　　《漢書》記載：「孝惠、高后之間，衣食滋殖。文帝即位，躬修儉節，思安百姓。時民近戰國，皆背本趨末。」[14]再者，漢文帝時期宣布「令諸侯毋入貢，弛山澤」[15]、「崇仁義，省刑罰，通關梁」[16]，自由開放的經濟政策令當時的社會經濟空前發達[17]，商業十分繁榮，而且「虞、工、商」等行業仍然是開放的，比起從事其他行業，如果佃農的生活過於艱苦，又或者當非農業者的收入遠遠大於佃農，他們則「背本趨末」。史書記載文帝之時：「地有遺利，民有餘力，生穀之土

13　睡虎墓地整理小組：《睡虎墓地竹簡・秦律十八種・田律》（北京市：文物出版社，2001年），頁1；又見朱紅林：《張家山漢簡二年律令集釋》，頁157。

14　《漢書・食貨志》，頁1127。

15　《史記・文帝本紀》，頁270。

16　《漢書・賈鄒枚路傳》，頁2367。

17　高敏：〈論文帝〉收於《秦漢魏晉南北朝史考論》（北京市：社會科學出版，2004年），頁6。

未盡墾，山澤之利未盡出也，游食之民未盡歸農也。」[18]即是說，當時有很多土地仍未開發，很多人擔任非農業的工作，而導致農業的就業人口不足，荀悅也承認文帝時：「稼穡之人少。商賈之人多。穀不足而貨有餘。」[19]按理來說，在自由開放的經濟環境下，農民是有權選擇的，而當時非農業的工作機會也十分充足，再加上政府的田租極低，假若成為佃農的收益遠遠低於其他行業，則願意當佃農的人數不可能太多，這是跟後來漢武帝時由政府壟斷各行各業後的情況所不能同日而語。

三 對「上惠不通」與「入粟受爵」

在荀悅提出「上惠不通」說法的前一章，即《兩漢紀‧漢紀‧孝文皇帝紀上》，頁九十六至九十七，荀悅引用了班固《漢書‧食貨志》中有關晁錯（西元前 200-前 154 年）於文帝二年建議實行「入粟受爵」政策時，痛陳社會問題的文字，《漢書》載有原文，有必要引用如下：

> 於是上感（賈）誼言，始開籍田，躬耕以勸百姓。晁錯復說上曰：聖王在上而民不凍飢者，非能耕而食之，織而衣之也，為開其資財之道也。故堯、禹有九年之水，湯有七年之旱，而國亡捐瘠者，以畜積多而備先具也。今海內為一，土地人民之眾不避湯、禹，加以亡天災數年之水旱，而畜積未及者，何也？地有遺利，民有餘力，生穀之土未盡墾，山澤之利未盡出也，

---

18 《漢書‧食貨志》，頁1131。
19 《兩漢紀‧漢紀‧孝文皇帝紀上》，頁98。

游食之民未盡歸農也。民貧，則姦邪生。貧生於不足，不足生於不農，不農則不地著，不地著則離鄉輕家，民如鳥獸，雖有高城深池，嚴法重刑，猶不能禁也。夫寒之於衣，不待輕煖；飢之於食，不待甘旨；飢寒至身，不顧廉恥。人情，一日不再食則飢，終歲不製衣則寒。夫腹飢不得食，膚寒不得衣，雖慈母不能保其子，君安能以有其民哉！明主知其然也，故務民於農桑，薄賦斂，廣畜積，以實倉廩，備水旱，故民可得而有也。民者，在上所以牧之，趨利如水走下，四方亡擇也。夫珠玉金銀，飢不可食，寒不可衣，然而眾貴之者，以上用之故也。其為物輕微易臧，在於把握，可以周海內而亡飢寒之患。此令臣輕背其主，而民易去其鄉，盜賊有所勸，亡逃者得輕資也。粟米布帛生於地，長於時，聚於力，非可一日成也；數石之重，中人弗勝，不為姦邪所利，一日弗得而飢寒至。是故明君貴五穀而賤金玉。今農夫五口之家，其服役者不下二人，其能耕者不過百畮，百畮之收不過百石。春耕夏耘，秋穫冬臧，伐薪樵，治官府，給繇役；春不得避風塵，夏不得避暑熱，秋不得避陰雨，冬不得避寒凍，四時之間亡日休息；又私自送往迎來，弔死問疾，養孤長幼在其中。勤苦如此，尚復被水旱之災，急政暴（虐）〔賦〕，賦斂不時，朝令而暮改。當具有者半賈而賣，亡者取倍稱之息，於是有賣田宅鬻子孫以償責者矣。而商賈大者積貯倍息，小者坐列販賣，操其奇贏，日游都市，乘上之急，所賣必倍。故其男不耕耘，女不蠶織，衣必文采，食必（梁）〔粱〕肉；亡農夫之苦，有仟伯之得。因其富厚，交通王侯，力過吏勢，以利相傾；千里游敖，冠蓋相望，乘堅策肥，履絲曳縞。此商人所以兼并農人，農人所以流亡者也。今法律賤商人，商人已富貴矣；尊農夫，農夫已貧賤矣。故俗

之所貴，主之所賤也；吏之所卑，法之所尊也。上下相反，好
惡乖迕，而欲國富法立，不可得也。方今之務，莫若使民務農
而已矣。欲民務農，在於貴粟；貴粟之道，在於使民以粟為賞
罰。今募天下入粟縣官，得以拜爵，得以除罪。如此，富人有
爵，農民有錢，粟有所渫。夫能入粟以受爵，皆有餘者也；取
於有餘，以供上用，則貧民之賦可損，所謂損有餘補不足，令
出而民利者也。順於民心，所補者三：一曰主用足，二曰民賦
少，三曰勸農功。今令民有車騎馬一匹者，復卒三人。車騎
者，天下武備也，故為復卒。神農之教曰：「有石城十仞，湯
池百步，帶甲百萬，而亡粟，弗能守也。」以是觀之，粟者，
王者大用，政之本務。令民入粟受爵至五大夫以上，乃復一人
耳，此其與騎馬之功相去遠矣。爵者，上之所擅，出於口而亡
窮；粟者，民之所種，生於地而不乏。夫得高爵與免罪，人之
所甚欲也。使天下〔人〕入粟於邊，以受爵免罪，不過三歲，
塞下之粟必多矣。[20]

此段文字常為歷史學家所引用，以作為支持漢文帝時土地兼併嚴重的
主要證據。晁錯的言論看似十分有力，也具體地說明當時土地兼併嚴
重及農民生活困苦的情況，全漢昇先生對於上段引文的解釋直接而明
朗，他說：「（晁錯）即說農民受市場影響，商人通過市場的關係壓迫
農民。商人在農產品多時壓低半價收買，貨少時則提高價格出賣，即
農民吃虧，商人則買賤賣貴。農民受此影響，在高利貸壓迫下，遂破
產矣。故二者生活，商人享受，而農民受苦。」[21]然而，若細心觀

---

20 《漢書・食貨志》，頁1130-1134。
21 全漢昇：《中國社會經濟史》（北京市：北京聯合出版社，2016年6月），頁57，此書
　　整理者葉龍錯把晁錯的言論解為景帝之時。

察，不難發現晁錯的言論中仍然存在不少問題：

第一，《史記·文帝本紀》載：「孝景皇帝元年十月，制詔御史：（文帝）德厚侔天地，利澤施四海，靡不獲福焉」。[22]當然，這只可能是景帝為父親的溢美之詞，不必盡信。但是，再查看《史記》中的〈文帝本紀〉及記載文帝時數位宰相的〈張丞相列傳〉，都未見有像晁錯如此激烈地討論土地兼併以及農民生活困苦的言論。司馬遷在《史記》中，既未見有「上惠不通」的意思，或許是晁錯的片面之詞。另外，司馬遷在《史記·呂太后本紀》說：「孝惠皇帝、高后之時，黎民得離戰國之苦……民務稼穡，衣食滋殖」[23]，依太史公的說法，呂后主政時，社會元氣剛始復原，社會經濟（包括農業）正值方興未艾之勢。但是，文帝即位不過兩年，晁錯又怎麼會說農民「憂病艱難在其中」呢？

第二，晁錯的言論本亦有值得商榷的地方。若按照晁錯的說法，當時土地兼併非常嚴重，農民生活應很困窘，無地可耕。但晁錯在同一段文字說：「以地有餘利，民有遺力，生穀之土未盡墾耕……游食之士未盡歸農」，又說：「此令臣下輕倍其主，而民易去其鄉，……是故明君貴五穀而賤玉」，可見農民並非無地可耕，而是投身工商業而導致農業人口流失，即是說土地空置率高，那麼又怎會出現嚴重的土地兼併呢？

---

22 《史記·文帝本紀》，頁436。
23 《史記·呂后本紀》，頁412。

再者，觀乎晁錯這份在文帝時期上奏全文的內容，其實他要表達的是，當時農民的收入相對於從事工商業為低，所以吸引了大批農民投身工商業，即所謂「民易去其鄉」的現象。晁錯要點出的是，社會是面對著農民轉業的現象，故提出「當今之務，在於本農，使勸業而已」，而且還要「貴五穀而賤金玉」的重農抑商政策。這樣，我們才能解釋為何會有「以地有餘利，民有遺力」及「男不耕耘，女不蠶織」的情況，可見晁錯所指的社會問題並非商人兼併土地之害。

晁錯認為，農業才是「本業」，而工商業，則只是「末業」，對於社會沒有太大的貢獻，他又認為貨幣、商品財物等是既不能夠穿著，又不能進食的一些無用之物，故此農民「背本趨末」是一種極為不當的社會風氣。因此，晁錯力主急需要鼓勵百姓，遠離工商業，重新投入到農業生產，而政府亦樂見其成。由此看來，「背本趨末」才是晁錯關心的社會問題。由此可推測，晁錯很可能是誇大了農民生活負面的一面，甚至把並非社會問題核心的商人兼併土地牽涉其中，以加強其推銷政策與文帝的本錢。

總而言之，一方面晁錯本有誇大了土地兼併的嫌疑。另方面，荀悅對晁錯言論的主旨或有誤解，本文認為「上惠不通」之說存在不少疑點。同時，荀悅說當時地主有田地「數百千頃」，是「上惠不通」的主要原因。有意見認為兼併者中不少是有官爵，而我們從出土材料中得知，漢初的官爵是有賜予田地的，說明凡一般軍功賜爵不過是「毋過左庶長」、「拜爵皆毋過五大夫」（《大通上孫家寨漢簡》356、243、340 號簡）等中級爵位，可見高級爵位的都是有顯赫的功績，為數不多。而且明確規定最高等級的關內侯有地九十五頃，而第九等的五大夫也不過是廿五頃（見《二年律令》的《戶律》（310 號簡）（317 號簡）及《田律》（255 號簡）。這亦與荀悅所說當時地主有「數百千頃」的說法相差極遠。又有論者從湖北江陵鳳凰山西漢墓中

的《鳳凰山 8 號墓遺策》有關官爵（五大夫）擁有一些田地、奴婢的資料，而認定當時土地兼併已經相當嚴重[24]，藉此支持「上惠不通」之說，實在值得商榷。

四　商人是大地主嗎？

上引晁錯的言論，其本意乃是建議實行「入粟受爵」政策。「入粟受爵」是漢代受爵政策的一種，不少學者已有專門的研究。[25]本節將從晁錯的言論進一步了解當時土地兼併的實際情況，再檢討「上惠不通」是否能成立。

「入粟受爵」是指人民可以透過捐贈糧食（粟）與政府，換取得爵位。《漢書・百官公卿表》載漢代爵位共有二十級（現以第一級為起點計）。而政策規定，「入粟」六百石可以成為「上造」（第二級），四千石則可成為「五大夫」（第九級），而一萬二千石可成為「大庶長」（十八級）。[26]按爵位的等級，可享受不同的特權。一般來說，爵位的功能，輕則可以免除力役，重則可以減輕因犯罪所受的刑罰。

一九八三年出土張家山漢墓竹簡（247 號墓）有新的材料可以加深我們的認識，其中《二年律令》的《捕律》謂：「捕以諸侯來為間者一人，（拜）爵一級，有（又）購二萬錢。不當（拜）爵者，級賜萬錢，月（又）行其購。」（151 號簡）說明持有爵位者可以錢抵罪。《二年律令》中的《傅律》（356 號簡）又證明有爵位者可以縮短服役年限的特權，而且《二年律令》的《置後律》（368 號簡）條規

24　裘錫圭：〈湖北江陵鳳凰山十號漢墓出土簡牘考釋〉，《文物》1974 年第 7 期，頁 54-62。

25　宋敘五：〈漢文帝時期入粟受爵政策之探討〉，載於《西漢經濟史散論八篇》（香港：新亞研究所，2012 年）。

26　《漢書・百官公卿表》，頁 739。

定爵位是可以世襲。由此可見,「入粟受爵」政策對於有能力負擔的人,甚是吸引,卻引伸了下面兩問題:

> 第一,漢初功臣集團（包括軍功、事功）早已經得到爵位,而且從後來實施後得知,軍爵的地位（或特權）遠比入粟所受的爵位為高,所謂「此其與騎馬之功相去遠矣」。[27]所以,他們沒有需要利用此政策而得到爵位。
>
> 第二,戰國以來的舊有勢力因長期戰亂而失去地位,高祖時曾試圖恢復他們的地位,即是所謂「復故爵田宅」的措施[28],他們已經恢復了爵位,故亦沒有必要透過政策而取得爵位。

由此推論,有能力受惠於政策的很可能是新興的商人階層。儘管他們擁有財富,但由於政府的打擊和社會的歧視,他們最容易受到壓抑「末業」的政策牽連,所以他們需要透過「入粟受爵」而取得社會地位,以鞏固其既得利益。

一直以來,我們都知道文帝政府貫徹重農抑商的方針,他認為「農,天下之本,務莫大焉。」[29]但為何會實行這個有利於富人的「入粟受爵」政策呢?有關這個政策的設計,晁錯說道:「方今之務,莫若使民務農而已矣。欲民務農,在於貴粟;貴粟之道,在於使民以粟為賞罰。」可見政策的目的是在於促進農業的發展,即所謂「驅民務農」。[30]因為,商人要以「入粟受爵」的話,就需要大量的糧

---

27 《漢書‧食貨志》,頁1134。
28 《漢書‧高帝紀下》,頁54。
29 《史記‧文帝本紀》,頁428。
30 《漢書‧食貨志》,頁1133。

食，故此他們要向農民收購，市場對糧食的需求增加，因此使得粟的價格上升，即晁錯所謂的「貴粟之道」。這就說明商人並非荀悅所述的大地主，所以他們不能向佃農收取大量的田租以支付「入粟受爵」的費用，反而需要向農民收購糧食，於是達到晁錯口中：「富人有爵，農民有錢，粟有所渫」的效果。

文帝採納晁錯的建議，結果成效顯著，其一，國家收入增加。其次，政策財政充裕有能力減免田租。其三，政策刺激了市場對粟的需求，農業因此得以恢復，農民生活得以改善。

田租是漢初政府主要收入之一，其餘尚有芻、稿稅及口賦、算賦等稅種。傳統說法以為漢初政府可做到免收田租，他都歸功於文帝皇室的節儉，但單是如此尚不足以造成免收田租，大量減少政府的收入來源，而「入粟受爵」政策，正是為政府提供可觀的非經常性收入，按照《二年律令》中規定減收田租的特權，然而商人普遍不是大地主，另方面，卻減少了政府原來從商人以錢取代力役而獲得的收入，但總的來說，對於政府收入是利大於弊。反過來說，政府有能力做到免除田租多年，又可以側面說明當時富人對「入粟受爵」的熱衷。簡言之，本文認為當時的商人普遍不是大地主，至少他們不是依靠兼併土地致富，而當時的商人們正忙於「操其奇贏，日游都市」的投機活動，而且在城市裏經商，利潤豐厚，所謂「所賣必倍」[31]，反而土地投資回報較慢，不足以吸引新興的富商大量投資。這點荀悅也不是不知道的[32]，只是在論述土地問題之時，加入了主觀因素，才有此判斷。

31　《漢書・食貨志》，頁1132。

32　《兩漢紀・漢紀・孝文皇帝上》，頁97：「漢初國家簡易。制度未備。衣食貨糧無限。富者衍溢。貧者或不足。若蜀郡卓氏家僮千有餘人。程鄭七八百人。皆擅山川銅鐵之利。運籌算。上爭王者之利。下固齊民之業。若宛孔氏之屬。連車騎以交通王侯。貿易貨賂。雍容垂拱。坐取百倍。皆犯王禁。陷於不軌。」

另外，上文已經說明了商人是該政策的主要對象，而晁錯在政策的建議中亦未有提及有關地方的「豪宗強右、武曲鄉斷」所引起的社會問題，可見他們並非政策的對象。事實上，史書中的豪民、豪右、豪強（彊）、豪宗等名詞，主要見於武帝以後的史事之中，並且有愈演愈烈的趨勢。如，武帝用兵四夷「乃募豪民田南夷，入粟縣官，而內受錢於都內。」[33]同時，董仲舒（西元前 179-前 104 年）指出當時「田租口賦，鹽鐵之利，二十倍於古。或耕豪民之田，見稅什五。」[34]昭帝（西元前 94-前 74 年，西元前 87-前 74 年在位）時，「（霍光死後）後數月，（延年）復召拜為北地太守。延年以故九卿外為邊吏，治郡不進，上以璽書讓延年。延年乃選用良吏，捕（繫）〔擊〕豪強，郡中清靜。」[35]又，「平帝崩，王莽居攝，遂篡位⋯⋯（王莽）下令曰：「漢氏減輕田租，三十而稅一，常有更賦，罷癃咸出，而豪民侵陵，分田劫假，厥名三十，實什稅五也。富者驕而為邪，貧者窮而為姦，俱陷於辜，刑用不錯。今更名天下田曰王田，奴婢曰私屬，皆不得賣買。其男口不滿八，而田過一井者，分餘田與九族鄉黨。」[36]王莽是受當時的社會風氣影響，故以打擊「豪強」為執政的目標。凡此種種，皆說明了荀悅所指的「豪強」，其實是在西漢中期以後才在史書上頻頻出現，而在文帝時期並不構成很大的影響。[37]

司馬遷（前 145-90？）形容漢初七十年來的社會情況，其謂：「漢興七十餘年之間，國家無事，非遇水旱之災，民則人給家足，都

33　《史記・平準書》，頁1421。

34　《漢書・食貨志》，頁1136。

35　《漢書・杜周列傳》，頁2665-6。

36　《漢書・食貨志》，頁1143-44。

37　宋敘五指出，入粟政策推行後反而增加了兼併土地，可參考氏著，〈漢文帝時期入粟受爵政策之探討〉，載於《西漢經濟史散論八篇》（香港：新亞研究所，2012年），頁145。

鄙廩庾皆滿,而府庫餘貨財。京師之錢累巨萬,貫朽而不可校。太倉之粟陳陳相因,充溢露積於外,至腐敗不可食。眾庶街巷有馬,阡陌之閒成羣,而乘字牝者儐而不得聚會。守閭閻者食粱肉,為吏者長子孫,居官者以為姓號。故人人自愛而重犯法,先行義而後絀恥辱焉。」[38]由此可見,西漢前期社會經濟欣欣向榮的境況,實非如生於亂世的荀悅之所能理解。當然,任何人的意識形態必離不開時代的局限,荀悅也必如是。

五 結語

　　社會脫離公有制後,土地兼併是財產私有的必然產物。所以,武帝時的董仲舒乃以為自從商鞅變法以來,井田制破壞,社會就已經變成了「富者田連阡陌,貧者亡立錐之地。」[39]當然,文帝時期也不能完全避免,但我們從考察現存史料得知,當時土地兼併情況並不如荀悅口中說的嚴重,亦未對社會穩定造成嚴重的威脅。

　　荀悅是潁川人,潁川又是豪族大姓重鎮,自西漢中晚期以來,已經有「潁川多豪彊,難治」的描述[40],他的背景必然影響到他的思想,所以他對「豪強」的問題尤其敏感。荀悅目睹了東漢晚期,豪族大姓控制了社會資源而導致國家政策不通的現象,他乃指出漢文帝時十五而一、三十而一,甚至完全免租的田租之時也有相同的情況。其實,這不過是荀悅對西漢前期的歷史想像,他並沒有提出任何有力的憑據佐證。就本文討論的文帝時期來說,荀悅與董仲舒、王莽(西元前45-西元23年)等人一般,他們對西漢前期的認識,徹底地偏離當

---

38 《史記・平準書》,頁1420。
39 《漢書・食貨志》,頁1137。
40 《漢書・趙尹韓張兩王傳》,頁3210。

時實際情形。

東漢建立後,「豪強」在史書占了相當重要的位置,如「(建武時)常平倉外有利民之名,而內實侵刻百姓,豪右因緣為姦,小民不能得其平,置之不便」,[41] 又,東漢晚年,「(梁)習到官,誘諭招納,皆禮召其豪右,稍稍薦舉,使詣幕府。」[42] 獻帝時,「而軍中豪右曹洪、劉勳等畏沛名……」。此等例子,多不勝數。另方面,漢和帝(西元 79-105 年,西元 88-105 年在位)時,「去年秋麥入少,恐民食不足。其上尤貧不能自給者戶口人數。往者郡國上貧民,以衣履釜□為贄,而豪右得其饒利。詔書實覈,欲有以益之,而長吏不能躬親,反更徵召會聚,令失農作,愁擾百姓。」[43] 可見在東漢時期,即使農作物失收,豪民大姓也能藉政策而獲利。荀悅同時代的劉表,見證了靈帝(西元 156-189 年,西元 168-189 年在位)時,「(南陽)郡中豪族多以奢靡相尚,暢常布衣皮褥,車馬羸敗,以矯其敝」而深感歎息。[44] 當時,天下動亂不安,物價躍飛,「(靈帝)四年春正月,初置騄驥廄丞,領受郡國調馬。豪右辜榷,馬一匹至二百萬。」[45]「豪民」也再一次利用國家政策,尋租獲利,而成了「豪族」,他們幾乎壟斷了社會經濟利益,此是西漢前期所不曾見的現象。曹操(西元 155-220 年)平定袁氏之後,即「重豪彊兼併之法,百姓喜悅。」[46]

---

41 《後漢書‧劉趙淳於江劉周趙列傳》,頁1305。

42 《三國志‧魏書‧劉司馬梁張溫賈傳》,頁469。

43 《後漢書‧和帝紀》,頁175。

44 《後漢書‧張王种陳列傳》,頁1825。(年十七的劉表對王暢)進諫曰:「夫奢不僭上,儉不逼下,循道行禮,貴處可否之閒。蘧伯玉恥獨為君子。府君不希孔聖之明訓,而慕夷齊之末操,無乃皎然自貴於世乎?」

45 《後漢書‧靈帝紀》,頁345。

46 《三國志‧魏書‧武帝紀》,頁26,「《魏書》載公令曰:『有國有家者,不患寡而患不均,不患貧而患不安。袁氏之治也,使豪彊擅恣,親戚兼併;下民貧弱,代出租賦,衒鬻家財,不足應命;審配宗族,至乃藏匿罪人,為逋逃主。欲望百姓親附,

出身卑賤的曹操以致力打壓豪強土地兼併而深得民心，荀悅長年與曹操共事，他也深深明白到當時處理「豪強」的問題有多麼的迫切，故他提出「上惠不通」後，馬上補充他反對占田的想法，他引用《春秋穀梁傳》[47]，並加以引伸說：

> 夫土地者，天下之本也。春秋之義，諸侯不得專封，大夫不得專地。今豪民占田。或至數百千頃。富過王侯。是自專封也。買賣由己。是自專地也。孝武時，董仲舒嘗言宜限民占田；至哀帝時，乃限民占田不得過三十頃。雖有其制，卒不得施行，然三十頃有不平矣。且夫井田之制，宜於民眾之時，地廣民稀勿為可也。然欲廢之於寡，立之於眾，土地既富，列在豪強，卒而規之，並有怨心，則生紛亂，制度難行。由是觀之，若高帝初定天下，及光武中興之後，民人稀少，立之易矣。就未悉備井田之法，宜以口數占田，為立科限，民得耕種，不得買賣，以贍弱民，以防兼併，且為制度張本，不亦宜乎！雖古今異制，損益隨時，然紀綱大略，其致一也。

　　總而言之，荀悅處身東漢之末，恰恰是兩漢以來，土地兼併空前嚴重的時代，嚴重的社會撕裂，最終導致黃巾之亂（西元 184-189元），故荀悅才以為文帝時也是「豪強之暴，酷於亡秦」的論斷，他更透過其史學著作來反對占田，主張以限田，甚至不提倡不得買賣土

甲兵彊盛，豈可得邪！其收田租畝四升，戶出絹二匹、綿二斤而已，他不得擅興發。郡國守相明檢察之，無令彊民有所隱藏，而弱民兼賦也。』天子以公領冀州牧，公讓還克州。」

47 《春秋穀梁傳・僖公二年》（臺北市：臺灣開明書局），頁18：「衛也。則其不言城衛。何也。衛未遷也。其不言衛之遷焉。何也。不與齊侯專封也。其言城之者。專辭也。故非天子不得專封諸侯。諸侯不得專封諸侯。雖通其仁。以義而不與也。」

地來保障農民，並藉此打擊豪強[48]，這也是左右對文帝時期社會經濟判斷主要原因，其實也是借古喻今的手段，所以他才說「雖古今異制，損益隨時，然紀綱大略，其致一也。」綜合上述討論，荀悅指文帝時「上惠不通」之說，雖然值得同情，卻難以成立。

---

48 關於荀悅的土地思想，可參考趙靖主編，《中國經濟思想史》（2），頁813-816。

從「善有善報，惡有惡報」到「承負說」

——《太平經》中「承負」說再探

劉志輝

一　引言

誠如湯一介先生所言，「勸善戒惡」是世界各大宗教的一個重要內容，在中國的本土宗教——道教裏「勸善戒惡」當然是不可或缺的。談到道教的「勸善戒惡」，又總會使人想起《太平經》中的「承負」說[1]。如今，只要大家稍稍閱讀一些關於「承負」說的材料，便不難發現，此說乃是承繼中國傳統的「善惡報應」說而來。[2]或更準確點說，《太平經》中的「承負」說乃是《易經》內「積善之家，必有餘慶；積不善之家，必有餘殃！」的承繼與發展。[3]有關「承負」說的基本問題，例如：何謂「承負」？「承負」和消解「承負」的方法有哪幾類？甚至「承負」說與「善惡報應」說是否有矛盾？湯一介、王明、李養正等諸位先生均已涉及。[4]但有關「承負」說的內在

1　湯一介：〈「承負」說與「輪迴」說〉《魏晉南北朝時期的道教》（詳細出版資料見參考文獻，下同），頁361-373。

2　王明：〈論《太平經》的思想〉《道家和道教思想研究》，頁126。

3　湯一介：〈「承負」說與「輪迴」說〉《魏晉南北朝時期的道教》，頁361-373。

4　關於「承負」說之論述，除見於湯一介、王明先生大作外，李養正及李剛諸先生亦有談及，詳見參考文獻。

問題的研究則不多。而本文的目的有二：其一，筆者會先闡述「承負」說如何「承繼」傳統的「善惡報應」說，再在「善惡報應」說的基礎上發展。究竟這承傳發展的過程有何意義？其二，筆者會從「得承負之由」及「解承負之厄」的方向切入，試圖了解「承負」說與道教「成仙」之學的關係。

二　中國傳統的「善惡報應」說

就如同世界上許多民族一樣，「善有善報，惡有惡報」的觀念，在中國存在已久。在先秦的典籍中，表述這觀念的文字可謂俯拾皆是。現茲舉其中一二以證：

> 《尚書》〈商書〉：「作善，降之百祥，作不善，降之百殃。爾惟德罔小，萬邦唯慶；爾惟不德罔大，墜厥宗。」[5]
>
> 《墨子》〈天志上〉：「當天意不可不順。順天意者，兼相愛，交相利，必得賞；反天意者，別相惡，交相賊，必得罰。」[6]
>
> 《墨子》〈天志中〉：「天子為善，天能賞之；天子為暴，天能罰之。」[7]
>
> 《墨子》〈法儀〉：「愛人利人者天必福之，惡人賊人者天必禍之，曰殺不辜者得不祥焉。」[8]
>
> 《晏子春秋》〈內篇諫上〉：「人行善者天賞之，行不善者天殃

5　《尚書・商書・伊訓》，李民，王健《尚書譯注》（上海市：上海古籍出版社，2000年），頁125。

6　《墨子校釋》〈天志上〉，頁212。

7　《墨子校釋》〈天志中〉，頁217。

8　《墨子校釋》〈法儀〉，頁25 。

之。」[9]

　　《周易》：「積善之家必有餘慶；積不善之家必有餘殃。」[10]

從上述例子可見，在先秦時期「善有善報，惡有惡報」已是一種普遍信仰的觀念。其中行為的善惡與報應的好壞存在着一種因果關係。此外，值得注意的是：於中國傳統的「善惡報應」觀內──在受佛教影響之前，「天」是有其「賞善罰惡」功能的「意志天」，關於「意志天」的描述，在《尚書》中可謂屢見不鮮，例如周武王弔民伐紂，滅殷商而代之，為了加強其政權的合法性，乃將其行事根據歸於「天命」：

　　「肆爾多士，非我小國敢弋殷命。惟天不畀允罔固亂，弼我；我其敢求位？惟帝不畀。」[11]

　　「非我一人奉德不康寧，時惟天命，無違。」[12]

　　「爾乃惟逸惟頗，大遠王命，則惟爾多方探天之威，我則致天之罰，離逖爾土。」[13]

由此可見，周人解釋周所以伐殷，乃是奉行「天罰」、「替天行道」。殷人失去了統治權，乃是違反「天命」之故。「天」既然擁有「賞善罰惡」的能力，即是「善惡報應」說的系統中的關鍵部分。明白「天意」變得非重要。究竟「天」對人的行為有什麼要求呢？從以下資料

9　《晏子春秋今註今譯》〈內篇諫上〉，頁46。
10　《周易譯注》〈坤卦〉〈文言〉，頁33。
11　《尚書》〈多士〉，頁131。
12　《尚書》〈多士〉，頁133。
13　《尚書》〈多方〉，頁154。

中，我們或許可以找到一點線索：

> 皇天無親，惟德是輔。[14]
> 皇天既付中國民越厥疆土于先王，肆王惟德用，和懌先後迷民，用懌先生受命。[15]

明顯地，天是好「德」的，作為統治者只有用「德」才可以保民，才可以符合天命。在此「天」不僅有其裁決能力，其性格更是大公無私的。

按道理，人生在世，只要行善積德，上天便會降福；若行惡為非，便會降禍。但在現實生活中，我們經常會發現悖論現象。這一點矛盾，並非今日存在，其由來甚久矣：

> 「瞻卬昊天，則不我惠；孔填不寧，降此大厲。……人有土田，女反有之；人有民人，予復奪之。此宜無罪，女反收之；彼宜有罪，女復悅之。」[16]
> 「旻天疾威，天篤降喪，瘨我飢饉，民卒流亡。……維昔之富，不如時；惟今之疚，不如茲。彼疏斯粺，胡不自替。……昔先生受命，有如召公，日辟國百里。今也日蹙國百里。于乎哀哉。惟今之人，不尚有田。」[17]

在以上兩段援引自《詩經》的材料中，我們發現先民感到極度的困

14　《左傳》〈僖五年〉見《春秋左傳詁》，頁279。
15　《尚書》〈梓材〉，頁115。
16　《詩經今注》〈大雅瞻卬〉，頁468-469。
17　《詩經今注》〈大雅召旻〉，頁472。

惑。為何有德的人失去土地，又陷於牢獄？反之，有罪的人卻享有富貴，受到重用？又為何仁者生活困苦？貪暴者卻豐衣足食？由此觀之，中國傳統的「善惡報應」觀，實在有一大缺陷。「善有善報，惡有惡報」的說法，難以對現實社會的現象提供合理的解釋。

若對中國傳統的「善惡報應」說作一個概括的審視，我們可以歸納出以下幾個特點：其一，在整套觀念中，人類的行為與其「本身」及其後人的禍福是有必然的因果關係的；其二，人的行為可感動上天，人為善天則悅，人為惡天則怒；其三，在這「善惡報應」的系統作中，一個客觀的「意志天」處於一個極重要的位置，一切「賞善罰惡」的行動，包括「是非判斷」均由「天」而發；其四，「善惡報應」觀誠非中國特產，不論我們翻開基督教的《聖經》、伊斯蘭教的《可蘭經》，或許佛教的典籍，均可發現「善有善報，惡有惡報」之說。但在人為善惡可以流及後人的思想上，中國傳統的「善惡報應」觀突顯了中國人獨有的「倫理本位」思想。

三　《太平經》中的「承負」說

在原始的道教典籍《太平經》中，我們發現了「承負」說。那麼究竟什麼是「承負」呢？《太平經》〈解師策書訣〉記云：

> 承者為前，負者為後；承者，乃謂先人本承天心而行，小小失之，不自知，用日積久，相聚為多，今後生人反無辜蒙其讁，連傳被其災，故前為承，後為負也。負者，流災亦不由一人之治，比連不平，前後更相負，故名為負。負者，乃先人負於後生者也。[18]

---

18 《太平經》〈解師策書訣〉見《太平經全譯》，頁143。

就上文中所言，所謂「承負」者乃是前人有過失，由後人來承受其責
任；前人有負於後人，在這種情況下，後人所受的災是無辜的。此
外，《太平經》卷七十三至八十五載云：

> 元氣恍惚自然，共凝為一，名為天也；分而生陰而成地，名為
> 二也；因為上天下地，陰陽相合施生人，名為三也。三統共
> 生，長養凡物名為財，財共生欲，欲共生邪，邪共生奸，奸共
> 生猾，猾共生害而不止則亂敗，敗而不止不可復理，因窮還反
> 其本，故名為承負。[19]

依上文所言，元氣混沌自然，共凝成天，稱為一；這個「一」分而生
陰而成地，稱為二；其後陰陽相合而生人，稱為三。由天地人三者養
生萬物則生財，財生欲，欲生邪，邪生奸，奸生猾，猾生害，生生不
息，敗亂不止，不可理治，因窮盡至極而返本初，這就稱之為「承
負」。若由這方面講，「承負」是自然循環，不可止息。

　　為什麼會出現「承負」說呢？此說的出現似乎是對中國傳統「善
惡報應」說的修正與補足。在《太平經》卷十八至三十四〈解承負
訣〉中明確地提出了現實經驗世界常見的現象：

> 凡人之行，或有力行善，反常得惡，或有力行惡，反得善，因
> 自言為賢者非也。[20]

《太平經》的作者把這種現象出現的原因，作出如下的解釋：

19　《太平經》卷七十三至八十五見《太平經全譯》，頁614-615。
20　《太平經》卷十八至三十四〈解承負訣〉見《太平經全譯》，頁55。

> 力行善反得惡者，是承負先人之過，流災前後積來害此人也。
> 其行惡反得善者，是先人深有積蓄大功，來流及此人也。[21]

由是觀之，「承負」說的創造者試圖透過此說，來修正及彌補中國傳統善惡報應說的缺陷。其實對於中國傳統善惡報應說缺陷的修改，不僅道教《太平經》的作者曾作出努力，佛教中人對此亦提出了一套解釋，東晉慧遠曾言道：

> 經說業有三報：一曰現報，二曰生報，三曰後報。現報者，善惡始於此身，即此身受。生報者，來生便受。後報者，或經二生三生，百生千生，然後乃受。受之無主，必由於心；心無定司，感事而應；應有遲速，故報有先後；先後雖異，或隨所遇而為對；對有強弱，故輕重不同，斯乃自然之賞罰，三報大略也。[22]

很明顯地，佛教和原始道教的善惡報應觀是十分不同的。兩者當中最大的差異是：在佛教的報應觀背後，人會輪迴再生，假若所作的善惡今生不報，會延續至來生或千百生之後，但所承受者是個體本身。而在原始道教的報應觀——「承負」說背後，人並不會輪迴轉世，人死後就如其他生物一樣消滅，《太平經》卷九十〈冤流災求方訣〉上說：

> 夫人死者乃盡滅，盡成灰土，將不復見。今人居天地之間，從天地開闢以來，人人各一生，不得再生也。人者，乃中和凡物

---

21 《太平經》卷十八至三十四〈解承負訣〉見《太平經全譯》，頁55。
22 慧遠〈三報論〉見吳遠釋譯《弘明集》，頁172-173。

之長也,而尊且貴,與天地相似;今一死,乃終古窮天畢也,不
得復見自名為人也,不復起行也。故悲之大冤之也。⋯⋯夫物
生者,皆有終盡,人生亦有死,天地之格法也。[23]

既然人死成灰土,那麼個人在生之時作善或為惡又有何相干呢?其實
在《太平經》中明確指出,個人犯錯亦有機會在此生負擔責任:

凡人乃有大罪六,不可除也。或身即坐,或流後生。[24]

但即使犯過者至死之時猶未得到報應,其子孫後人仍要代他負上罪
責。這種不僅考慮個人禍福,更會顧慮子孫後人禍福的思維方式,實
是中國人所獨有的。

綜合以上關於「承負」的說法,一方面是從一個家族內子孫禍福
的根源來講,這可以說是《易經》內「積善之家,必有餘慶;積不善
之家,必有餘殃!」的繼承,因此該說之內容建構,仍是脫離不了著
重「倫理本位」的中國傳統思想。個人所作的小小過失,會在不知不
覺間不斷的「累積」,而且會流及後人,而先人與後人之間是有著血
緣關係的。後者是從社會層面來講,其中災禍之「承負」不限於一
人、一家、一鄉,乃是涵蓋整個天下。從這裏講,只要人生在世,只
要存在於這宇宙之中,我們便逃不過承負之災。從此道教的「承負」
說乃突破了「家族血緣」紐帶的範圍,變成了一種對災禍因由的「普
遍性」解釋。

---

23 《太平經》卷九十〈冤流災求方訣〉,頁689-690。
24 《太平經》〈六罪十治訣〉見《太平經全譯》,頁494。

四 「人」──一切災禍之源

　　如前所述，《太平經》的作者建立「承負」說乃是希望透過此說對個人及社會的災禍注入新解釋。在這一節裏，筆者嘗試從《太平經》「承負說」中的「承負之由」與解「承負之責」方面理解，試圖使「承負」說的圖像更清淅。

　　在第二節中，我們在解釋什麼是「承負」時，已經點出「承負」的出現，是因為個人的惡行及自然循環所致。但這個只是最概括的解釋，尚未夠精確。若我們翻開《太平經》，不難發現有更多關於「承負」說出現原因的論述。但有時候我們或許問：「在『承負』說的系統中，解釋自然災禍的降臨，是否有說服力呢？」在經內的〈五事解承負法〉中說：

> 天地生萬物，無德而傷之，天下雲亂，家貧不足，老弱飢寒，縣官無收，倉庫更空。此過乃本在地傷物，而人反承負之。[25]

在以上的一段引文中，若以一瞥視之，人之被害實是無辜的。在經中的卷一至十七亦言：

> 昔之天地與今天地，有始有終，同無異矣。初善後惡，中間興衰，一成一敗。陽九百六，六九乃周，周則大壞，天地混齏，人物糜潰。[26]

從此看來，天地的衰敗乃是自然循環之故。若以此言之，人生在世承

25　《太平經》〈五事解承負法〉見《太平經全譯》，頁128。
26　《太平經》卷一至十七見《太平經全譯》，頁2。

災受害乃是完全無辜的。但若再細心一點，天地的災禍叢生是有原因的：

> 今天地開闢，淳風稍遠，皇平氣隱，災屬橫流。上皇之後，三五以來，兵疫水火，更互競興，皆由億兆，心邪形偽，破壞五德，爭任六情。肆凶逞暴，更相侵凌，尊卑長少，貴賤亂離。致二儀失序，七曜違經，三才變異，妖訛紛綸。鬼神交傷，人物凋喪，眚禍荐至，不悟不悛，萬毒恣行，不可勝數。[27]

由此可見，災禍連年當然可以從自然循環的角度講，但若深究之，又與人的情欲和行為有關。由於人類「心邪形偽，破壞五德，爭任六情。」所以導致陰陽失序，災禍迭至。且看其他相關資料：

> 「今天地陰陽，內獨盡失其所，故病害萬物。帝王其治不和，水旱無常，盜賊數起，反更急其刑罰，或增之重益紛紛，連結不解，民皆上呼天，縣官治乖亂，失節無常，萬物失傷，上感動蒼天，三光勃亂多變，列星亂行。」[28]
> 「中古以來，多失治之綱紀，遂相承負，後生者遂得其流災成劇，實由君臣民失計，不知深思念，善相愛相通，並力同心，反更相悉苦，災變怪異，委積而不除。……上為皇天大仇，下為地大咎，為帝王大憂，災紛紛不解，為民大害，為凡物大疾病，為是獨積久矣，非獨今下古人過所致也。」[29]
> 「今天地開闢以來，凶氣不絕，絕後復起，其何故也？其所從

---

27 《太平經》卷一至十七見《太平經全譯》，頁8。
28 《太平經》經鈔乙轉引自王平《太平經研究》，頁39。
29 《太平經》〈三合相通訣〉見《太平經全譯》，頁302。

> 來者，乃遠復遠。本由先王治，小小失其鋼紀，災害不絕，更
> 相承負，稍積為多，因生大奸，為害甚深。動為變怪，前後相
> 續，而生不祥，以害萬國。其所從來，獨又遠矣。君王不知，
> 遂相承負，不能禁止。……君王雖有萬人之仁德，猶不能止此
> 王流災也。」[30]

綜合上三段資料，社會災禍出現的原因有：因為君臣失計，不能相愛
相通；二是當世君王承受前人施政失誤之餘殃所致。雖然《太平經》
的作者在此欲警惕君王施政時要小心行事，但我們又發現災禍不斷，
實是人類行為失當的惡果。由此說來，個人之責任實不能推卸。在
「承負」的種類中，《太平經》的作者還特別注意到人為的「邪說」
之禍：

> 今一師說，教十弟子，其師說邪不實，十弟子復行各為十人說
> 已百人偽說矣；百人復行各為十人說。已千人邪說矣；千人各
> 數十人，萬人邪說矣；萬人四面俱言，天下邪說。又言其者大
> 眾，多傳相證，不可反也，因以為常說。此本由一人失說實，
> 乃反都使此凡人失說實核，以亂天正文，因而移風易俗，天下
> 以為大病，而不能相禁止，其後者劇，此即承負之厄也，非後
> 人之過明矣。[31]

明顯地，《太平經》的作者重視「一人」之說對社會的影響，個人的
「邪說」會「亂天正文」並「移風易俗」，其損害之力甚鉅。由於每

30　《道典論》卷四〈災異〉轉引自王平《太平經研究》，頁41。
31　《太平經》〈五事解承負法〉見《太平經全譯》，頁128。

個人的社會地位不同，擁有的影響力亦異，故此其「承負」界限亦有別：

> 承負者，天有三部，帝王三萬歲相流，臣承負三千歲，民三百歲。皆承負相及，一伏一起，隨人政衰盛不絕。[32]

從君王、臣、民的「承負的責」言之，我們可以發現在「承負」說中，個人會按照其身處之位，得受不同的時間的「承負」之責。為什麼《太平經》的作者會有此等劃分呢？這似乎與個人對社會的影響力之大小成為正比。君王掌天下，他的言行措止，皆繫於千萬人之禍福。再者，一國之君所訂定之國策，其中利害亦非顯於一時，更會左右一國機運之開展，吾人只要稍翻史冊，當中例子實如恆河沙數，故在「承負」說中，君王所承負之時限最為久遠。由此推論，代行天子之命的大臣其承負之時限比一般平民長，其中因由亦無庸多言了。

在細讀《太平經》之時，我們發現當中的「承負」說強調「集體主義」的同時，亦強調「個人」行為對社會的影響。當然，作為一部「應帝王之書」，《太平經》的作者為當世君主開脫，把當時天下混亂，民不聊生之現象，歸咎於先人，把責任分攤給天下人是可以理解的。但是若用現代的視角觀之，由「個人」至「群體」當中行為的影響實在巨大，更重要的是某些行為的「果」，並不會即時呈現，可會延及後代，流諸後世。在《太平經》的〈起土出書訣〉從人的一己私利來講，從人與自然關係來講，解釋了承負之災出現的因由：

> 夫天地中和凡三氣，內相與共為一家，反共治生，共養萬物。

---

32 《太平經》〈解承負訣〉見《太平經全譯》，頁55。

> 天者主生，稱父；地者主養，稱母；人者主治理之，稱子。父
> 當主教化以時節，母主隨父所為養之，子者生受命於父，見養
> 食於母。

文中以家庭倫理關係來比喻天、地、人三者之關係，天猶父，地若
母，天生萬物，地養成之。而人居其中，負責治理。天地雖負責萬物
的生養，但「人」卻是有其管理之全權。若人能順天意行事，並愛惜
其地，世間將無災害，但可惜：

> 夫惡人逆之，是為了不順其父，天氣失其政令，不得其心，天
> 因大惡人生災異，以病害其子……鬼物大興，共病人，奸滑居
> 道傍，諸陰伏不順之屬，咎在逆天地也。

在〈起土出書訣〉中，指出了人類大興土木，破壞了自然的平衡。最
後，人自食其果，此乃自然災害「承負」之由，且看下文：

> 今人以地為母，得衣食焉，不共愛利之，反共賊害之。……人
> 乃甚無狀，共穿鑿地，大興起土功，不用道理，其深者下著黃
> 泉，淺者數丈。……地內獨疾痛無訾，乃上感天，而人不得知
> 之，愁困其子不能制，上訴於父，訴之積久，復久積數，故父
> 怒不止，災變怪萬端并起，母復不說，常怒不肯力養人民萬
> 物，父母俱不喜，萬物人民死，不用道理，咎在此。

有時候我們以為一人所作，其害不甚了了，但在《太平經》的作者卻
以「疽蟲」為喻，以說明人與地之關係：

夫人或有長出大，身大出十圍，疽蟲長不過一寸，其身小小，
積小不足道也，居此人皮中，旦夕鑿之，其人病之，乃則死
亡，夫人與地大小，比若此矣。

既然「一人」之害猶如斯恐怖，眾人「集體行為」之影響更是不堪設
想，文中以穿井為例：

今一大里有百戶，有百井；一鄉有千戶，有千井；一縣有萬
戶，有萬井；一郡有十萬戶，有十萬井，一州有億戶，有億
井。大井一丈。中井數尺，小井三尺，穿地下著黃泉。天下有
幾何哉？

經中以水為地之「血脈」，今穿地得水，猶穿身取血，地深受其害
也。此外，又言：

今天下大屋丘陵冢，及穿鑿山泉，采取金石，陶瓦豎柱，妄掘
鑿溝瀆，或閉塞壅閼，當通而不通有幾何乎？……今或有不
然，妄鑿地形，皆為瘡瘍；或有塞絕，當通不通。不治不和，
地大病之

於此直言人妄行興建穿鑿，破壞了自然環境，這不僅是個人的問題，
就是沒有大興土木的人亦會受害：

今時時有近流水而居，不鑿井，固多病不壽者何也？此天地既
怒，及其比伍，更相承負，比若一家有過，及其兄弟也。[33]

---

33 《太平經》的〈起土出書訣〉見《太平經全譯》，頁229-257。

縱觀〈起土出書訣〉的內容，可謂充滿了今日世界「環境保護」的思想，然而這並不在本文論討之內。筆者想提出的是：在「承負」說中，雖然表面觀之，個人的禍惡與善惡之行為沒有必然關係；但不能忽視的是，在整個理論的內部結構中，仍然是強調「善惡報應」的思想。不過在當中，「善惡報應」已不限於個人層面，亦不宥於家族。於空間而言，《太平經》的作者，把中國傳統的「善惡報應」說的範圍，由個人與家族擴大到社會和國家之上。在時間而言，則推展到歷史洪流之中。然而更重要的，「承負」說離不開的仍是「警惡勸善」的功能，其對象當然是「人」。因為一切災禍既由人而起，當然也要從人開始著手解決。

人若要消除「承負」之災，便要明白消除「承負之厄」的方法。理論上，在一般的宗教道德勸勉下，只要人行善避惡便可，但《太平經》中所謂的「善行」，卻非一般社會規範中的「善行」[34]。我們發現消除「承負之厄」的方法，竟然與道教裏的「成仙」思想是分不開的。

五　個人努力的重要性──守一、成仙與「承負」之責的消解

「樂生惡死」，追求肉體成仙，長生久視，重視現世利益，這是道教思想的一大特色。張百瑞在〈悟真篇後序〉曾言：「世人執其有身，而悅生惡死，黃老乃以修生之道，順其所欲而導之。」[35]故此「如何超越死亡」成為了道教的中心問題。換言之，人的壽數久暫，是一個最值得關注和最實在的問題。關於這問題《太平經》亦曾有明

34　龔鵬程：《道教新論》，頁107-121。

35　轉引自《道學通論》，頁264。

示，經中〈解承負訣〉載道：「夫壽命，天之重寶也。」[36]壽數長短亦成為「承負」後果的其中一種體現，經中云：

> 凡人有三壽……，上壽一百二十，中壽八十，下壽六十。……
> 如行善不止，過此壽謂之度世。行惡不止，不及三壽，皆夭
> 也。胞胎及未成人而死者，謂之無辜承負先人之過。[37]

以此言之，《太平經》強調「承負」說，就是要人人學道為善，延年益壽，以致長生不死，飛身成仙。

究竟如何才可以消解「承負」之責呢？關於這個問題，在湯一介先生的《魏晉南北朝時期的道教》中曾有涉及，筆者不欲在此再贅言。大約解「承負」之責的方法有：行太平道；讀《太平經》；養氣守一；行大功德；及倚靠天師偉力。[38]而從解「承負」之責的種種進路觀之，我們發現「守一」是解「承負」之責的最根本方法。〈五事解承負法〉明言：「欲解承負之責，莫如守一。」[39]關於《太平經》「守一」思想的淵源，張廣保先生曾有精闢的闡述：「守一思想在我國淵源甚早，根據現存文獻，《莊子·在宥》即提出守一概念，並將其做為一種養生修身的道術。」又言：「道教守一術中的『一』從其思想淵源看來，明顯與《老子》書『一』的概念有關。……『一』作為道首先派生出的東西，無疑是最接近於道的。後世道教思想家即以此為思想為根據，發展出守一術，並將守一作為返道本的基本手段之一。」[40]從上述的資料中，我們可以肯定《太平經》中的「一」與先

---

36 《太平經》〈解承負訣〉見《太平經全譯》，頁55。

37 《太平經》〈解承負訣〉見《太平經全譯》，55-56頁

38 湯一介：〈「承負」說與「輪迴」說〉見《魏晉南北朝時期的道教》，頁367-368。

39 《太平經》〈五事解承負法〉見《太平經全譯》，頁133。

40 張廣保：〈《太平經》——內丹道的成立〉見《道家文化研究》第16輯，頁128-129。

秦的道家思想的淵源極深。就如〈五事解承負法〉中說：「一者，數之始也；一者，生之道也；一者，元氣所起也；一者，天之綱紀也。」〈守一入室知神戒〉說：「夫一，乃至道之喉襟也。」這裏的「一」被視為最高實體。然而，《太平經》對「一」的看法亦有自成一格之處，且看下列經中有關資料：

〈修一卻邪法〉中載：「夫一者，乃道之根也，氣之始也，命之所繫屬，眾心之主也。當欲知其實，在中央為根，命之府也。」[41]

「故頭之一者，頂也。七正之一者，目也。腹之一者，臍也。脈之一者，氣也。五藏之一者，心也。四肢之一者，手足心也。骨之一者，脊也。肉之一者，腸胃也。」[42]

從以兩段資料觀之，「一」不是宇宙生成論的「一」，它與我們的肉身生命有莫大關係。「一」既是人的「生命之府」；亦是身體各部分的重要之處，若「能堅守，知其道意，得道者令人仁，失道者令人貧。」如此一來，在《太平經》中，「一」與人的性命的距離更接近，使人更易於掌握。但具體而言「守一」是守什麼呢？歸納一般學者的意見，「守一」既是指「守神」，使人形神不離，達至長生不老。同時，「守一」亦指守善，是一種道德修養的行為。[43]由於對《太平經》中有關「守一」的討論已不少，筆者在此亦不作別的討論了。

張廣保先生認為，《太平經》中包含了豐富的內丹道思想。而經

---

41 《太平經》〈修一　邪法〉見《太平經全譯》，頁31。
42 《太平經》〈修一　邪法〉見《太平經全譯》，頁31。
43 詳見李剛：《漢代道教哲學》，頁98。

中的「守一」概念就是內丹道重要的概念之一。[44]為何要練內丹呢？不外是要成仙吧。筆者在此要指出的是：作為消解「承負」之責的一種基本方法，「守一」亦同時是一種令人成仙不死的方術。這和道教的「勸善成仙」的中心思想是一致的。

此外，「守一」，並不能一蹴而就的，而是要經過「學」才會成功的。在〈守一入室知神戒〉內即有系統地講解修煉得道的過程。而在《太平經》中經常強調學的工夫，和其重要性。〈力行博學訣〉言道：「故聖人力思，君子力學，晝夜不息也，猶樂欲象天，轉運而不止，百川流聚，乃成江海。」[45]而在《太平經》卷五十六至六十四中亦明言力學的重要性：「故奴婢賢者得為善人，善人好學得成賢人；賢人好學不止，次聖人；聖人學不止，知天道門戶，入道不止，成不死之事，更仙；仙不止入真，成真不止入神，神不止乃與皇天同形。」[46]在《太平經》中強調力學，人要透過自身的努力不斷學習與追求，達至於天地合一的境界。若能如此，人便可以衝破生死的困局。此外，如資料中所言，由奴婢至聖人、真人、神人均要「學」，更重要的均「可」學。既然如此，人人皆有超越死亡的可能，這是十分重要的。

至於學習的內容是什麼呢？在《太平經》卷四十九〈急學真法〉內有記述：「有上古大真道法，故學教其學道、學德、學壽、學善、學謹、學吉、學古、學平、學長生。」[47]從所學的內容觀之，《太平經》所追求的不僅是長生，兼且是有強烈道德意味的人格要求。此外，「學」是一個過程，但成功與否，則與個人的意志力強弱成正

---

44 張廣保：〈《太平經》——內丹道的成立〉見《道家文化研究》第16輯，頁128-129。

45 《太平經》〈力行博學訣〉見《太平經全譯》，頁423。

46 《太平經》卷五十六至六十四見《太平經全譯》，頁455。

47 《太平經》卷四十九〈急學真法〉見《太平經全譯》，頁323。

比，經中又云：「愚者不知天下凡人，其本志所為，常念善高已者，不能應其所志，故為其高舉之，上極於仙，君才得保其天年耳。夫大賢者志十得十，必與吾道書相應；中賢者志十，或中止更懈，才得五，小人朝志之，暮忘其所言。故大高舉者，樂使其上中下各得其心所志念。」[48]由此可見個人成敗的主要關鍵，全賴自身的努力，除此以外別無他法。

六 結語

古詩云：「人生不滿百，常懷千歲憂。」北宋天臺張伯端亦言：「嗟夫！人身難得，光陰易遷，罔測短修，安逃業報，不自及早省悟，惟只甘分待終，若臨期一念有差，立墮三塗惡趣，則動經塵劫，無有出期，當此之時，雖悔何及？故老釋以性命學開方便門，教人修種，以逃生死。」[49]生老病死是人生必經之路，自古至今，無論是販夫走卒，或是不世英雄亦難逃生死玄關的限制。故此如何超越死亡成為了道教面對的一個重要課題。我們發現在《太平經》的「承負」說中，要解決的同樣是生命的問題。而當個人面對生死大限，面對這避不了的問題時，唯一可以依靠的是個人的修煉和努力，《太平經》的作者要我們要積極面對。

道教是在中國土生土長的宗教，在其成長的過程中，分別吸收了中國的傳統文化及外來佛教文化的元素。原始道教的「承負」說便是其中的一個好例子。「承負」說承繼中國善惡報應說的傳統，而亦充分體現了中國人「倫理社會」本位的特質。誠如梁漱溟先生所言：

---

48 《太平經》卷四十九〈急學真法〉見《太平經全譯》，頁323。
49 張伯端：《悟真篇》序引自魏伯陽著《秘藏周易參同契》，頁238。

「（中國人）所努力者，不是一己的事，而是為了老少全家，乃至為了先人為了後代。」[50]「承負」說的核心思想，亦提醒眾人自己要謹慎言行，要為善去惡，不然自己作惡的果會流及後世。明顯地，這是從中國倫理社會思想上出發的。此外，「承負」說透過對世間災禍的解釋，把天災人禍降臨的責任「攤分」開去。從縱的方面講，災禍降臨前人與後人都要負上責任；從橫的方面，社會上出現問題，亦是每一個人的責任。這一種「集體責任」制指出每一個人對社會都要負上「道德責任」，因此當一個人生於世上，對自己的行為也要小心謹慎，不可掉以輕心。李養正在〈從《太平經》看早期道教的信仰〉一文中指出，中國傳統的「善惡報應」與「承負」說有矛盾之處。因為前者強調吉凶禍福，與個人行為的善惡有必然的因果關係；後者則持相反的意見。[51]但筆者卻認為「承負」說是中國傳統善惡報應說的發展。

最後，筆者想指出的是：在「承負」說的系統中，從「承負」說出現的原因，到消解「承負」的方法，我們發現「承負」的循環與「人」的關係分不開。「承負」的出現與個人行為的善惡有關；同時要解決「承負」之責的問題，亦要由個人開始。在《太平經》提出了五項治身原則，當中包括：力行、漸修、守一、養身積善、修真道。而其中「守一」是最根本的方術，它既可徹底解開「承負」之責，又是通向成仙的路。這正是道教「承負」說的要旨所在：當人遇到困病災禍、遇到不公平但又無法解釋之事時。當人心生怨懟，感到無辜無奈之時，道教的「承負」說不僅對此作解釋，並且為人開啟了一條「成仙」之路。更重要的是，當人向這條「成仙」之路邁進之時，不是完全離世獨居，同時亦會提升個人的道德修養，使現世社會趨向和諧。

---

50 梁漱溟：〈中國是倫理本位的社會〉轉引自曹錦清編選《儒學復興之路──梁漱溟文選》，頁177。

51 李養正：〈從《太平經》看早期道教的信仰〉見氏著《道教經史論稿》，頁56。

參考文獻

先秦典籍

屈萬里 《尚書今註今譯》 臺北市：聯經出版事業公司 1984年

黃壽祺、張善文 《周易譯註》 上海市：上海古籍出版社 1989年
5月初版，2000年1月第8次印刷

洪亮吉 《春秋左傳詁》 北京市：中華書局 1987年10月

高亨注 《詩經今注》 1980年10月1

王更生註譯 《晏子春秋今註今譯》 臺北市：臺灣商務印書館
1989年5月

楊勇注 《老子》 重慶市：西南師範大學出版社 1995年

方勇、陸永品 《莊子詮評》 1998年9月

王煥鑣著 《墨子校釋》 杭州市：浙江古籍出版社 1987年11月初
版，1988年1月第2次印刷

道家、道教專著

龍晦等譯注 《太平經全譯》 貴陽市：貴州人民出版社 2000年2月

魏伯陽著 《秘藏周易參同契》 西安市：西北大學出版社 1993年
11月

王 明 《道家和道教思想研究》 北京市：中國社會科學出版社
1984年6月

王 平 《太平經研究》 臺北市：文津出版社 1995年10月

湯一介 《魏晉南北朝時期的道教》 西安市：陝西師範大學出版社
1988年

李養正 《道教經史論稿》 北京市：華夏出版社 1995年11月

龔鵬程 《道教新論》 臺北市：臺灣學生書局 1991年8月

李　剛　《漢代道教哲學》　成都市：巴蜀書社　1995年5月

李　剛　《勸善成仙——道教生命倫理》　成都市：四川人民出版社
　　　　1994年7月

姜　生　《漢魏兩晉南北朝道教倫理論稿》　成都市：四川大學出版
　　　　社　1995年12月

張運華　《先秦兩漢道家思想研究》　長春市：吉林教育出版社
　　　　1998年12月

胡孚琛、呂錫琛　《道學通論——道家道教仙學》　上海市：社會科
　　　　學文獻出版社　1999年1月

卿希泰主編　《道教與中國傳統文化》　福州市：福建人民出版社
　　　　1990年9月初版，1992年6月第2次印刷

陳鼓應主編　《道家文化研究》第16輯　北京市：生活・讀書・新知
　　　　三聯書店　1999年4月

其他文獻

劉道超　《中國善惡報應習俗》　北京市：文津出版社　1992年1月

吳遠釋譯　《弘明集》　高雄市：佛光文化事業有限公司　1998年2月

曹錦清編選　《儒學復興之路——梁漱溟文選》　上海市：上海遠東
　　　　出版社　1994年2月

從《赤松子中誡經》看早期
道教的勸善思想

劉志輝

一 前言

「勸善成仙」是道教其中一個核心思想。就如李剛所言，解決生命存在問題，既是道教勸善成仙的生命倫理學習出發點，又是其目的地。道教對生命問題的解決以「成仙不死」為標榜，道教追求神仙不死，是對死亡的主體性抗爭。[1]而道教的勸善書亦被視為體現「勸善成仙」思想的最佳文本。李剛曾言：

> 勸善書是三教一體的產物，融道儒釋為一爐，其中又貫穿一條主線？即道教勸善成仙的生命倫理學[2]

《赤松子中誡經》自古以來被收入於《道藏》的洞真部的戒律部中，而在二十世紀的九十年代，中國研究中心在編定「道學經典注譯」系列時，把此書歸入為「勸善書注譯」之中，與《福壽論》、《太

1　李剛：《勸善成仙——道教生命倫理》（成都市：四川人民大學出版社，1994年7月），
　　頁3-4。
2　李剛：《勸善成仙——道教生命倫理》，頁129。

上感應篇》、《文昌帝君陰騭文》、《太微仙君功過格》、《關聖帝君覺世寶訓》並列。《赤松子中誡經》的注譯者唐大潮更謂:「從內容方面來看,現存道經中數《赤松子中誡經》最早以勸善為專題行文。」[3]當筆者讀畢本經,發現警惡勸善之言累牘連篇,可證唐氏所言非虛。但當我們以「勸善書」或「戒律經籍」的角度來審視本經,或許會使我們忽略了本經載負的其他重要信息。

　　從編纂學角度而言,把經籍分類是必要的,然而就是因為一些「預設」的存在,有時候會妨礙我們對經籍的「理解」。就如黎志添教授所言,理解是一種主體之間互動相交的關係,真正的理解必然包含一種屬於主體與主體之間互相影響的關係和意義世界的擴大。在真正的理解關係裏,理解者與被理解者並不是建立在一種主客二分的次序關係上。[4]誠然,要求廿一世紀的主體——「我」去完全理解另一個三至四世紀的主體——《赤松子中誡經》,可能是一種非分之想,但若要達到一種主體與主體相互交流的境界卻並非夢話。

　　本文並無意羅列《赤松子中誡經》中對善惡行為勸誡的內容,或討論當中的倫理議題。筆者想問的是:本經的造構者要人為善去惡時,他究竟運用什麼策略?而這些策略又包含了什麼思想文化資源?此外,筆者更希望藉著這些觀察,了解中國古代文化的傳承——如先秦「氣」說與「報應」說的關係,認識中國的傳統交化如何在道教思想中滲透。

3　唐大潮等注譯:《勸善書注譯》〈導言〉(北京市:中國社會科學出版社,2004年9月),頁1。

4　黎志添:《宗教研究與詮釋學——宗教學建立的思考》(香港:中文大學出版社,2003年5月),頁37。

二 「赤松子」是雨師還是成仙的指導者？

《赤松子中誡經》乃是假托赤松子與黃帝對話的作品。赤松子是誰呢？《列仙傳》謂：

> 赤松子者，神農時雨師也，服水玉以教神農，能入火自燒。往往至昆侖山上，常止西王母石室中，隨風雨上下。炎帝少女追之，亦得仙俱去。至高辛時復為雨師，今之雨師本是焉。[5]

於東漢的《列仙傳》中，赤松子是「神農時雨師」。日人大形徹認為：

> 「赤松子」的名字在《史記・留侯世家》和《楚辭》裏能看到。在那裏面，其與行氣、導引、辟谷等不老生術相聯繫。可是，據《列仙傳》來看，「赤松子」只是雨師，有關行氣、導引的內容一點兒也沒有。[6]

依大形徹的意見，赤松子在《列仙傳》中是「雨師」，這與後來關於赤松子的敍述主流完全兩樣。因為在《史記》或《楚辭》中，赤松子是精於行氣、導引的方術之士，這亦是赤松子的敍述主流。試看《淮南子・齊俗訓》載云：

> 今夫王喬、赤誦子吹嘔呼吸・吐故納新・遺形去智・抱素反

---

5 《列仙傳》引文轉引自〔日〕大形徹：〈松喬考——關於赤松子和王子喬的傳說〉見《復旦學報》（社會科學版）1996年第4期。

6 〔日〕大形徹：〈松喬考——關於赤松子和王子喬的傳說〉見《復旦學報》（社會科學版）1996年第4期，頁96。

真‧以游玄眇‧上通雲天‧今欲學其道‧不得其養氣處神‧而
放其一吐一吸‧時詘時伸‧其不能乘雲升假,亦明矣[7]

《淮南子》中的「赤誦子」亦即是赤松子。在魏晉之時,「赤松子」
亦是學仙者之師,而且是能長生不死。且看葛洪《抱朴子內篇》云:

> 況於神仙之道,旨意深遠,求其根莖,良未易也,松喬之徒,
> 雖得其效,未必測其所以然也,況凡人哉?[8]
> 或曰:「皇穹至神,賦命宜均,何為使喬松凡人受不死之壽,
> 而周孔大聖無久視之祚哉?」[9]

就是因為這樣,使大形徹大惑不解。為什麼在《列仙傳》中精於導引
之術的赤松子會變成了神農雨師呢?其實在《列仙傳》中的赤松子並
沒有背叛敘述主流。細看《列仙傳》引文言:「赤松子者,神農時雨
師也,服水玉以教神農,能入火自燒。」要注意的是,赤松子曾教神
農氏「服水玉」,何謂「水玉」?據《抱朴子內篇‧仙藥》云:

> 玉亦仙藥,但難得耳。玉經曰:服金者壽如金?服玉者壽如玉
> 也。……玉可以烏米酒及地榆酒化之為水,亦可以蔥漿消之為
> 臺,亦可餌以為丸,亦可燒以為粉,服之一年已上,入水不
> 霑,入火不灼,刃之不傷,百毒不犯也。……赤松子以玄蟲血
> 漬玉為水而服之,故能乘煙上下也。玉屑服之與水餌之,俱令

7　《淮南子‧齊俗訓》見同上書注文。

8　《抱朴子內篇‧塞難》見王明著:《抱朴子內篇校釋》(北京市:中華書局,1985年
　　3月),頁136。下文注引此書均出於此,不再注明版本出處。

9　《抱朴子內篇‧對俗》,頁50。

人不死。[10]

所謂「玉」即是仙藥的一種，而服玉之法有「化之為水」、「消之為臺」、「餌以為丸」、「燒以為粉」，若服之一年可使人「入水不霑，入火不灼，刃之不傷，百毒不犯」。赤松子在《列仙傳》中雖然是神農雨師，但同時亦有教神農服「水玉」，若按葛洪所言，赤松子的水玉並非以酒化玉，而是「以玄蟲血漬玉為水」。由此可見在《列仙傳》的赤松子一身兼兩職，他既是雨師，亦是教黃帝服食之術的導師。故《列仙傳》亦云「炎帝少女追之」，即「炎帝少女」亦師事赤松子，到了最後大家「得仙俱去」。

所以在《列仙傳》的赤松子形象，其實與敘述主流無悖。無論在兩漢還是魏晉，赤松子作為「學仙者之師」的形象大概已鑄定。另一方面，赤松子亦是「長壽不死」，能突破生命囿限的典範。造構《赤松子中誡經》的主人翁之所以要托名赤松子，可證明本經的主題確是與中國人冀求「長壽」有關，但這僅是本經的引子。

三 《赤松子中誡經》〈序〉中的人生問題

翻開柏拉圖的《理想國》，我們會碰上他的老師蘇格拉底的一次參神之旅。在因緣際會下，蘇格拉底到了玻勒馬霍斯的家作客，在那裏蘇格拉底遇見主人公的父親——老者克法洛斯。克法洛斯是一位家財萬貫的老年人，碰上這個老年財主，蘇格拉底不是請教致富之道，而是興致勃勃的與老人家討論「金錢」、「老年」和「幸福」的問題。打開話匣子後，蘇格拉底突然問道：「真的。我還要向你討教一個問

---

10 《抱朴子內篇·仙藥》，頁204。

題。據你看,有了萬貫家財最大的好處是什麼?」[11]克法洛斯並沒有直接回答蘇格拉底的詰問,他倒是述說老人的心聲:

> 蘇格拉底,當一個人想到自己不久要死的時候,就會有一種從來不曾有過的害怕纏住他。關於地獄的種種傳說,以及在陽世作惡,死了到陰間要受報應的故事,以前聽了當作無稽之談,現在想起來開始感到不安了──說不定這些都是真的呢!不管是因為年老體弱,還是因為想到自己一步步逼近另一個世界了,他把這些情景都看得更加清楚了,滿腹恐懼和疑慮。[12]

其後,克法洛斯接著說,若人有了錢便用不著存心作假或不得已而騙人,那樣他便可問心無愧坦然地面對死亡。在這裏我們當然不是要討論古希臘的哲學,我只是想說明無論在中國還是西方,「善惡報應」與「死亡恐懼」都是人類在存在過程中無法逃避的問題,這類問題可歸類為「人生問題」。既然提出問題便需要答案,而《赤松子中誡經》的造構者就是為他的讀者,就人生問題提供了答案。

《赤松子中誡經》要解決什麼問題呢?且先看本經的序,序云:

> 昔過宋,見大夫薛瑗有子一十人。

薛瑗之子當中一人身陷牢獄,九人身有殘障。公明子皋:

> 遂問大夫所行之如何,而禍至此?

---

11 〔古希臘〕柏拉圖:《理想國》第1卷(北京市:北京商務印書館,2002年),頁5。

12 〔古希臘〕柏拉圖:《理想國》第1卷,頁5。

薛瑗對曰：

> 予為國之宰相，未曾舉一人，不曾接一士。見賢如饑約，截不
> 令入。見人遺失，予如有所得。見人有得，予如有所失。恨身
> 不為之耳。

公明子皋聽罷，直言「大夫所行如此之行，須至滅門矣。」薛瑗聽見
公明子皋的預言後決心悔改，於是公明子皋傳授《赤松子中誡經》，
並言：

> 能依此行，治身萬病，及拔見世子孫。[13]

數年之後，公明子皋再見薛瑗，薛瑗的兒子全部不藥而癒。公明子皋
問其原因，答案當然是薛瑗改過遷善之故。公明子皋語大夫曰：

> 速哉，速哉，天之報善也。過於響應，聲影應形。今大夫一心
> 行善，男女百病皆差，何況行一千餘事乎？[14]

透過公明子皋見薛瑗的故事，我們可以先理解本經作者所提的人生問
題是什麼；接著我們會嘗試發掘本經作者的解難策略，並藉此觀察作
者如何利用中國的傳統智慧來解決問題。

在本經的序中，我們發現薛瑗所遇到的問題便是「為何？」
（why？）薛瑗的困惑是「為何自己的十個兒子，一人陷於牢獄，九

---

13 以上引文見《赤松子中誡經》序，載於《正統道藏》第5，戒律類，頁282。下文注
  引此書均出於此，不再注明版本出處。
14 《赤松子中誡經》序，載於《正統道藏》第5，戒律類，頁282。

人身患惡疾？」雖然薛氏位極人臣，權傾朝野，但仍是束手無策。薛瑗的困惑正說明人力之有限，命運之力的無窮。先秦哲人孔子稱此為「命」。孔子一生以救世為己任，無奈不為世所用。對此夫子以「命」作辯解：

> 道之將行也與？命也。道之將廢也與？命也。（《論語·憲問》）

若由儒家觀之，人之禍福皆取決於「命」，「命」就是自然對人的轄制，實非人力所能改變。

道家言「命」，更突顯命之不可逆性。莊子直言：

> 死生存亡，窮達貧富，賢與不肖，毀譽、饑渴、寒暑，是事之變，命之行也，日夜相代乎前，而知不能規乎其始者也，故不足以滑和，不可入于靈府。（〈德充符〉）

上述的種種人生現象的變化，都是「命」之使然，人力既不可逆轉，只好知命，安命。故莊子又云：

> 知不可奈何而安之若命，唯有德者能之。（〈德充符〉）

關於中國「命」之觀念的發展，徐復觀先生曾言：

> 西周及其以前之所謂命，都是與統治權有關的所謂天命。到了春秋時代，擴大而為「民受天地之衷以生，所謂命也」的一般人的命；即是天所命於人的不僅是王者的政權，更進而成為一

般人民道德根據的命；這是天命觀念劃時代的大發展。……在
上述的道德自主的覺醒中，人也發現道德自主性對人的現實生
活而言，並沒有全般的主宰能力；如貧賤富貴壽夭等，既不是
人力所能控制，也不是當時的人智所能解釋，冥冥中彷彿有一
股不可抗拒的力量在發生支配作用，這便是在春秋時代出現了
命運之命的觀念，作為人力所能自主與不能自主之間的一條分
界線。」[15]

徐先生所言，不僅說明了中國先秦時期，「天命」怎樣由最初的只為
王權服務，後來擴展至民間，變成了個人道德依據。更重要的是當人
發現個人的努力並不能主宰人生，當人發現「生死壽夭」、「貧賤富
貴」與個人道德強弱關係變得模糊，那麼人往往會陷於迷惘之中。

　　既然在先秦時代，人對「命運」感到無奈，那麼公明子皋所宣稱
的解釋「善惡報應」又怎會有效呢？當我們稍稍留神便會發現，公明
子皋所高舉的「善惡報應」是根據「天之報善也。過於響應，聲影應
形」的觀念而來，這其實亦是西元前一至二世紀，中國知識分子的普
遍觀念。每當提到「天人感應」，人們總會想起董仲舒。但其實在中
國古代世界的知識系譜中宇宙與社會、人類同源同構互感的思想早已
存在。現且以中國古代的占星學作一例子，以茲說明。《周禮》載春
官宗伯之保章氏，職掌天象之占：

掌天星以志星辰日月之變動，以觀天之遷，辨其吉凶，以星土
辨九州之地所封，封域皆有分星，以觀妖祥。以十有二歲之相
觀天下之妖祥，以五雲之物辨吉凶水旱降豐荒之祲象，以十有
二風察天地之和，命乖別之妖祥。

---

15 徐復觀：《兩漢思想史》卷二（臺北市：臺灣學生書局，1976年6月），頁626-627。

當時占星的技術掌握於統治者之手，與國家興亡有莫大關係，但我們相信古代占星術包含的天人互感的思想，並不會僅僅影響統治精英，從《國語》、《左傳》和一些考古銘文可見，這種思想所滲透的層面既深且廣。[16]而上述的《周禮》便說明中國古代人相信人間的吉凶禍福與星宿的變動有關。

到了漢代，儒家知識分子把上述的古代文化資源引入自身的知識體系之中，並融合了墨子的「天志」與「明鬼」思想，使儒者的倫理原則獲得了「天」和「鬼神」的支持與權威。「過於響應，聲影應形」的觀念，亦可見於陸賈、公孫弘、董仲舒這群政治精英之口。例如：

> 「事以類相從，聲與音相應。」（《新語‧術事第二》）

> 「氣同則從，聲比則應。」（《漢書‧公孫弘傳》）

> 「氣同則合，聲比則應，其驗皎然也。」（《春秋繁露‧同類相動第五十七》）

然而這樣的「聲比則應」、「善惡相報」的思想其實未能解決「為善得禍，為惡得福」的矛盾。所以在東漢時，王充對此提出疑問：

> 世論行善者福至，為惡者禍來。福禍之應，皆天也，人為之，天應之。陽恩，人君賞其行；陰惠，天地報其德。無貴賤賢

---

16 關於以上的論述可參考陳來著：《古代思想文化的世界——春秋時代的宗教、倫理與社會思想》第二章〈星象〉（北京市：生活‧讀書‧新知三聯書店，2002年12月），頁38-60。葛兆光《中國思想史》（第1卷）第2編〈春秋戰國時代的一般知識與思想〉（上海市：復旦大學出版社，2001年12月），頁71-78。

愚，莫謂不然。徒見行事有其方傳，又見善人時遇福，故遂信
之，謂之實然。斯言或時賢聖欲勸人為善，著必然之語，以明
德報；或福時適遇者以為然。如實論之，安得福佑乎？」[17]

對於「福禍之應，皆天也，人為之，天應之」的論調，王充持反對意
見，《論衡‧命義》篇云：

> 宋、衛、陳、鄭同日並災，四國之民必有祿盛未當衰之人，然
> 而俱滅，國禍陵之也。故國命勝人命，壽命勝祿命。人有壽夭
> 之相，亦有貧富貴賤之法，俱見於體。故壽命修短皆稟於天，
> 骨法善惡皆見於體。命當夭折，雖稟異行，終不得長；祿當貧
> 賤，雖有善性，終不得遂。[18]

故此，人之在世遭遇實與天之報應無關，王充又言：

> 物之貴賤，不在豐耗；人之衰盛，不在賢愚。子夏曰「死生有
> 命，富貴在天」，而不曰「死生在天，富貴有命」者，何則？
> 死生者，無象在天，以性為主，稟得堅強之性，則氣渥厚而體
> 堅強，堅強則壽命長，壽命長則不夭死；稟性軟弱者，氣少泊
> 而性羸窳，羸窳則壽命短，短則蚤死。[19]

王充認為人物的貴賤盛衰，是先驗的，是與人的行為沒有因果關係

---

17 〔東漢〕王充：《論衡‧福虛篇》，見王充著，袁華忠、方家常譯注：《論衡全譯》
（貴陽市：貴州人民出版社，1993年3月），頁345-346。下文注引此書均出於此，不
再注明版本出處。

18 《論衡‧命義篇》，頁73-75。

19 《論衡‧命義篇》，頁76。

的，人人的遭遇不同，是由個人出生時「稟受之氣」而決定。有趣的
是，當我們追問「氣」從何來？原來又與天上星宿有關，王充言：

> 天有百官，有眾星。天施氣，而眾星布精，天所施氣，眾星之
> 氣在其中矣。人稟氣而生，含氣而長，得貴則貴，得賤則賤；
> 貴或秩有高下，富或資有多少，皆星位尊卑小大之所授也。[20]

在東漢時代，王充堪稱是一位「理性主義者」的代表——若我們認為
語怪力亂神，禍福報應者為「非理性」的話，當然筆者對此是極不贊
同的。在閱讀他的著作時，我們可以證明兩點：其一、在東漢時代，
中國人相信「事之禍福」與「行之善惡」之間有必然關係的說法十分
流行，王充認為這是「迷信」，所以提出相反的論調；其二，當時無
論是否贊成「天人感應」也好——例如王充，但不會否定「天」——
星宿與人有著密切的關係。所以當王氏要否定個人的貴賤與個人的行
為無關的同時，他仍不得不利用一些傳統的智慧作解釋——人的貴賤
與品秩高下，是取決於自己所屬的星宿之星位之尊卑大小。有了以上
的認識，可讓我們明白一些傳統文化元素總會發揮著重要的影響，我
們對世界的認識，亦會受自己民族的傳統文化所影響。每當我們要顛
覆一些既定的「傳統觀念」，我們所利用的可能亦是另一組的「傳統
觀念」。當我們認為自己已顛覆了「傳統」，或許我們正強化「傳統」。

　　總而言之，《赤松子中誡經》要解決的問題正是人對人生遭遇的
疑惑，人對命運洪流的無奈。古代聖哲對待命運能夠有所超越，故孔
子能「知命」，莊子能「安命」。但一般平民百姓又如何？他們對於人
生的一些「不公平」、「不合理」的遭遇，自心底裏發出了疑問。像王

---

20 《論衡・命義篇》，頁78。

充那樣的人會提出「三命」說，把一切歸於機械式的必然性：

> 傳曰：說命有三，一曰正命，二曰隨命，三曰遭命。正命，謂
> 本稟之自得吉也。性然骨善，故不假操行以求福而吉自至，故
> 曰正命。隨命者，戮力操行而吉福至，縱情施欲而凶禍到，故
> 曰隨命。遭命者，行善得惡，非所冀望，逢遭於外，而得凶
> 禍，故曰遭命。凡人受命，在父母施氣之時，已得吉凶矣。夫
> 性與命異，或性善而命凶，或性惡而命吉。[21]

然而一般的老百姓可不會人人有以上的「識見」，故把一片天空讓給
了宗教，這是宗教長期有其市場的原因，亦是《赤松子中誡經》核心
問題所在。

四　《赤松子中誡經》的幾個核心思想

（一）本經的核心問題──世人禍福的不均

　　《赤松子中誡經》採用的文體是論辯體。這是一種常見的古文體
裁，亦是道經中常見的體裁。如《太上洞玄寶元上經》即托名太上，
以三才、三官論述道炁生宇宙。這是神與神或神與人之間的問答。如
《太平經》設天師與真人、大神與天君之間的問答。而《赤松子中誡
經》則設黃帝與赤松子問答。[22]本經的開始，即是以黃帝的一個疑問
作始：

21　《論衡·命義篇》，頁78。

22　關於道經的體裁的論述可參考朱越利著：《道經總論》（瀋陽市：遼寧教育出版社，
　　1992年6月），頁39-49。

軒轅黃帝稽首，問赤松子曰；朕見萬民，受生何不均勻？有實
貴，有貧賤，有長命者，有短命者，或橫罹枷禁，或久病纏身，
或無病卒亡，或長壽有祿，如此不等，願先生為朕辯之。[23]

黃帝所問是一個老問題，主要關心的都是一些與個人「幸福」有關的
疑問。問題可分成兩類：一是生死夭壽——生命存在久暫的問題；二
是生活的遭遇——貴賤、健康、患病、身陷牢獄的問題。本經中黃帝
所提的其實就是當時讀者——百姓最為關心的東西。平常百姓不會對
繁複的討論有多大興趣。一切「理性的討論」、「理論的建構」都是知
識分子的事，平常百姓呢？只會對個人幸福最為關心。究竟當時在百
姓心中的「幸福」是什麼呢？是否與本經吻合呢？且看看漢代銅鏡的
銘文，當中透露了一些重要的信息：

「千秋萬歲。與天相壽，與地相長。延年益壽辟不羊（祥）。」
「大樂富貴。常富貴樂未央。大樂富貴得所好，千秋萬歲宜酒
食。」
「家當富貴樂未央，子孫具備居中央。七子八孫居中央，夫妻
相保威央兮。令吉祥，宜子孫。」
「李氏作鏡四夷服，多賀國家人民息，胡虜殄滅天下服，風雨
時節五穀熟。長保二親得天力，傳告後世樂無極，自有紀，上
有仙人不知老，渴飲玉泉饑食棗，夫妻相愛如威田鳥，長宜
子。」[24]

23　《赤松子中誡經》，頁283。

24　以上所未注銘文，見於周世榮：〈湖南出土漢代銅鏡文字研究〉，《古文字研究》第
　　14輯（北京市：中華書局，1986年）。轉引自葛兆光《中國思想史》（第1卷）（上海
　　市：復旦大學出版社，2001年），頁224-225。

在這些銘文中，我們能體味漢人的生活願望。其中有「長壽」、「享富貴之樂」、「子孫不絕」、「夫妻相保」、「成仙不老」，以上是個人的幸福；還有「四夷服」、「國家無事」、「人民得息」，這是國家的天下的福。

黃帝在本經中所提的核心問題，其實也是「幸福」的問題。黃帝的提問是：「朕見萬民，受生何不均勻」。為什麼說「不均勻」呢？因為有些人能長壽，能享富貴，但有些人卻不能，他們可能生下來便陷於貧賤，或常久病纏身，短壽或無故而卒，或身陷牢獄。這不僅是一種生命無常的問題，而是現世遭遇與福樂的問題。

（二）「氣」與「善惡報應」

黃帝所問的問題，其實也是中國人一直要問的問題。如前所述，簡單的「善惡報應」未必能滿足人心。人的行為為什麼會影響「報應」呢？本經的作者嘗試建構了一套闡釋理論。赤松子云：

> 生民窮窮，各載一星，有大有小，各主人形，延促衰盛，貧富死生。為善者，善氣覆之，福德隨之，眾邪去之，神靈衛之，人皆敬之，遠其禍矣。為惡之人，凶氣覆之，災禍隨之，吉祥避之，惡星照之，人皆惡之，衰患之事，病集其身矣。人之朝夕，行心用行，善惡所為，暗犯天地禁忌，謫譴罪累事非，一也。人之朝夕為惡，人神司命，奏上星辰，奪其算壽，天氣去之，地氣著之，故曰衰也。[25]

以上赤松子的答難其實要從兩方面解釋眾生為何不均的問題。首先是個體生命的前設。本經認為每人均有一星：「生民窮窮，各載一星」，

---

25 《赤松子中誡經》，頁283。

而星體的大小主宰了人一生的衰盛、貧富和死生。這種先驗之說的傳統，前文中已有論述，現不再贅述。其次是人的行為與星宿相應。「為惡之人，凶氣覆之，災禍隨之，吉祥避之，惡星照之，人皆惡之，衰患之事，病集其身矣。」所謂「惡星」就是災難之星，本經作者所用的觀念仍與《周禮》一致。然而在本經中所述的「星宿主命」說，亦與傳統智慧有不同的地方。在這裏的星宿已是天上的神靈，有賞善罰惡的功能，故經云：「人之朝夕為惡，人神司命，奏上星辰，奪其筭壽」，又如本經云人作惡事後，「星辰奏聞上帝，七星、六律、四時、八風、九宮、五行，先令司命筭奪，今人短壽，令諸殃禍延及子孫。」這種思想其實在《太平經》中已存在：「故今大德之人並領其文，籍繫星宿，命在天曹，內外有簿，上下八方，皆有文理，何得自從？」[26]

　　接著我們可能會問，天上的星宿何以能同人類的行為相對應？本經的作者在這裏利用了「氣」的概念來解釋。本經說：「為善者，善氣覆之，福德隨之，眾邪去之，神靈衛之，人皆敬之，遠其禍矣。」反之，「為惡之人，凶氣覆之，災禍隨之，吉祥避之，惡星照之，人皆惡之，衰患之事，病集其身矣。」

　　「氣」的思想是漢代一種流行的思想。談到「氣」其實在金文和甲骨文中已經出現。日本學者前川捷三認為在甲骨文中所見的風和土的精靈，是氣的概念的原型。他認為風就是天氣，而土的精靈就是地氣。[27]但若以「氣」為一哲學概念，則應以《國語‧周語》為標誌，話說周幽王二年，鎬京一帶發生地震，太史伯陽父對此作出解釋：

---

26 俞理明：《太平經正讀》〈有德人祿命訣〉（成都市：巴蜀出版社，2001年4月），頁406。

27 前川捷三：〈甲骨文、金文中所見的氣〉載於小野澤精一等著，李慶譯：《氣的思想》（上海市：上海人民出版社，1980年），頁26-27。

> 周將亡矣！夫天地之氣，不失其序；若過其序，民亂之也。陽
> 伏而不能出，陰迫而不能烝，於是有地震。[28]

伯陽父並不以天譴來解釋地震出現的原因，而是以陰陽二氣的失序來
解釋這一種自然現象。後來「氣」的概念慢慢發展，逐漸成為宇宙萬
物的基本物質。然而，像本經一樣把「氣」分為「善惡」的用法並不
多見。然而在《管子》一書中，我們有以下的發現，書載：

> 守善忽舍，逐淫澤薄。既知其極，反於道德。全心在中，不可
> 蔽匿。和於形容，見於膚色。善氣迎人，親於弟兄。惡氣迎
> 人，害於戎兵。不言之聲，疾於雷鼓。[29]

《管子》中「善氣」和「惡氣」是一種「氣質之氣」。當人不能守善，
當人「反於道德」，那樣個人的氣質便會由內而外的起變化，最後「和
於形容，見於膚色」。因而產生所謂「惡氣迎人」的結果。反之，若
能守善則能「和於形容，見於膚色。善氣迎人，親於弟兄」。

人之心術既然影響人之「氣質」，使人產生「善氣」和「凶氣」，
那樣人的變化便會影響天上的星宿活動。因為星宿與人乃是同質的，
就如上文所提及的「氣同則應」的原故。本經人是稟受陰陽二氣而
生的：

> 夫人生在天地之中，稟陰陽二氣，皇天雖高，其應在下，後土

28　《國語·周語上》（上海市：上海古籍出版社，1988年），頁26。

29　《管子·內業》見黎翔鳳撰：《管子校注》（北京市：中華書局，2004年），頁942。
　　下文注引此書均出於此，不再注明版本出處。

雖卑，其應在上[30]

不僅如此，本經更謂人乃與天的結構一致，本經云：

> 天生蒸民，以乾坤表父母，日月表眼目，星辰表九竅，風動火
> 力為暖氣[31]

談到上述人稟陰陽二氣而生和天人同構的概念，當然不能忽略董仲舒的影響。董氏云：

> 「天地之精所以生物者，莫貴於人，人受命乎天也。」
> 「唯人獨能偶天地，人有三百六十節，偶天之數也；形體骨
> 肉，偶地之厚也；上有耳目聰明，日月之象也，體有空竅理
> 脈，川谷之象也；心有哀樂喜怒，神氣之類也；觀人之體，一
> 何高物之甚，而類於天也。」[32]

董氏的天人同質、天人同類是天人感應理論的基礎，《赤松子中誡經》受《春秋繁露》的影響似乎是無可置疑的。但筆者想指出，其實早在戰國時期，《管子》的「精氣」說，更能說明為何人的「氣」之變化，會與上天相應。《管子·內業》說：

> 凡物之精，此則為生。下生五穀，上為列星。流於天地之間，

30　《赤松子中誡經》，頁283。

31　《赤松子中誡經》，頁283。

32　〔西漢〕董仲舒：《春秋繁露·人副天數》，見鍾肇鵬主編：《春秋繁露校釋》（校補本）（石家莊市：河北人民出版社，2005年5月），頁800。下文注引此書均出於此，不再注明版本出處。

> 謂之鬼神；藏於胸中，謂之聖人。是故此氣，杲乎如登於天，
> 杳乎如入於淵，淖乎如在於海，卒乎如在於己。是故此氣也，
> 不可止以力，而可安以德；不可呼以聲，而可迎以意。[33]

上文中所謂「凡物之精」亦即是「氣」——《管子・內業》云：「精
也者，氣之精者也。」由是觀之，「氣」乃是萬物之組成基礎，世間
一切，不論是有形與無形均為「氣」所生，既然萬物同源，故人的
「氣」的變化會對天上的「列星」有影響。

此外，在《赤松子中誡經》還提到的「天氣」和「地氣」的問
題。這裏的「天氣」和「地氣明顯地不是宇宙之始，亦非萬物之根
本，而是能對人有「好」或「壞」影響的「氣」——這裏不是道德判
斷的好與壞。按文直解「地氣」是不好的，是與人有害的，人若被
「地氣」沾上，便會運勢衰微；文中的潛語言即謂：「天氣」是好
的，與人有益處的，若人能迎受「天氣」就會運勢興隆。這樣的觀念
又是從何而來的呢？

在中國的傳統文化中「天尊地卑」的觀念由來已久，如在《易
經・繫辭上傳》曾云：

> 天尊地卑，乾坤定矣。卑高以陳，貴賤位矣。動靜有常，剛柔
> 斷矣。方以類聚，物以群分，吉凶生矣。在天成象，在地成
> 形，變化見矣。[34]

後來在西漢之時經董仲舒的強化，「天尊地卑」、「陽尊陰卑」的觀念

---

33 《管子・內業》，頁931。
34 黃壽祺、張善文：《周易譯注》〈繫辭上傳〉（上海市：上海古籍出版社，2000年5月），
  頁527。

所引申的範圍更廣。董氏在《春秋繁露》曾言：

> 陽始出，物亦始出；陽方盛，物亦方盛；陽初衰，物亦初衰；
> 物隨陽而出入，數隨陽而終始；三王之正，隨陽而更起；以此
> 見之，貴陽而賤陰也。……在上下，在大小，強弱，在賢不肖，
> 在善惡，惡之屬盡為陰，善之屬盡為陽，陽為德，陰為刑[35]

在《春秋繁露》中，董氏向眾人揭露了宇宙的圖式，一個平衡而相對
的世界。在那裏陰陽、天地、刑德、善惡、盛衰相對，形成了均衡的
狀態。雖然在提及「天氣」和「地氣」的概念時，董氏僅強調「天施
地化」的職分，提出「天氣上，地氣下」的特性，並未對「天氣」和
「地氣」賦予任何價值判斷[36]，但若依循「天尊地卑」、「陽為德，陰
為刑」、「陽為善，陰為惡」等概念互換，模擬推演的關係的思路的
話，《赤松子中誡經》中「天氣」和「地氣」的與人盛衰的觀念，很
有可能是由此而來的。

（三）「司命」之神與承負之說

當然作為宗教經籍，神靈對人的監控似乎是不可少的，而在道教
中，司命神系統是隨時代不同而變易的，計有司命、司錄、竈神——
三官、南北斗、甲子神、日夜游神、判官、文昌帝君等[37]——的故本
經云：「人之朝夕，行心用行，善惡所為，暗犯天地禁忌，謫譴罪累

---

35 〔西漢〕董仲舒：《春秋繁露・陽尊陰卑》，頁720-727。

36 董仲舒曾言：「天德施，地德化，人德義。天氣上，地氣下，人氣在其間。春生夏
　　長，百物以興，秋殺。冬收，百物以藏。故莫精於氣，莫富於地，莫神於天。」見
　　《春秋繁露・人副天數》，頁800。

37 有關道教司命神的變遷可參考蕭登福：《道教與佛教》（臺北市：東大圖書出版社，
　　1995年），頁130-133。

事非，一也。人之朝夕為惡，人神司命，奏上星辰，奪其筭壽，天氣去之，地氣著之，故曰衰也。」人為惡時，司命之神會把人的行為上報於星宿，以剝奪人的壽數。人的壽數原來有多少：

> 黃帝又問曰：「人生壽命合得幾許？」對曰：「人生墮地，天賜其壽，四萬三千八百日，都為一百二十歲，一年主一歲，故人受命皆命一百二十歲，為犯天地禁忌，奪筭命終。」[38]

人的壽數原來應有一百二十歲，人未能享受天賜的壽數乃是因為「犯天地禁忌」之故。人之三壽說可見之於《太平經》：

> 凡人有三壽，應三氣；太陽、太陰、中和之命也。上壽一百二十，中壽八十，下壽六十。百二十者，應天大曆一歲，竟終天地界也。八十者，應陰陽分別八偶等應地，分別應地，分別萬物，死者去，生者留。六十者，應中和氣，得六月《遯》卦。遯者，逃亡也，故主死生之會也。如行善不止，過此壽謂之度世。行惡不止，不及三壽，皆夭也。[39]

　　至於「司命」之神的問題，其實由來已久。在戰國之時，「司命」似乎是能令死人復生的神明。而在《禮記・祭法》中，「司命」乃是王室、諸侯所祀的大神。到了東漢時，「司命」則成為民間普遍祭祀的對象。[40]而在本經的司命神又是怎樣的呢？本經云：

38　《赤松子中誡經》，頁283。

39　俞理明：《太平經正讀》〈解承負訣〉（成都市：巴蜀出版社，2001年4月），頁36-37。

40　蒲慕州：《追尋一己之福──中國古代的信仰世界》（臺北市：麥田出版社，2004年10月），頁210-211。

> 天上三臺、北辰、司命、司錄差太一直符,常在人頭上,察其
> 有罪,奪其算壽。

從上述的經文中可見,上天監察人的罪行有「三臺、北辰、司命、司
錄」,而直接負責監察人的行為是「太一」。有趣的是,「太一」本是
西漢之至上神。它首先進入國家的郊祭大典,然後又進入封禪、明堂
之祭,地位之盛,一時無兩。然而到了東漢,太一由至上神的寶座退
下來,在後世的國家祀典中,它淪為普通的星神,變成了從祀。王青
解釋這一種現象時曾指出,太一神的衰落,實質上標誌著儒家思想在
漢朝國家宗教中已佔據了統治地位。[41]由此可見,從「太一」的地位
的變化,我們可體察政治思想與宗教信仰的互動關係。

人若犯罪作惡固然要奪其壽算,但有些人「或有胎中便夭,或得
數歲而亡,此既未有施為,犯何禁忌?」本經對於以上問題的回應仍
是採用《太平經》的「承負說」,且看經云:

> 此乃祖宗之罪,遺殃及後。自古英賢設教,留在《仙經》,皆
> 勸人為善,知其諸惡,始乃萬古傳芳,子孫有福。[42]

原來個人的惡行不僅會使人減壽,遭遇坎坷、患病、入獄、早死;最
重要的是,會累及子孫,殃及後代,且看本經云:

> 若奪一年,頭上星無光,其人坎坷多事;奪算十年,星漸破
> 缺,其人災衰疾病;奪其算壽二十年,星光殞來,其人困篤,

---

41 王青:《漢朝的本土宗教與神話》(臺北市:洪業文化事業有限公司,1998年),頁
94-129。

42 《赤松子中誡經》,頁283。

或遭刑獄；奪其算壽三十年，其星流散，其人則死；時去算盡，不周天年，更殃後代子孫，子孫流殃不盡，以至滅門。[43]

這一種承負的思想可謂富有中國特色的報應思想，當中亦反映了中國人重視家族承傳觀念的特性。然有關「承負說」的論述甚多，故不再在此贅述。值得一提的是，在《赤松子中誡經》中作者不斷強調「禍及子孫」，以對世人作勸誡，並以「子孫之禍福」為中心，藉此作為威嚇的手段。例如人若行善，所得福報不僅在己身而是澤及子孫：

> 人為一善，神意安定；為十善，氣力強盛；為二十善，身無患害；為三十善，所求遂意；為四十善，殷富娛樂；為五十善，子孫昌盛；為六十善，不遭誤犯、惡人牽累；為七十善，所學顯貴；為八十善，獲地之利；為九十善，天神護之；為一百善，天賜其祿，逢遇聖賢；為二百善，揚名後世，子孫富貴遷祿；為五百善，五世子孫受封超爵；為六百善，世世子孫忠孝富貴；為七百善，世世出賢哲人；為八百善，出道德人；為九百善，出聖人；為一千善，出群仙，古迹善政，天道所錄，見身加，進位登仙，福及子孫，生賢出聖也。

反之，若是行惡之人，亦不僅禍及己身而是殃及後代：

> 若人為一惡習，意不安定；為十惡，氣力虛羸；為二十惡，身多疾病；為三十惡，所求不遂；為四十惡，坎坷衰耗，凡事乖張；為五十惡，終無匹偶；為六十惡，絕來子息；為七十惡，

---

43 《赤松子中誡經》，頁284。

陰鬼謀害；為八十惡，水火為災，非橫燒溺；為九十惡，貧寒
困弱，瘡疥風顛，為一百惡，天氣害之，橫事牽引，弄法惡
死；為二百惡，地氣害之，資賊火災；為三百惡，世世出下賤
人；為四百惡，世世子孫窮賤貧乞；為五百惡，子孫絕嗣；為
六百惡，世世子孫盲聾瘂，出癡顛人；為七百惡，出五逆不孝
犯法子孫；為八百惡，出叛臣逆子，誅來親族；為九百惡，出
妖巷之人，夷來族類；為一千惡，世世子孫異形變體，為禽獸
不具之狀，積惡之殃滿盈，禍及數世矣。此為司命奪，星落身
亡，鬼拷酆都，殃流後世。[44]

我們可從以上兩段經文發現，《赤松子中誡經》的作者不僅利用個人
的福樂與痛苦作為勸善誡惡的手段，更重要的是：個人行為的後果不
是算在一人身上，而是會流殃後代子孫。故此，就算人作惡事，在現
世未受報應，終有一日會報應在子孫身上。這種「承負說」的運用，
一方面是中國傳統用來解釋「為善受禍，為惡得福」的手段，故本經
云：「有善人常遇災衰，多般禍患，先人之餘殃也」；另一方面是利用
中國人重視家族觀念的文化傳統，將個人的道德責任擴大和延伸的一
種策略。

（四）佛教對《赤松子中誡經》的影響

在解釋人的遭遇為何不均的時候，我們發現《赤松子中誡經》也
受著佛教的影響，雖然這些影響不是關鍵性的，但卻說明了宗教思想
互相滲透的活力。且看本經載云：

---

44 《赤松子中誡經》，頁284-285。

> 「修身制命，治性之法，清朝常行，吉氣專心，記念善語，善行善視。一日之內，三業不生。」[45]
>
> 「應是世人遭刑殺者，或兩軍相持陣場死者，一為自身有犯宿業相讎，二為五運相交，太一伐之，數值遷移之曆，運合磨滅之災殃。」[46]
>
> 「頭號亂六親，盜竊虒慵，比鄰為惡，皆奪福壽，惡病纏身，生遭人憎，死附地獄。」[47]

在上述的引文中，我們很容易便發現一些佛家語，例如「三業」、「宿業」、「地獄」等。所謂「業」，即是「羯磨」（Karma），中國直譯為「造作」，那樣所謂「三業」是什麼呢？簡單而言，「三業」從形態上言有：身業、口業、意業；在性質上言有：善業、惡業和無記業。[48] 在佛教的思想中，「業」是人類得福或招禍的根據，亦是因果報應的根據。本經所言：「記念善語，善行善視。一日之內，三業不生。」可能是指身、口、意三者產生的「惡業」而言。若人能有「記念善語」則會使意業和口業清淨。而若能「善行善視」則身業亦淨，此乃明顯是佛家思想。

　　至於「宿業」又是什麼呢？「宿業」（purva-karma）又稱宿行。

45　《赤松子中誡經》，頁284。

46　《赤松子中誡經》，頁286。

47　《赤松子中誡經》，頁287。

48　吳汝鈞編著：《佛教大辭典》「三業」條（臺北市：臺灣商務印書館，1995年），頁81。然而若這樣界定「業」的性質是不足夠的，因為「業」本身是印度哲學中耆那教的產物，後來釋迦牟尼將這觀念加以改革。在印度哲學中，前者認為「業」是有物質性的，人的身業和語業會產生一種精細的物質去包裹靈魂，最後生出果報，這種污染物是可以用水或火來清除的。後者卻認為「業」是一種「意志」。見〔英〕凱恩著；宋立道、舒曉偉譯：《印度和錫蘭的佛教哲學：從小乘佛教到大乘佛教》（上海市：上海古籍出版社，2004年11月），頁102。

指在過去世所造成的或善或惡的行為。這些行為會影響現世的生活情態。[49]「宿業」的前設是承認人的生命存在不只是一世的，慧遠於《三報論》明言：

> 經說：業有三報。一曰現報，二曰生報，三曰後報。現報者，善惡始於此身，即此身受。生報者，來生便受。後報者，或經二生、三生、百生、千生，然後乃受。[50]

在慧遠的論述中，人有二生、三生、百生、千生，這與道教傳統的「承負說」的觀念完全不同。因為前者重點在於個人果報，而後者則是報在子孫。《赤松子中誡經》中引用「宿業」一語解釋世人無辜受害，實與本經所慣用的解難方法有所不同。

至於人死後入「地獄」，更有別於中國有關死後世界的敘述傳統。自先秦兩漢以來，中國人認為人死後會歸於「幽都」、「泰山」、「地下」、「黃泉」、「蒿里」和「酆都」等說[51]，而「地獄」之說是佛教的產物。「地獄」（Niraya）音譯為「泥犁耶」或「泥犁」。本義為「無有」，係無有喜樂之意。漢魏六朝所譯的佛經或說泥犁在高山，或說在兩鐵圍山的陸地，或說在地下，或說在空中。把「泥犁」譯成

---

49 吳汝鈞編著：《佛教大辭典》「宿業」條（臺北市：臺灣商務印書館，1995年），頁415。

50 慧遠的《三報論》乃源於《阿毗曇心論》。見方立天：《中國佛教哲學要義》上卷（北京市：中國人民大學出版社，2003年5月），頁88。

51 關於中國先秦至兩漢之時人死後世界的論述，可參考余英時：〈中國古代死後世界觀的改變〉，見氏著：《中國思想傳統及其現代變遷》（南寧市：廣西師範大學出版社，2004年4月），頁7-23。與及蒲慕州：《追尋一己之福——中國古代的信仰世界》（臺北市：麥田出版社，2004年10月），頁193-226。

「地獄」是與中國人認為人死後下黃泉的觀念有關。[52]

　　綜觀《赤松子中誡經》受佛教的影響是不變之事實，惟我們發現本經所受的影響僅是名相的層面，佛教思想的觀念並未有動搖中國傳統的解釋系統。

五　結語

　　《赤松子中誡經》的造構者有時候利用先秦時代的傳統智慧，有時候揉合兩漢時代流行思潮的觀念。作者苦口婆心，孜孜不倦，當然是要勸人為善。要人為善是一種「知易行難」的事。本經的造構者先點明中國人在追求的「幸福」——長壽、富貴、子孫永世心態，再以所遇到的問題——「人人的禍福不均」作引子，揭開了勸人為善的序幕。

　　自古以來，要人為善戒惡是不容易的。而本經的造構者明白要人為善去惡必須使人有所畏，且看經云：

> 聖人云：「皇天無親，惟德是輔」。「畏天命，畏大人，畏聖人之言」。凡人逐日私行，善惡之事，天地皆知其情。暗殺物命，神見其形；心口意語，鬼聞人聲；犯禁滿百，鬼收其精；犯禁滿千，地錄人形；日行諸惡，枷鎖立成，此陰陽之報也。皇天以誡議，故作違犯，則鬼神天地禍之也。[53]

在這裏作者分別援引《尚書》——「皇天無親，惟德是輔」（《尚書·

---

52 關於漢魏六朝「地獄」的解說可參考蕭登福著：《漢魏六朝佛道兩教之天堂地獄說》（臺北市：臺灣學生書局，1989年11月），頁65-119。

53 《赤松子中誡經》，頁284。

周書‧蔡仲之命》）和《論語》——孔子曰：「君子有三畏：畏天命，畏大人，畏聖人之言。小人不知天命而不畏也，狎大人，侮聖人之言。」（《論語‧季氏篇第十六》）表明作者承繼中國古代典籍中「皇天」的權威形象，希望使人不敢暗中作惡，以後中國勸善書的重要主題「不欺暗室」，可說是上述思想的延續。

當然要人人畏「天」是不容易的。故在《赤松子中誡經》中，作者先借黃帝之口提出設問——「受生何不均勻？」再利用中國古代的「星宿主命」說、漢代流行的「天人感應」說、和「氣論」，再加上司命神說和承負說，甚至援引當時最新引入的佛教概念，在不斷的解難的同時，使一個善惡報應的系統逐漸成形。以下是這系統的重點：

（1）人的夭壽禍福大體是主於天上星宿；

（2）然而個人行為的善惡，會使人有「善氣」或「惡氣」；

（3）「善氣」或「惡氣」會影響天上星宿，星宿的變化又會反過來影響人的盛衰；

（4）天人互動如何可能呢？因為天人是同質同構的；

（5）除皇天與星宿會按個人的行為作出即時報應外，善惡行為的果報亦會延續至後代。

（6）最後，一些人無故遭禍可能是受到「業力」——三業或宿業的影響。

在以上的善惡報應系統中，我們不僅能感受到本經造構者的努力，更體味到先秦以至漢魏時期中國文化的流動和變化。

最後，筆者要提出一點，《赤松子中誡經》認為人天地之本，所以為善是理所當然的，赤松子云：「人為天地之本，當為善。」故此人之為善，不僅是要顧人倫道理方面，亦要對天地有敬畏之心。法國

學者葛蘭言（Marcel Granet）在研究《詩經》時發現，在中國先秦時
代的節慶中，人們對山川、草木、河流是充滿敬畏之情的。[54]而在道
教思想中，似乎亦是要把人類失落已久的崇敬自然基因喚醒，使人與
天地復合，重歸善道。

---

54 〔法〕葛蘭言（Marcel Granet）著，趙丙祥，張宏明譯：《古代中國的節慶與歌謠》
（Fetes et chansons anciennes dela chine）（南寧市：廣西師範大學出版社，2005年11
月），頁161-168。

參考文獻

古代文獻

《正統道藏》第5冊　《赤松子中誡經》　新北市：新文豐出版社
　　　1985年

黃壽祺、張善文　《周易譯注》　上海市：上海古籍出版社　2000年
　　　5月

黎翔鳳　《管子校注》　北京市：中華書局　2004年6月

周瀚光等撰　《管子直解》　上海市：復旦大學出版社　2000年6月

鍾肇鵬主編　《春秋繁露校釋》（校補本）　石家莊市：河北人民出
　　　版社　2005年5月

俞理明　《太平經正讀》　成都市：巴蜀出版社　2001年4月

王充著；袁華忠、方家常譯注　《論衡全譯》　貴陽市：貴州人民出
　　　版社　1993年3月

王明著　《抱朴子內篇校釋》　北京市：中華書局　1985年3月

近人著述

李　剛　《勸善成仙——道教生命倫理》　成都市：四川人民大學出
　　　版社　1994年7月

唐大潮等注譯　《勸善書注譯》　北京市：中國社會科學出版社
　　　2004年9月

黎志添　《宗教研究與詮釋學——宗教學建立的思考》　香港：中文
　　　大學出版社　2003年5月

張岱年　《中國哲學大綱》　南京市：江蘇教育出版社　2005年4月

陳　來　《古代思想文化的世界——春秋時代的宗教、倫理與社會思想》　香港：三聯書店　2002年12月

徐復觀　《兩漢思想史》（卷二）　臺北市：臺灣學生書局　1976年6月

金春峰　《漢代思想史》　北京市：中國社會科學出版社　1997年

小野澤精一等著，李慶譯　《氣的思想》　上海市：上海人民出版社　1980年

曾振宇　《中國氣論哲學研究》　濟南市：山東大學出版社　2001年10月

蒲慕州　《追尋一己之福——中國古代的信仰世界》　臺北市：麥田出版社　2004年10月

王　青　《漢朝的本土宗教與神話》　臺北市：洪業文化事業有限公司　1998年

蕭登福　《道教與佛教》　臺北市：東大圖書出版社　1995年

蕭登福　《漢魏六朝佛道兩教之天堂地獄說》　臺北市：臺灣學生書局　1989年11月

〔英〕凱恩著；宋立道、舒曉偉譯　《印度和錫蘭的佛教哲學：從小乘佛教到大乘佛教》　上海市：上海古籍出版社　2004年11月

方立天　《中國佛教哲學要義》上卷　北京市：中國人民大學出版社　2003年5月

吳汝鈞　《佛教大辭典》　臺北市：臺灣商務印書館　1995年

余英時　《中國思想傳統及其現代變遷》　南寧市：廣西師範大學出版社　2004年4月

朱越利　《道經總論》　瀋陽市：遼寧教育出版社　1992年6月

〔古希臘〕柏拉圖：《理想國》　北京市：北京商務印書館　2002年

〔法〕葛蘭言（Marcel Granet）著，趙丙祥，張宏明譯　《古代中國

的節慶與歌謠》（*Fetes et chansons anciennes dela chine*）　廣
西市：廣西師範大學出版社　2005年11月

〔日〕大形徹　〈松喬考——關於赤松子和王子喬的傳說〉,《復旦學
報》（社會科學版）　1996年第4期

哲學研究叢書.學術思想叢刊 0701013

觀瀾索源——先秦兩漢思想史新探

主　　編	張偉保、趙善軒、溫如嘉
責任編輯	楊家瑜
特約校稿	林秋芬
發 行 人	陳滿銘
總 經 理	梁錦興
總 編 輯	陳滿銘
副總編輯	張晏瑞
編 輯 所	萬卷樓圖書股份有限公司
排　　版	林曉敏
印　　刷	百通科技股份有限公司
封面設計	斐類設計工作室

發　　行　萬卷樓圖書股份有限公司

臺北市羅斯福路二段 41 號 6 樓之 3

電話 (02)23216565

傳真 (02)23218698

電郵 SERVICE@WANJUAN.COM.TW

香港經銷　香港聯合書刊物流有限公司

電話 (852)21502100

傳真 (852)23560735

ISBN 978-986-478-209-3

2018 年 10 月初版一刷

定價：新臺幣 500 元

如何購買本書：

1. 劃撥購書，請透過以下郵政劃撥帳號：

　帳號：15624015

　戶名：萬卷樓圖書股份有限公司

2. 轉帳購書，請透過以下帳戶

　合作金庫銀行　古亭分行

　戶名：萬卷樓圖書股份有限公司

　帳號：0877717092596

3. 網路購書，請透過萬卷樓網站

　網址 WWW.WANJUAN.COM.TW

大量購書，請直接聯繫我們，將有專人為

您服務。客服：(02)23216565 分機 610

國家圖書館出版品預行編目資料

觀瀾索源 ── 先秦兩漢思想史新探
/ 張偉保、趙善軒、溫如嘉主編. -- 初
版. -- 臺北市 ： 萬卷樓, 2018.10
　　面 ；　　公分. -- (哲學研究叢刊. 學術
思想叢刊 ; 701013)
ISBN 978-986-478-209-3(平裝)
1.思想史　2.文集　3.先秦　4.漢代
121.07　　　　　　　　　　107015115